WIZARD

THE COMPLETE TRADER

ゾーン　最終章

トレーダーで成功するための
マーク・ダグラスからの
最後のアドバイス

マーク・ダグラス
ポーラ・T・ウエッブ［著］
長尾慎太郎［監修］
山口雅裕［訳］

Pan Rolling

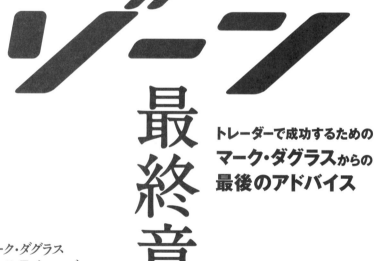

監修者まえがき

本書は故マーク・ダグラスが書き残した原稿を妻であるポーラ・ウエッブが電子出版した〝The Complete Trader〟の邦訳である。ダグラスの著書としては、『ゾーン――相場心理学入門』や『規律とトレーダー――相場心理分析入門』（共にパンローリング）があり、それらはトレードにおける精神面の管理の重要性を説いたものとして従来理解されてきた。本書もその延長線上に位置づけられる可能性が高いが、私はこれまでのそうした解釈に異を唱えたい。なぜなら、ダグラスの主張は内的な「メンタル（精神）の管理」に関するものではなく、「メンタル（知性）の適用」、すなわち外的な世界のとらえ方である「メンタルモデル」が一貫したテーマだからである。つまり、彼のイイタイコトは、トレードや投資にあたって根性を鍛えろとか、禅の境地でストレスに耐えろといったことではなくて、対象としての金融市場についての科学的で正しいモノの見方・考え方（世界観）を身につけるべきだということなのである。

ところで、東洋の文化のなかで生きる私たち日本人には、もともと世の不完全さを受け入れる精神的な土壌がすでにある。したがって、アメリカ人とは違ってトレードにおいても必ずしも「勝つことがすべて」なのではない。このため本書の読み方も、自己効力感や全能感が強い国の読者とは当然違ってくることになる。実際、私がこれまでに会った日本人の機関投資家の運用者のすべてと個人投資家の過半の人は、運用結果は市場が決めることであり、自分の意志でそれをコントロールすることはできないと正しく理解していた。こうした現実的な考え方は、多少のトレード経験と観察力があれば、日本人ならだれでも自然に習得済みのことである。

一方で、逆に多くの日本人は著者の説く確率・統計に基づいた戦略に対する理解が希薄である。これは曖昧さをよしとする文化の裏返しでもあるが、「何が客観的に正しいのか？」を限界まで突き詰めて考えるという習慣がないため、ともするといとも簡単に疑似科学にだまされることになる。この欠点は投資においては致命的な結果をもたらす。本書では、テクニカル分析を取り上げてその誤謬を解説しているが、その構造的な欠陥については名著『**テクニカル分析の迷信――行動ファイナンスと統計学を活用した科学的アプローチ**』（パンローリング）を本書と合わせてお読みいただければより理解が深まると思う。

翻訳にあたっては以下の方々に心から感謝の意を表したい。山口雅裕氏には丁寧な翻訳を、そして阿部達郎氏は緻密な編集・校正を行っていただいた。トレードにおけるメンタルマネジメントの先駆者であるダグラスの遺稿を日本で発行できたことは関係者一同の誇りであり、本書が発行される機会を得たのはパンローリング社社長の後藤康徳氏のおかげである。

二〇一七年七月

長尾慎太郎

トレードで成功したいすべての人に本書をささげます。ポーラと私はあなたの成功を手助けするために、生涯を通して得た専門知識とトレード経験を、四部から成る本書で公開しています。自分を高めるために一歩を踏み出せば、トレードであなたの素晴らしい目標を達成できるでしょう。

目次

第3部

序文

こんにちは。私はポーラ・T・ウエッブと言い、光栄にもマーク・ダグラスの妻です。

読者のほとんどは私について何もご存じないと思うので、簡単に経歴を紹介しておきます。マークと私は三〇年以上の間、ビジネスパートナーであり、夫婦であり、親友でした。共に人生を過ごしてきたこの期間、私たちは仕事をしている日は毎日、お互いの仕事のあらゆる面を伝え合ってきました。私の著書やコーチングにとって彼は欠かせない存在でしたし、逆も同じでした。トレード業界の多くの人にとって、これは驚きかもしれません。おそらくマークの妻として以外に私の名前を聞いたことがある人はほとんどいないからです。これは二人が意図的に行ってきたことです。二人とも内気なほうだからですが、もっと重要なことがあります。二人の仕事は多くの点で関連しているとはいえ、お互いに独自の考え方があり、トレーダーに対するコーチングの手法も異なるからです。

そういうわけで、この偉人の経歴と本書についてここで簡単に振り返っておきます。マークは確かに昔も今も偉大です。相手のことを考えるだけでなく、心の底から相手を思いやるという点で、この業界では数少ない人でした。彼はどんなトレーダーの困難にも常に耳を傾けていました。しかも、相手が事務所に電話をかけてきたり、直接尋ねてきて、かなりの時間を取られても、相談料を請求しないときがたびたびありました。マークはだれであれ、本性は善良だと信じていました。時には行きすぎと思われるほどでしたが、彼はそういう人だったのです。人生でも仕事でも極めて誠実でした。能力の及ぶかぎり自分が信じる道を進み、その生き方は彼や彼の著書を知る者すべての手本になっていました。

マークは自分の能力を自慢するような人ではありませんでした。彼の自慢をするのは昔も今も私であり、そのことは、私たちが一緒に働き始めてからずっと変わっていません。

二人が初めて出会ったのは一九八四年の秋で、私がパートタイムのタイピストとして彼のところで働き始めたときでした。マークは数日後に迫った会議での講演用に、手書きのメモをタイプしてもらう必要があったのですが、いつも彼の秘書をしていた人は休暇を取って、当時、「ファットファーム」と呼ばれていた減量施設に出かけていたのです。私が彼のトレーダー仲間でビジネスパートナーだった人に頼まれて、彼のオフィスに午後三時半ごろに着くと、そこで彼を紹介されました。そして、その午後からすぐにタイプを始めたのです。

私はマークの独創性や思考過程、アイデアや概念をいともたやすく組み立てているかのような様子にとても感動しました（実際には、トレーダーが簡単に理解できるようにまとめるのはとても大変で、著書を完成させるのに何年もかかっていました）。

そして、ここで読者に正直に言っておくと、その最初の夜に私は彼に恋をしたのだと思います。私は彼の素晴らしい頭脳に惚れ込んだのです。でも、かなりハンサムだったことも言っておくべきでしょう！

彼はまた、多くのことに関心を持っていました。私も大好きなアイスホッケーをしていました（私の父はアマチュアのスピードスケート選手だったので、共通点があったのです）。また、どんな天気でもシカゴの中心部の湖畔をほぼ毎日、五マイル走っていました。また、私を笑わせる才能もありました。

私が非常に興味を持ったのは彼のトレードに対する考え方でした。私たちは違う世界で働いていました。二人が出会ったころ、私はＣＭＥ（シカゴ・マーカンタイル取引所）のフロアでシャトキン・コモディティーズ社の電話係として働きながら、取引所でのトレード法を学んでいました。一方、彼は個人投資家を対象とする先物ブローカーでした。二つの異なる考え方が一九八四年の秋のその日に出合って、共同制作が始まり、それが今日まで続いているのです（二人で完成させた共同プロジェクトがいくつかあり、今後数カ月のうちに公開予定です。彼は本書とそれらの共同作品を最初に出すことを望んでいました）。

繰り返しになりますが、私を知らない人のために、また私がだれなのかや、なぜマークの仕事の一部にかかわっているのか、どういう経歴なのかについて混乱もあるようなので、説明をさせてください。電子メール、アマゾン・ドット・コム、その他のソーシャルメディアでのこれ以上の質問や個人攻撃や中傷がないようにしておきたいのです。

私は一九八〇年に大学を中退すると、就職先を探しにシカゴに行きました。そして、何社かの優良企業や銀行、団体、例えばオッペンハイマー証券、アメリカ歯科医師協会、アップタウン銀行、大規模小売店のマーシャルフィールズ百貨店の面接を受けたあと、ミッドアメリカ商品取引所の副社長だったドナルド・ナッシュの重役補佐の職に就きました。そこはミッダムの愛称で知られていて、中小投資家に通常の五分の一のミニ先物を初めて提供した独立系の先物取引所でした。当時の私は先物がどういうものなのか、全然知りませんでした。子供のころ、父と夕方にときどき、新聞の証券欄から銘柄を選ぶゲームをして遊んでいた程度の経験しかなかったのです。ミッダムで上司だったナッシュ氏は全フロアの運営責任者で、私は取引所の仕組みを徹底的にたたき込まれました。「買い気配値と売り気配値」の意味や、「出来高」や「取組高」が何なのかを学び、その間にミッダムでトレード法を学んでいた多数のトレーダーに会いました。彼らは市場について知っていることを喜んで教えてくれました。タートルズというトレーダー集団を作ったことで、後に不評を買ったリチャード・デニスは、私がミッダムで働いていたころにそこでトレーダーとしての経歴を始めていました。もっとも、彼との面識はありませんでしたが。

もちろん、私の友人になったトレーダーで、当時は無名だった人もたくさんいました。彼らはその後、CBOT（シカゴ商品取引所）、CBOE（シカゴ・オプション取引所）、そして当然ながらCMEでトレーダーとして成功を収めました。そこで働いていたときは刺激的な時間を過ごしたし、仕事は本当に素晴らしかったです。

当時、私が知っていたこれらのトレーダーのほとんどは若くて情熱にあふれていました。彼らはトレードが大好きで、これからお話ししますが、彼らの情熱にはとても引き付けられました。そして、ミッダムで働いている間に、私もいつかトレーダーになるだろうと感じていました。彼らは何日、いや何週間か損を出し続けても、トレーダーを辞めて、ほかの仕事で生計を立てようとはけっして思っていませんでした。私はそのことに感心しました。考えてもみてください。お金を損する仕事をだれがやり続けるでしょうか。市場について学ぼうとする彼らの熱意や、トレードで成功した姿を人に見てもらいたいという意気込みはとても魅力的で、これこそが私の進む道だと思いました。

それで、私は知り合いのトレーダーのなかでチャートに従ってトレードする人や、何らかのシステムを持っている人、勘のいい人、さらには相場がどこに向かっているのか全然つかめないのに、とにかく毎日、ピットに出ているトレーダーの話にすら耳を傾け始めました！　もちろん、このころはまだパソコンも電子トレードも普及し始める前のことで、多くのチャートは手書きでした（私は今でも目をつぶって五～一五分足のチャートを作れるほど、当時はミニTボンド先物のチャートをたくさん作っていました）。そのころでもコンピューターによるチャート提供サービスはありましたが、非常に高価で、利用していたのはほとんど証券会社だけでした。そして、私が調べたトレードシステムは、もちろんどれも普通の英語（自然言語）で書かれていました。

私が当時、検討したシステムの多くはとても複雑で（特に、いわゆるバタフライスプレッドやオプション用のシステム）、私にはほとんど理解不能でした。どうしてそこまでシステムを複雑にする必要があるのか、私には理解できませんでしたが、それを作った先物トレーダーにとって役に立っているものは、自分でも試してみました（幸運にも、システムを作っていたトレーダーのほとんどは友人だったので、私が検討したシステムについてお金を払う必要はありませんでした)。そして、さまざまなシステムを調べ始めて数カ月もしないうちに、私には単純なシステムほど自分の考え方に合うという結論に達しました。

ミッダムで四年働いて、学べることはすべて学んだと思ったので、私はＣＭＥでシャトキン社の電話係として働きながら、当時はビッグボードと呼ばれていた価格表示板を見ながらトレードを学ぶことにしました。トレーダー仲間たちの教えを受けながら、通常サイズの先物のトレード法を学び始めたのです。

分かったのは、ミニ先物と通常サイズの先物では必要資金は違っていても、大した差はなく、トレードのやり方は同じということでした。私がミッダムでミニＴボンドのトレードをするために考え出したシステムは、ＣＭＥで通常サイズのＴビル一枚をトレードしてもうまくいき、ミニ先物を五枚トレードするのと変わりありませんでした。どうしてかって？　私は副業でトレードをしていて、まだ生活費を稼ぐための仕事は維持していたので、学ぶこと以外にプレッシャーを感じることが何もなかったからです。そのため、先物のサイズ自体は気にならなかったのです。

私は確かに学び、その期間はとても楽しみました！

前にも述べたように、私がマークに出会ったのはCMEのフロアで働いていた一九八四年の秋でした。その最初の日の夜遅くまでタイピングをしたあと、年末までフロアで働き続けたところで、マークにフルタイムで秘書をしてほしいと頼まれました。講演予定日が迫っている投資カンファランスが何件かあったのですが、彼の秘書はすでに七〇代で、引退を決めていたのです。さらに、彼は**『規律とトレーダー』**（パンローリング）の執筆を始めていました。私は一九八五年一月からフルタイムで働き始めました。

その後の数年間に、マークのコンサルティング業と最初の著書、『規律とトレーダー』の執筆は次第に具体化し始めていましたが、私をフルタイムで必要としないときもありました。そういうときには、私は世界最大の法律事務所であるベーカー＆マッケンジーの第三シニアパートナーだったトーマス・ネルソンなどの重役たちの個人秘書をしたり、上院のための全米資金調達委員会という団体（政治的な意図はなく、単純に収入が良かった）で働いたりしましたが、いつもマークの仕事に戻っていました。この行ったり来たりが終わったのは、一九九一年に彼と結婚したときです。それ以来、今日まで彼のためにフルタイムで働いてきました。

私が豊かになるためのスキルを学んで意識改革に努めていた時期に、マークやほかの重役たちから学んだのは単純なことでした。それはどんな仕事に就いていても、豊かになってそれを維持するためには自信を持たないといけない、ということです。そして、断定できますが、私が会って共に働いた上院議員たちも、若いころに会った重役たちも、デートをしたか、知人か、出会ったことがある成功したトレーダーたちも皆、稼いだお金はすべて残らず正当な対価だと信じていました。

上院議員については、非難する意図はまったくありません。ただ事実として一般の人は同意すると思いますが、彼らはほとんどの人よりもたくさんの休暇を取っています。ほかの多くのアメリカ人は生活費を稼ぐだけのために職場で週に四〇時間から六〇時間は働いています。ですが、議員たちの多くはそこまでは働いていません。繰り返しになりますが、私が若いころに出会った重役やトレーダーだけでなく、それらの上院議員たちから学んだことは、得たいと望んでいるお金がいくらであっても、自分がそれを得るに値すると信じていないかぎり、その目標はけっして達成できないということです。何時間働いたかや、毎日、毎週、毎年どれだけ努力したかは重要ではないのです。

この話について良い例があります。

私が一九八九〜一九九一年に上院のための全米資金調達委員会で働いたときのことです。

一年間の給与審査の日になって、その年にこなした仕事量を考えると、昇給額はまだ十分ではないと思いました。

私はこの不満を上司（プライバシー保護のために名前は出しません）に伝えました。私は効率的に行った仕事をすべて詳しく述べたので、その分は増額してもらえると思っていました。ですが、彼は言いました。「君が年収六万五〇〇〇ドルを受け取るに値すると本当に思っているのなら出そう。だが、君は今、自分にそれだけの価値があるとは思っていない。価値があると私に信じさせようとしているだけだ。それではうまくいかないと思うね」と。認めざるを得ないのですが、彼は正しかったのです。

私の当時の年収はかなり良く、五万ドルでした。一九八〇年代後半の若い独身女性にとって、それは大金でした。それでも、当時知り合いだったほかの個人秘書のうち、似たポジションで働いていた人たちの多くに比べると、まだ安いほうだったのです。それで、私自身が昇給に値するとは思っていないと、上司が考えたのはなぜなのかを振り返り、マークとこの点について詳しく話し合いました。結局、私は自分の考えをもっと広げて、ある信念を絶えず心に抱いている必要があると分かりました。それは自分の値打ちについて、他人がどう判断しようと気にしないという信念です。つまり、他人の判断で自分を評価しないということです。また、これまでに出会ったことがある社長や上院議員、成功したトレーダーすべてと同様に、私も自分が望む金額に値するだけの仕事をしているという信念です。

その日から、豊かであることや、望む金額に「値する」ということが、自分にとって何を意味するのかを探り始めました。長年にわたる知り合いで、市場で得たお金はすべて正当な対価だと信じていたトレーダーたちから学んだことを私は受け入れて、豊かさに関する私の信念のすべてについてマークと話し合いました。そして、自分で信じていれば大成功できると悟りました。

私の内なる旅について簡単に述べておくと、私がこの旅に乗り出すために初めて使った（そして最も良い）著作は、バリー・コニコフによる『ポテンシャルズ・アンリミテッド（Potentials Unlimited）』の一連のテープ、シャクティ・ガワイン著『理想の自分になれる法』（廣済堂出版）、繁栄を実現する訓練の優れた先駆者であるキャサリン・ポンダー著、『「宇宙の力」を使いこなす方法』（サンマーク出版）、モンロー研究所のロバート・モンローによる素晴らしい『ヘミシンク』の一連のテープ（マークが数年間、ここの専門家チームの一員だったので、これは彼が勧めたもの）でした。そして、もちろん、マークとの哲学的で難解な対話も長時間にわたって何度も行いました！

マークと私は長年にわたって、豊かさの探求に加えて、投資業界のほかの革新者たちと仕事をして、生涯の友になりました。少し例を挙げると、アレキサンダー・エルダー（彼も私もときどき高級葉巻を楽しんでいます）、ラリー・ペサベント（彼は私の料理がお気に入りです）、バン・タープ博士（彼とマークはトレード業界でトレード心理学という考え方が知られていなかった一九八〇年代に、同時にそれを教え始めました）などです。そして、マークと私は昔も今もトレード心理学という分野の最前線にいると言っても言いすぎではありません。

私が今日でも利用している著作はキャサリン・T・ポンダー牧師のCDプログラム『「宇宙の力」を使いこなす方法』と、モンロー研究所のロバート・モンローによる『ヘミシンク』の一連のテープです。ところで、私が自分は豊かであると信じているのなら、どうして豊かさを探求する著作を利用し続けるのか、とコーチングをしている顧客に尋ねられます。また、今これを読んでいるあなたもそう思うかもしれません。これに答えるのは簡単です。豊かさについての私の信念は長年の間に心にしみ込んでいます。ですが、その豊かさの使い方については目標が変わってきたのです。私の新しい目標――私たちの慈善団体のために信託基金に資金提供をすることや、「マーク・ダグラスのトレーディング図書館」の建設、恵まれない人々に対する奨学金の支給、必要に応じて行う寄付など――を達成するためには、私の豊かさの信念や行動は新しい目標を受け入れられるように絶えず拡大しなければならないのです。これらの目標はすべて、マークと私が何年も前に一緒に作ったものです。最近は私一人でですが、この資金提供を今後も続けていくつもりです。それで、より大きな財政目標を達成するための資金を作るために、マークやポンダー牧師、ロバート・モンローなどの豊かさを説く、なじみのある師の話を聞くのです。彼らの話を聞くと自分を見失わないでいることができて、トレードや執筆、コーチングで自分が達成したいことに集中できるのです。

ここはもちろん、私の経歴をすべて述べる場ではありません。その点については、私の著作で知ることができます。あるいは、私の事務所に気楽に連絡してください（アマゾン・ドット・コムで私の著書を見るか、詳しくは私に連絡をしてください）。ですが、次の点は述べておきます。

●私はアマゾン・ドット・コムで好評な本を一五冊以上出しています。

●私は最高のトレード成果を得るために、豊かさに対する態度を心にしみ込ませて、それを維持するためのワークショップを主催しています。
●私はマリコパ郡のコミュニティカレッジや、シカゴのディスカバリーセンター、サウスウエスト・インスティチュート・オブ・ヒーリングアーツ、地元の宗教団体などの教育機関から、専門家による豊かさ達成プログラムを作成するようにと依頼されたことがあります。
●私は小出版社の共同創設者です。
●そして、一九九九年以降、トレード業界で評判の行動ファイナンスのコーチです。

私がここで言いたいのは次のことです。自分にどれだけの「値打ちがあるか」分かっていなければ、どんなシステムを持っていて、どんなプラットフォームを使い、どれほど優れた分析ができても、大した意味はないということです。自分がどういう人間で、どういう考え方をし、トレードで具体的に何を達成したいかが分かっていなければ、それは形となって現れようがないのです。一体、自分が何を達成したいのかを学ぶ一歩として非常に良いのは、本書を読み、値動きが自分の考え方やトレードにどのように影響を及ぼすかを理解することです。それがトレードをするたびに右肩上がりの資産曲線を作り、維持するためのカギなのです。

また、ここで覚えておいてほしいことは、あなたがトレードをするたびに、反対側にも生身の人間がいるという点です。トレードはコンピューターゲームではありません！　要するに、トレードとは注文がコンピューター経由で取引所に送られて突き合わされているだけだ、という話をあなたは聞かされているかもしれません。ですが、だれがそう言おうと関係ありません。あなたが売買注文を出すたびに、反対側にも生身の人間がいるのです。もちろん、トレードの相手がだれなのか、どんな会社なのかはけっして分からないでしょう。しかし、それが一個人であれ、集団であれ、ヘッジファンドマネジャーや証券会社であれ、現実に生きている人間なのです。そして、相場の方向性について、彼らもあなたと同じようなことを考えている可能性も大いにあります。ですが、相手はあなたと異なる見通しや信念を持っている可能性のほうが高いでしょう。そうだからこそ、相場は動くのです。純粋に感情に基づくエネルギーが相場を動かしているのです。

そして、生身の人間が作り出す値動き、感情に基づくエネルギーが生み出す値動きがどういうもので、その値動きが相場とどう関係するかを理解すれば、トレードは「ライブの」

ゲーム――動くエネルギー場――だということを理解する助けになるでしょう。

つまり、だれもが自分の分析やトレードシステムを自分なりに解釈して考えや信念を作り上げているので、トレードをするたびに独自の意見や相場観を表明することになり、市場は絶えず動き続けるのであり、市場は「生きている」ということが分かるでしょう。

本書はマークと私にとって書くのが楽しみな本でした。彼は自分の専門知識を、というよりも、有名な仕事をしている期間に学んだことをすべて、特にトレードをやり始めて日が浅い人や、取引所のフロアを見たことやそこで働いた経験がない人に分け与えたがっていました。彼は本書によってトレードに関する多くの神話が一掃されるだけでなく、読者が自意識を高めて、トレードで成果を上げる。

マークと私が本書の執筆を楽しんだのと同様に、読者が本書を楽しんでいただけたら幸いです。また、何か質問があれば、遠慮なく私に連絡してください！　マークと私はパートナーであり続けます。また、彼は二人の著作を私が完成させることを望んでいました。私が本書に参加しているのはそのためです。あなたがトレードで成功しますように。

ポーラ・T・ウエッブ（https://www.paulatwebb.com/）

第1部

第1章

着実な成果を上げるためにはプロのように考える必要がある

プロと同じような考え方を身につけることが、どうして大切なのだろうか。簡単に言えば、プロと同じように考えられたら、プロと同じようにトレードをすることができるからだ。そして、プロと同じようにトレードができれば、長期にわたって着実に利益を上げ続けられるほどに上達しているということを意味するからだ。

もっと具体的に言えば、資産曲線が安定した右肩上がりになっているという意味だ。つまり、極端に大きなドローダウン（資産の最大下落）、つまり通常のトレード法やトレードスタイルでは生じないドローダウンも見られないという意味だ。そして、最も重要なのは、値動きに賭けるトレードで食べていけるというだけでなく、望めば自分も他人のお金を運用できるという自信が得られるほどの資産曲線になっているという意味だ。

この本を読んでいる人のうち、ある程度のトレード経験がある人は、今から私が言うことを聞いても驚かないだろう。一方、トレード歴が浅い人はちょっと動揺するかもしれないが、実は活発にトレードをしている人の全体のうちで、今述べたように着実に利益を上げ続けている人の割合は非常に少ない。これは本当に少なく、三～五％ほどにすぎない。

この数字が確かな統計に基づいていると言うつもりはない。確かめるのは不可能に近いからだ。だが、口からでまかせを言ったわけでもない。私はこの業界で三〇年以上働いてきた。トレーダー、個人投資家向け商品ブローカー、トレードコーチとしてだ。そして、コンサルタントとしては世界中の主要取引所、銀行、ヘッジファンド、商品取引会社それぞれの何社かと仕事をしてきた。三～五％というのは、この専門的な知識に基づいて推測したものだ。

もっと重要なのは、この業界で長く働いている間に、妻のポーラと私は何社かの個人向け証券会社の社長や経営陣と知り合いになったことだ。彼らの顧客層は間違いなく、一般投資家全体を代表している。これらの証券会社の多くが私たちに連絡をしてきた理由は、顧客のトレード結果を向上させるために何かできることがあるか知りたいからだった。顧客が負け続けるのを防ぐ方法が見つかれば、主な利点が二つあると彼らは考えたのだ。

●一つ目は、顧客の口座資金が尽きるかそれ以上の損失を出したとき、新規の顧客を獲得するために必要になる多くの時間やお金が節約できる。
●二つ目は、顧客がトレードを長く続けるほど、証券会社に入る手数料も増える。

これらの証券会社とのその後の会話は、たいてい極めて率直で、非常に興味深いものだった。活発にトレードをしている顧客のうちで、着実に勝っている人の割合が五％という証券会社があった。また、そんな顧客は事実上いないという証券会社もあった。そしてかなり多くの証券会社では、この割合は〇～五％の間だった。

ところで、これらの数字について検討する際に、頭に入れておいてほしいことが二つある。

●第一に、銀行、ヘッジファンド、コマーシャルズ（実需業者）のようにプロのトレーダーを養成するか雇う会社は〇～五％のカテゴリーには入っていない。これらの組織で働くトレーダーが、成績に悪影響を及ぼす問題を抱えていることは珍しくはない。しかし、一般的に言って、着実にリターンを得られないトレーダーはクビになるだろう。

●第二に、たとえ着実に勝っている人の割合が極めて少なくとも、活発にトレードをしていると考えている人が世界中で一億人以上もいれば、そのうちの五百万人は着実に勝っていることになる。なぜこんなことを指摘するのか。

それは本書の読者を励ましたいからだ。つまり、この割合は明らかに低いが、トレードで自分の目的を達成している人はかなりの数に上るのだ！　一方、トレードをしている人ならだれでも、いつかはトレードで確実に稼げるようになりたいと思っているとすれば、彼らの圧倒的多数は自分の目的を達成していないことになる。

着実に勝てない人の割合がどうしてそれほど高いのか

成功するには、「損切りは早く、利は伸ばせ」というトレードの格言をだれもが一度は耳にしたはずだ。トレードの知恵を表す名言には、簡単そうに思えるが、けっして簡単には習得できないし、実践するのはかなり難しいものがあるが、これもそういう名言のひとつだ。一般論として言えば、トレードで着実に利益を積み上げていく人が極めて少ない理由は、勝ちトレードでの平均利益よりも負けトレードでの平均損失をずっと小さくしておく、ということの実際の意味を彼らが把握できていないからにすぎない。これは本当にそれほど単純な話だ。

トレード人口のうちで、この成功原理を身につけていない九五％の人たちは大きく二種類に分かれる。一つ目でおそらく最も多くの人が属するのは、「儲けては損する」と私が名付けたグループだ。彼らの資産曲線はたいてい、利益と損失を不規則に繰り返して上下しているだろう。このグループに属する人が何度か連勝し、かなり長い間着実に成功し続けることも珍しくない。しかし、着実に利益を積み上げたあとには必ず、とてつもなく大きい急激なドローダウンを被るか、何度も連敗する。

「儲けては損する」人にとって良い話もある。彼らは成功方程式を少なくともある程度は身につけているということだ。彼らの資産が増え続けている期間があるということは、利益を積み上げていく能力がそれなりにあることを示す。言い換えると、彼らはトレードで資金を積み立てる方法を学んだということだ。彼らが学んでいないのは、あの手この手で損切りを先延ばしにさせようとする心の声に対抗するすべである。例えば、現代では有り余るほどのトレード手法やシステムが利用でき、トレードで勝ち目があるかどうかを判断するのに必要なテクニカル面の知識を得ることができる。言い方を変えると、うまくいきそうかどうかを見極めるのにかかるコストを考えると、そのトレードが利益になる可能性は極めて少ないので、続ける価値はないと分かる。

しかし、この判断を客観的かつ効果的に、つまり一貫して下し続けるには、特別なスキルが必要だ。「儲けては損する」人たちはこのスキルに気づいていないか、たとえ気づいていても、うまく実行してトレード法を向上させるには不十分な理解しかしていない。なぜなら、彼らは急激なドローダウンを被ると、通常は市場のせいにするからだ。また、彼らの典型的な特徴として、損が少ないうちに手仕舞う機会はいくらでもあったのに、どんな理由にしろ自分で損切りを先延ばしにしたことは考えようともしないからだ。

二つ目のグループは、負けがかなり続く人たちだ。彼らの資産曲線は、着実に利益を積み重ねている人たちとは逆に、右肩下がりになるだろう。このグループに属する人は、もうトレードは一生やらないと決心するときが来ないかぎり、トレードは簡単だという考えを捨てないだろう。だが、簡単だと思いつつも、なぜ苦労しているのかは分かっていない。彼らがついに危機を脱して、状況が好転するかもしれないと期待を膨らませるのは、勝ちトレードや「ニアミス」がときどきあるためだ。しかし、そのあとはたいてい負けトレードが続いて、がっかりするはめになる。

五%のグループに入る

この業界が明らかにしたがらないもうひとつの統計は、顧客の回転率が高いことを示す数字だ。活発にトレードをしている人たちのなかで、着実に勝っている人の割合は非常に低いことに加えて、大部分の人はもう少しで着実に勝てるという経験をする前に、トレードをやめてしまう。

なかには非常にねばり強くて、何年も踏みとどまる人たちもいる。彼らはたいてい、コーチやセミナー、トレードシステムに何万ドルもつぎ込むが、数え切れないほどの選択肢があると気づくだけだ。そして、しばしば次にすべきことが分からずに途方に暮れるか、分かってはいても動けなくなる。さらに悪いことに、懸命に努力するほど成績が落ちていくように思えることだ。うまくいかずに、いら立ちが頂点に達すると、彼らの多くもやがてトレードをやめるだろう。

残るのは、最終的には五％のグループに入る人たちだ。彼らもたいてい、長年にわたって挫折を経験しているが、彼らには目立った特徴が共通してある。大成功したトレーダーのほとんどは私の言う「着実な勝利の最低基準」を超える前に、彼らにとっての大金を一度か二度は失っているのだ。

この話を聞くと、やる気をなくすかもしれない。だが、こんなことを言ったのは、長年にわたって挫折を経験するか大金を失わないかぎり、トレードで成功できない、と言いたいからではない。ここはできるだけ強調しておきたいのだが、そんなことはない！　先を読めば、その理由が分かると約束しよう。だが、現在の仕事以外に安定した収入源もないのに、トレーダーになりたいという誘惑に抗しきれず、収入の良い仕事やうまくいっている仕事を辞める前に、知っておくべきことがある。本当に知的で、優秀で、他分野では大成功をしているにもかかわらず、トレードでは負けてばかりのうえに、その理由がおそらく分かっていないし、今後も分かりそうにない人々は数え切れないほどいるのだ。この点について、良い例がある。

ポーラと私はオフィスを構えていたシカゴで、長年にわたって二日半のワークショップを定期的に主催していた。一九九五年に、そのワークショップに出席したトレーダーの一人は、ニューオリンズで不動産投資をして大成功を収めていた。彼は投資用の商業不動産や住宅不動産を所有していて、その資産価値は五〇〇万ドルくらい（本人によるとだが、疑う理由もない）だった。しかし、彼の説明によると、年がたつにつれて不動産の管理が面倒になってきた。それで、トレードなら今の生活スタイルをもっと楽に維持できるだけでなく、もっと面白い投資ビジネスになると考えたのだった。

彼が私たちのワークショップに参加した理由のひとつは、二つ目のグループに属していたからだ。つまり、不動産投資では大いに成功していたはずなのに、トレードでは毎月、負けていたのだ。それで、それほど難しくなさそうなのに、なぜ成功できないのかを知りたがっていた。また、同様に重要なことだが、損続きで不満がたまっていたので、トレードを続けるべきかどうかも知りたがっていた。

一体、何が問題なのか

さて、ここで本当に興味深いのは次のことだ。人々が自分の成績に失望してトレードをやめるのは、「損切りは早く、利は伸ばせ」という原則を身につけるのが難しすぎるから、と考えるのはごく自然なことだ。また、実際にそのとおりの場合もある。だが、ここでも理屈は統計によってひっくり返される。「一貫して損は小さく、利は伸ばす」ために必要なスキルを学ぶこと自体は、それほど難しくないのだ。また、他分野で非常に優れている人々が、そこまで失敗率が高いのを正当化できるほど難しくないのも確かだ。

問題は、トレードをする人々が等しくスキルを学べないということではない。そうではなく、そもそもスキルを学ぶ必要があるということを、ほとんどの人が気づいていないことが問題なのだ。ここには私が「トレードのパーフェクトストーム（大嵐）」と呼ぶ、非常に戸惑う心理現象がある。心理が及ぼす力と市場の力が合わさると、必要なスキルや、着実に勝つための最も効果的な方法を理解する妨げと化すのだ。

トレードにおけるこの現象を私が「パーフェクトストーム」と呼ぶのは、心理的に見ると、ジョージ・クルーニーとマーク・ウォールバーグが出演した二〇〇〇年のハリウッド映画『パーフェクトストーム』で描写された状況と似た点があるからだ。両者を比べると、トレードの性質について私が何を言いたいか分かるだろう。

私の記憶では、この映画はニューイングランド地方に住み、感情面やお金で苦労する数人の漁師を描いていた。彼らは生活を安定させるのに苦労していた。ほとんどはお金に関してだが、個人的な問題を抱えている人もいた。ジョージ・クルーニーが演じる人物は漁船を所有して、事業を行っていたが、経営は絶望的な状況にあった。彼と乗組員が次の漁で記録的な大漁を達成できなければ、彼は漁船も事業も失うことになる。

彼らは出港すると、いつもの漁場に向かうが、そこでの漁は思わしくない。それで、彼らはもっと魚影が濃い漁場に行くことにする。問題は、そこがかなり遠いため、燃料や予想される気象状況を考えると、かなりの無理をすることだ。乗組員たち全員で話し合った末、危険を冒す価値はあるという話でまとまり、そこに向かう。

一方、新しい漁場の周囲では嵐が二つ発生していて、沿岸警備隊は嵐の接近を警告している。しかし、漁師たちには大きな見返りがあるので、危険な嵐の警告は無視するか軽視する。映画では、その漁場は予想どおりに魚影が濃く、魚が文字どおり船に飛び込んでくる。かつてないほど大量の魚を船に引き上げながら、（トレードと同様に）彼らは舞い上がり、お金の問題はもちろん解決したと思う。

だが、そうはいかない。彼らは知らなかったが、二つの嵐は合わさってひとつの巨大な嵐になるからだ。この大嵐はだれもそれまでに見聞きしたことがない、一〇〇年に一度の本当に巨大な嵐に成長する。映画は彼らがまさに追い求めていた、何十万ドルにも値する魚を得るところで終わる。しかし、彼らはこの猛烈なパーフェクトストームにとらえられたため、家に帰って、努力の末に得た利益を享受することはけっしてない。

この映画とトレードとの類似点

なぜか？　船の乗組員はトレーダーと同様に、自分たちがどういう状況にいるのか分かっていなかった。彼らには、状況はいつもの嵐に遭遇しているときと同じとしか思えなかったのだ。ところが、彼らの置かれた状況はいつもとはまったく異なっていた。彼らには頼りとする経験がないために、嵐が融合すると、前代未聞で想像を絶するほど巨大な嵐になる、という判断を下すことはできなかった。その日に必要なお金のことを考えると、別の漁場に行くという当初の決断が完璧に思えたからでもあるが、彼らにはその後の展開は予想もできなかった。そして、その漁場に向かったために、最大の失敗に至る運命が定まった。

同様に、値動きに賭けるトレードで生活しようと決めるとき、ほとんどの人は自分が立ち向かう困難がいかに大きいかをまったく理解していない。そして、実はそれを知るすべもない。トレードには非常に戸惑う変わった特徴がある。そのため、私たちのほとんどが日常生活で目にするどの職業ともまったく異なっている。見かけは普通に見えるかもしれない。だが、実際は違う。「見かけは当てにならない」という決まり文句はトレードにも当てはまり、トレードで見かけどおりのものは何もないと言ってもよいくらいだ。

さらに、ややこしいことに、これらの違いや変わったことの多くは非常に微妙で、簡単には気づかない。例えば、ほかの職業で成功するために使うか、当然視している原則の多くは、トレードでは役に立たない。少なくとも、私たちが慣れ親しんだ方法では役に立たない。

成功するための原則、例えば、確実に勝てるという確信を得るために状況を分析することや、リスクを取り除いて間違いがない状態にすること、時間をかけて懸命に働くことなどはすべて、日常生活で目的を達成するのに本当に役立つ、検証済みの方法だ。しかし、奇妙で理解に苦しむと思うかもしれないが、成功のためのこうした一般原則は、トレードで着実に利益を上げるには実は逆効果なのだ。

トレードはかなり普通のことに見えるので、普通でないことが起きているとか、現在の生活での経験や問題処理能力はほとんど役に立たない環境にいるのだと考えるなど、通常は思いもよらない。

例外は、本当に良い師に就いてトレードを始めたか、トレードで成功した一家で育ったという、少数の幸運な人たちだ。彼らはいわば、非日常的でパーフェクトストームに似た海上の進み方を初めから教えてもらえる。

そうでなければ、残りの私たちは漁場に向かった乗組員と同じように、パーフェクトストームに巻き込まれるだろう。ただし、大きな違いがひとつある。映画に登場した漁師たちは風や雨や波や雷や稲妻に阻まれて、貴重な魚を持ち帰ることができなかったが、私たちが立ち向かうのはそうした物理的な力ではない。トレーダーにとっての嵐はすべて、自分の思考や心理が及ぼす力によって生じるものだ。しかし、それは物理的な力と同様に強力で破壊的である。それらの力は次のような形をとる。

●値動きを生み出す力に対するはなはだしい理解不足。これは特に、コンピューター画面を通してしか市場にアクセスしていないために、トレードがコンピューターゲームとは違うと認識していない人たちに言える。
●トレードで何をすればうまくいき、どうすれば着実な成果を上げられるかについての危険な誤解や誤った想定。

●損をするのではないか、判断を誤るのではないか、手仕舞いを早まって大きな利益を取り損ねるのではないかという心配（通常は、トレード以外のよく分からない精神面か感情面の影響による）。

●自分が受け取る対価について、自分を過小評価する信念。

●突然、大喜びする状況になったために、万能感に浸っているときに感じるエネルギー。

精神が及ぼすこれらの力が単独あるいは相乗的に作用すると、マーケット情報の受け止め方や、その後の行動に次のような影響を与える可能性がある。

●客観的に見ることや、精神的に落ち着いてトレードをすることができなくなる。

●個々のトレードのリスク水準について、危険に陥りかねない幻想を抱きやすくなる。

●注文の執行や資金管理でありがちな多くの間違いを繰り返す。

たとえ、トレードがまったく初めての人でも、もしもトレードに悪影響を及ぼす力があり、そのせいで明白な根拠もなくトレードをしたくなったり、注文の執行や資金管理で間違えやすい幻想を抱いたりするのであれば、控え目に言っても、トレードがいつも頼れる着実な収入源になりそうにない、ということは分かるだろう。

さて、気弱になったり、トレードで経済的に自立したいという夢は遠のいたと考えたりする前に、今述べた力のどれも克服しがたい難題ではない、ということを理解しておく必要がある。これらの力によって生じかねない問題には、とても効果的な対応法がある。それらの問題のすべてを簡単に避けるか制するのに役立つ意識や特定のスキルや成長過程があるからだ。しかも、場合によってはとても簡単にできるのだ。これらはまさしく、ポーラがコーチングの仕事でトレーダーと取り組んでいることだ。

本当の難題

心理が及ぼすこれらのさまざまな力に対応するために、適切なスキルを身につけること自体は、着実に利益を上げるうえでの難しい課題ではない。本当に難しいのは、そもそもそれらの力に対応しなければならないと悟ることなのだ。映画のなかでは、嵐が発達して融合したが、乗組員たちには何ができるかに気づくのに必要な情報がなく、ついにはお金も命も失うはめになった。しかし、彼らは少なくとも嵐が迫っていることは知っていた。彼らはその規模を知らなかっただけだ。

トレードにおけるパーフェクトストームはその存在を隠しながら成長する。その嵐がパーフェクト（完璧）なのは、着実に利益を積み上げるうえで重大な悪影響をもたらすにもかかわらず、悪影響の源にほとんど気づかない力で成り立っているからだ。つまり、嵐に捕まっていることにすら、私たちは気づかないのだ。あるいは、自分の望む成功を手にできない理由に気づかない。成功は明らかに視界に入っていて、手にできそうなのに、トレードの見えない壁が妨げになるからだ。

壁が見えないのは、心理の及ぼす力が一般的に漠然としていて、理解しづらく気づきにくい性質のものだからだ。心理の及ぼす力が壁となるのは、着実な成果を得るために学ぶ必要があるスキルに気づけなくする効果があるからだ。言い換えると、問題の原因を見極められないと、適切な解決策を見つけるのはかなり難しいのだ！

何が見えない壁なのか

私の言うこの見えない壁とは、一体、何だろうか。

一言で言えば、それはトレードの成功法について私たちが持つ思い込みだ。トレードを始めるときに、その理由がいくつかある人もいる。だが、多くの人にとってトレードが大きな魅力なのは、経済的な成功と自由を簡単に手にできると思えるからだ。こう言ったからといって、その見方が間違っていると主張したいのではない。逆に、その可能性はおそらく、ほとんどの人が想像するよりもはるかに高いだろう。

だが、この可能性をいくらかでも実現するためには、どうすれば成功し、そのためにどういう段階を踏むべきかについて、何らかの想定をする必要がある。日常生活でも経験するように、いったん想定をすると、すぐに取り消さないかぎり、それは心に残り、本当のことだと思い込むようになる。本当と思い込んだことは何であれ、当然ながら自明で疑いようのない信念になる。そうでなければ、そもそも本当だとは思わなかっただろう。

単なる想定を本当のことだと考えて、それが信念に変わったら、たいていはどうしてそう思ったのかを振り返ったり、その妥当性を客観的に評価したりしない。通常は欲求不満や心理的苦痛や損失が耐えがたいほど大きくならないかぎり、その種の評価をする気にはならない。

着実に収入を得るためのカギは、まず初めに最適な想定をすることだ。トレード界では特に、それが重大な変化をもたらす。トレードでは、わずかな割合の人を除けば、だれもがいつかは損失や苦痛を味わう。だが、どうすれば成功するかについて適切な想定をしたうえでトレードを始めたら、その種の痛みを経験せずに済むだろう。チャットルームやトレードカンファランスでほかのトレーダーから何を聞こうと、情報番組で何を信じ込まされようと、これは本当だ。トレードでは、人々は自分は儲けていると自慢するが、損益の変動が激しいか、少なくとも利益が着実に増えていないことは隠すし、話を誇張したことや事実とは違う話をしたことも隠す。この業界では利益を出していないことをだれも認めたがらない。ほかのだれもが稼いでいるように見えるときはなおさらだ。

一方、あなたがすでにトレードをしていて、今が欲求不満な状態にあると意識しているのなら、安心してほしい。これから脱出法を教えるからだ。比喩的に言うと、トレードのパーフェクトストームを、暖かくてほっとする熱帯のそよ風に変えるつもりだ。そして、そのために、トレードそのものの性質上、すぐに抱きやすく、初めに適切な指導を受けないかぎりは避けがたい、多くの誤った想定や誤解や役に立たない信念を分析し、解きほぐすつもりだ。

本書を読み終えるころには、プロトレーダーのような考え方をするには一体、何を理解して、どんなスキルを身につける必要があるかが分かるだろう。覚えておいてほしい。プロのように考えられて、初めてプロのようにトレードができるのだ。そして、プロのようにトレードができるようになったとき、着実に収入を得るところまで努力したことを意味する。

第2章 トレードに影響する複雑な心理

トレードはその性質上、学ぶのに苦労する点があり、私はそれを心理的なパーフェクトストームと呼んだ。心理と市場のそれぞれが複雑な力を及ぼして、それらが一体となると、トレード初心者は自分がどういう状況にあるかを現実的に理解できなくなる。まして、トレードで成功するために実は何を学ぶべきかを理解することはまず不可能になる。

私の目的は、着実に収入を上げ続けられるようになるための最も効果的な方法を悟る手助けをすることだ。効果的な方法とはどういう意味か。誤った想定や誤解や役に立たない信念があると、儲けては損するくらいが関の山で、最悪の場合は何がまずいのか分からずに、いら立ってトレードをやめてしまうが、そんなはめに陥らない方法ということだ。

プロのようなトレードをするうえで本当に必要なことを見つけて理解するために、トレードにおける多くの心理的な複雑さを次の三つの大きなカテゴリーに沿って説明する。

●矛盾した考えや逆説
●理解に苦しむ特徴
●幻想

複雑な心理の働きという観点からトレードの性質を見ると、着実に収入を上げ続けるのがいかに難しいかすぐに分かるだろう。そもそもトレードという仕事の本質がつかめていない人には、特にそう言える。しかも、これはビジネスだ。会社で働いて給料を受け取るのではなく、企業家としてトレードでお金を自分で稼ぐ「自分の」ビジネスなのだ。このこと自体が新たな変化をもたらすものであり、ここにも理解が必要な複雑さがある（トレーダーが企業家であるということの意味を学びたければ、詳しくは妻のポーラに連絡してほしい）。

トレードは楽なお金儲けのなかで最も難しい

最初に検討する複雑な心理は、逆説や矛盾した考えが一体となったものである。トレードの性質について、「トレードは楽なお金儲けのなかで最も難しい」という、ベテラントレーダーには分かりきったおなじみの言葉がある。

トレードを始めたばかりのときに、こんな言葉を目にしたら、私ならまず、理屈に合わないと思うだろう。トレードは楽なお金儲けだと言っておきながら、同じ文でお金を稼ぐのは難しいとなぜ言うのだろうか。これは明らかな矛盾であり、無意味で自分には無関係な発言だと切り捨てていただろう。

とは言え、あなたもこの発言を無関係とみなそうとしているならば、それはやめてほしい。これから、この逆説的な矛盾を解きほぐして、受け入れられるようにするからだ。そうすれば、そこにはトレードで成功するための核心を突いた洞察や知恵がたっぷり詰め込まれていることが分かるだろう。

トレードで本当に楽にお金儲けができるのか

もちろんだ！　実は、トレードで楽にお金儲けができるというのは、かなり控え目な表現だ。私はトレードほど簡単で素早くお金を儲けられる仕事がほかにあるとは思わない。最も単純な意味、トレードに参加するのに必要なものは、パソコンとインターネット接続、電子取引用のツール、それに証券口座を開設できるだけのお金だけだ。

その後に、トレードをするのに必要なことは次のとおりだ。

●目と手をうまく連携させて、画面の適切な場所にカーソルを動かす
●買うか売るかを決める
●マウスをクリックして、注文を執行する

判断が正しかったら、わずかな時間でマウスをクリックする前には想像もしていなかった利益が得られているだろう。

これほど簡単で単純なことがあるだろうか。勝つために、特別な技巧はいらない。マウ

スを動かしてクリックするために使うエネルギーなど、たかが知れている。また、トレードの専門知識に関しても、相場についての知識は特に必要ないし、売るか買うかの決定を正当化するためのもっともな理由すら必要ない。必要なのは、銘柄を選び、望む価格までマウスを動かして、クリックするだけだ。

さらに、勝てる可能性を知って興奮したければ、本当のトレードで勝つ必要すらない。つまり、初めての勝利を味わうのに、実際の取引口座を使う必要はない。確かにトレードはお金儲けの最も簡単で一番の近道だと納得するには、シミュレーション用の口座でも構わないし、相場の動きを見ながら、安値で買って高値で売るか、高値で売って安値で買い戻す様子を想像すれば済む。私の言う「乗数効果」を当てはめるときには、特にそう言える。

例えば、ジョージという典型的な人がいたとしよう。彼はWXYZ社を一株当たり一〇ドルで一〇〇株買ったときに、初めて勝った。注文が約定して数分後に上げ始めた。大引けごろには一株一二ドルで取引されていて、二〇〇ドルの利益になった。通常なら、二〇〇ドルはジョージにとって大金ではないかもしれず、大したことだとも思わないだろうが、それが持つ意味は大きい。彼は投資をして数時間で、二〇%という途方もない利益を得たのだ。

二〇％は経済的には本当に大きい。だが、心理的にはもっと大きな影響がある。

ジョージが二〇％以上のリターンを一日のうちに稼げると考え始めたら、「もしも～だったら」という場面をいくつか想像し始めても当然だ。一〇〇〇株、あるいは五〇〇〇株を買っていたら、どうなっていただろうかと。そして、利益を二〇〇ドルから一〇〇〇ドルに増やすには、取引ツールの株数欄にゼロを付け足すだけでいい、と必ず思うようになる。

確かに、得られる金額とその素早さを考えると、ゼロを付け足してマウスをクリックするのは信じがたいほど簡単だ。要するに、本当の経験であれ、想像上の経験であれ、勝つのがそれほど簡単なら、お金を儲けるのも簡単に違いないという結論に至るのは当然だ。

簡単に勝てるのなら、問題はどこにあるのか

簡単に勝てて、勝てば利益が得られるのなら、トレードは楽なお金儲けのなかで最も難しい、とどうして言えるのか。つまり、どの部分が難しいのだろうか。本当に勝つのが簡単なら、一体、トレードのどこが難しいのだろう。

まず、この質問に答えるには、勝つこととトレードを区別しなければならない。勝った

めに、身体能力も相場に関する特別な知識もほとんど、あるいはまったく必要ないことはすでに確認した。トレードで勝つために必要なことは、どの瞬間でも、単に買うか売るかを決めて、マウスをクリックするだけだ。だが、トレードの定義を、長期にわたって頼りになる収入を着実に得る過程とするならば、あなたが狙っていること――勝つこと、もっと具体的に言うと、着実にお金を稼ぐことができる機会を特定できること――は、トレーダーとして生活費を稼ぐために必要な過程における一要素にすぎない。

トレードで長期にわたって頼りになる成果を着実に上げるには、非常に複雑な段階があり、矛盾しているだけでなく、通常のスキルとは別のスキルをいくつか習得する必要がある。

勝てる力と生活費を稼げる力との差

私がここで言いたいことは、勝つために必要なスキルと、組織的で体系的なトレード手法をうまく実行して、着実に収入を得るために習得すべきスキルとでは極めて大きな違いがあるということだ。なぜなら、勝つことは単純だが、私が「着実な過程」と呼んでいるものの複雑さが習得を困難にしているからだ。

しかし、この難しさだけで、トレードは楽なお金儲けのなかで最も難しいとは言えない。残念ながら、ほかにも着実に収入を上げることを格段に難しくしかねない要素がある。

私の言いたいことのポイントを理解するために、ちょっと立ち止まって自問してほしい。勝ってお金を儲けることがとても簡単な一方で、着実に成果を上げることがとても複雑で難しくなり得るということを、なぜ私がわざわざ指摘するのか、と。勝つために必要なスキルと生活費を稼ぐために必要なスキルが、私が示唆するほど大きく違うのであれば、これはある程度、だれにとっても明らかではないだろうか。

だが、この違いは明らかでも、分かりきったことでもない。そして、その理由は、トレードの仕組みについての思い込みや、勝つのは簡単だと知ったあとに成功法についてしがちな思い込みと関係がある。勝つのは簡単だと知ると、私たちは「知らぬ間に」トレードを楽なお金儲けのなかで最も難しいものにし、欲求不満に陥って最後には失敗に至る道を突き進み始める。すぐに分かるように、私たちは進むべき道について一定の思い込みをしやすく、そのせいで、頼りになる収入を得るために身につけるべきスキルを不要か無関係とみなすか、そもそもその存在に気づきすらしなくなる。

私が述べようとしている思い込みはまったく論理的かつ合理的で、自分の経験と矛盾しないため、スキルを除外する道を自ら選んだことにすら気づかない。さらに戸惑うことに、これらの思い込みはトレードの本当で正確な特徴を表す前提、つまり、勝つのは実は簡単だという前提から生じているのだ。

私たちは正しい前提に基づいて思い込みをする状況に身を置いている。しかし、思い込みそのものはまったく筋が通っていて合理的だが、正確ではない。なぜなら、着実に成果を積み重ねていくうえでの重要な要素を除外しているからだ。そのため、トレードを始めたばかりのときに教えられていなければ、非常につらく、いら立つ経験をするだけでなく、自分の手法には何かが欠けていると気づくまでにすら通常は数年かかることになる。

どうやって「知らぬ間に」欲求不満に通じる道を進み、ついには失敗に終わるのか

トレード初心者がこの世界に足を踏み入れたあと、進むべき道を決めるためにたどる典型的な思考過程をいくつか見ておこう。

●何て簡単なんだ。自分がやっていることが実際に分かれば、自分を妨げるものなどないだろう。
●相場もトレード法もほとんど何も知らないのに、勝ってお金を儲けられるのなら、勝つ方法をもっと学びさえすれば、着実に収入を得られると確信できるだろう。
●こんなに簡単に勝てるのなら、着実に収入を上げ続けるのも簡単でないはずがない。利益が得られるトレード機会を着実に特定するための手法かテクニックを見つけさえすれば、経済的成功という壮大な夢を実現する道を歩めそうだ。
●勝つ方法を学べば、トレード法が分かるだろう。
●勝つ方法を知るほど、損をしなくなるだろう。

これらの言葉すべてが、「勝つこと」、したがって「勝つ方法を学ぶこと」が成功のカギだと考えている点に気づいてほしい。もちろん、ほかの言葉をいろいろ使って、同じ考えを伝えることもできる。だが、どんな言葉使いをしようと、想定することはほぼ常に同じで、トレードでの成功は勝つ方法の知識次第、ということだ。

勝つ方法をどうやって知るのか

相場の適切な分析法を学ぶことによって、私たちは勝つ方法を知ることになる。私は相場分析を、仕掛けと手仕舞いに最もふさわしい価格と時間を判断するのに役立つように、マーケット情報をまとめるツールや手法の組み合わせ、と定義する。言い換えると、次のことが分かる相場分析のことだ。

●どの銘柄を選ぶか（株、先物、オプション、FXのなかから最も成功する可能性が高いものは何か）

●どちらをクリックすべきか（買いか売りのボタン）
●いつクリックすべきか（仕掛けと手仕舞いに最もふさわしい価格と時間を）

私が述べているツールと手法は、大きく次の三つのカテゴリーに入る。

A．**テクニカル分析**　チャート上の幾何学的パターンで値動きを予測する（トレンドライン、リトレースメント、保ち合い、支持線・抵抗線、ローソク足など）か、価格と出来高のデータをさまざまな数式に代入して変動パターンを特定する（移動平均線、ストキャスティックス、ＲＳＩ（相対力指数）、ＭＡＣＤ（移動平均収束拡散手法）、ボリュームレシオなど）。
B．**ファンダメンタルズ分析**　需要と供給、評価モデル、公式を使って値動きを予測する。
C．**ニュース**　経済報告かメディアが報道する時事ニュースに対して市場がどう反応するかを予測して、立てるトレード戦略。

「勝つことが成功のカギ」と考えて、そのために「相場分析をうまくやって勝つ方法を学べば、確実に成功できる」と思うことは、一見すると完璧に筋が通っている。実際、今述べた考えはすべて分かりきったことに思えるので、そもそも私がこんなことを指摘するのはちょっと変だと思うかもしれない。その一方、こんな考えを持つと何か本当に困ることが起きる、というのでないかぎり、私がそんな指摘はしないだろうとも思うかもしれない。

問題はここにある。しかも、それはとても理解に苦しむものだ。成功を、トレードで頼りになる収入を着実に得られること、と定義すれば、勝つ方法を学ぶことはそういう成功を収めるための重要な要素ではない。実際、勝つ方法を学ぶことは不可欠ではあるが、着実な成果を上げるために学ぶべきほかのスキルに比べると、比較的小さな役割しか果たさない。

勝つ方法を学び、それを知ることが、成功のカギにならないということがあり得るだろうか。残念ながら、答えはおそらく質問よりもさらに戸惑うだろう。しかし、理由を説明する前に、私がどの部分に問題があると言っているのかを推論の順序に従って明確にしておきたい。

「勝つかどうかは相場分析次第だ」という前提は正しいか。もちろんだ！　相場分析のツールをうまく使えるほど、利益になるトレード機会を見つけられる。それでは、「着実な成果を上げるためには、勝ちトレードが必要だ」という前提はどうだろうか。明らかに、これも正しくなければならない。勝ちトレードなしに、資産曲線を着実に右肩上がりにはできないからだ。

勝つかどうかは分析次第であり、着実な成果を上げるためには勝ちトレードが必要だと分かっているのだから、分析がうまいほど着実な成果が得られると結論づけるのはまったく理にかなってはいないか。確かに、理にかなってはいるが、完全に正しいとは言えない。

この結論の問題点は、完璧なトレーダーの心理に近づいた程度に応じてしか当てはまらないところだ。つまり、トレードの本当の仕組みを理解していないし、成功に必要なスキルをすべて習得していない人は、自分の分析が良いか、極めて優れてさえいても、そのために長期にわたって利益が得られるようになるとは限らない、ということをあとになって気づく。言い換えると、着実とはほど遠い成果しか得られない人でも、トレードで勝つことはあるし、驚くほど勝ち続けることすらあるのだ。

以降で私が立証したいことは、たとえ相場分析で勝つ機会を特定できても、そのこと自体は資産曲線を着実な右肩上がりにする保証にはならない。着実な過程に必要なほかのスキルも備わったときに初めて、分析の質がそのまま最終結果に反映される、ということだ。

そのため、相場分析が成功へのカギだという考えを行動原理にすれば、欲求不満に陥ることになる。せいぜい、「儲けては損する」程度を願うくらいで、最悪の場合にはほかの多くの人と同様に、どこに問題があるのだろうと思いながら、トレードでいら立つだけだろう。

第3章

相場分析は着実な成果を上げるカギではない

一般的に言って、分析をするのは調べているものの特性や特徴を理解するためか、特定の状況を生む根本原因が何かを知るためだ。

分析をしたら、そこから結論が導き出され、目的達成のための戦略を立てる役に立つ。最終的に行動方針を決めたら、その結果はもちろん引き出した結論と一致しているはずだと思う。正しい手順にしたがって、必要なことはすべて検討したと思っているときには特にそうだ。要するに、いったん分析を終えたら何かが分かったと思うので、下した結論は何であれ正しいと思う。それが分析をするということだ。

トレーダーが市場で何らかの分析をする場合も、ほぼ同じような過程をたどる。ただし、とても大切で重大な違いがひとつあり、それを知らないでいると、着実な成果を生むことはほとんど不可能になる。相場について検討するときには、通常の分析手法のどれでも利用できる。例えば、チャートの分析、数学に基づくテクニカル指標の計算、需給や評価モデルを用いたファンダメンタルズ分析、ニュースに基づくトレード戦略の立案などだ。

そして、分かったことから結論を引き出して、買いか売りのトレードをすべきかどうかの判断を下す。ところが、分析の最終段階に達して、予想と一致する結果が得られるだろうと考えたまさにそのときに、トレードにおける分析はほかでなら当然に予想されることから大きく外れる。

例えば、トレードの分析もほかの分析と同じように進むと期待している場合、「分析をして、トレードがうまくいきそうだと確信できる証拠が集まったら、自分は正しいと当然思うだろう」と考えるのはまったく論理的だ。言い換えると、勝てそうに思えないトレードなどしない。これは平均的な人や知識不足の人がトレードを仕掛けるときの典型的な考え方だ。彼らはトレードがうまくいくと確信できないかぎり、仕掛けない。

だが、着実に成果を上げる力があるプロは、絶対にこういう考え方をしない。初めてこんなことを聞いた人は奇妙だと思うかもしれないが、プロは自分が正しいという確信を持ってトレードをすることはないし、トレードをすることを正当化するために、自分を納得させようと頭をひねることもない。

まったく逆に、プロは分析をしたら、自分は正しいと思うのではなく、正しい可能性が高いと思うだけだ。

彼らは分析によって、失敗よりも成功の確率のほうが高いと考える。

次に何が起きそうか分かっている、という考えも思い込みも信念も持つことはない。なぜなら彼らはある時点で、たいていは痛い目に遭って学んでいるからだ。状況がどれほど良く見えようと、分析にどれだけの時間と労力を費やそうと、マーケットではいつ何が起きてもおかしくない以上、相場の動きで何ひとつ確実なことはない、ということを。「何が起きてもおかしくない」と確信したら、次に何が起きるか「分かっている」と思ったり、分析をしたから、どのトレードでも結果は「保証付きだ」と思ったりする思考様式に従うのは最も危険で、深刻な害を及ぼしかねない間違いだ、と彼らは悟ったのだ。

なぜ通常の考え方や信念は非常に危険な間違いに至るのか

分析をしたから、次に何が起きるか分かる、という考え方や信念がどうして非常に危険なのだろうか。理由は大きく三つに分類できる。

一番目の理由

分析をした結果、自分は「分かっている」といったん納得すると、このトレードはうまくいかないと気づくか認めるのは、最初に大損をしないかぎり不可能とは言わないまでも非常に難しくなる。

第1章で引用した、「成功するには、損切りは早く、利は伸ばせ」という古くからあるトレードの金言を思い出してほしい。さて、自分は正しいと納得したあとにしかトレードをしないのなら、どうやって損が少ないうちに切ることができるだろう。自分の分析が正しいという証拠を集めるのは、「確実に」勝つためだ。

問題は、分析をして確実に勝てると思って仕掛けた以上、考える過程から損をする可能性を排除してしまうところだ。損をする可能性を考えなくなったら、①うまくいっていないトレード、②勝てる可能性が少なくなったトレード、③仕掛けた当初から、まったく勝ち目がなかったトレード――を見分けるために、何を利用したらよいのだろう。

言い換えると、あることを期待しているのに、相場がそれとは違う動きをしているとき、どうすれば期待どおりの結果を得ていないと分かるのだろうか。トレードがうまくいっていないと気づくためには、トレードがうまくいかない可能性もあると純粋に信じている必要があるのだ。

実際、知識不足の人がトレードで犯す最も多い過ちは、支払う可能性があるコストを仕掛ける前に定義していないことだ。

コストとは何か。それは仕掛け値から、自分の考える勝ちトレードの動きではないと判断するまでに相場が逆行した価格までの差額である。典型的な知識不足の人にとって、損切りに使える唯一の材料は苦痛である。つまり、自分の判断は間違っていると認める苦痛よりも、もう一ドル損する苦痛のほうが大きくなったときに、思惑どおりの動きをしていないとようやく認めて、どれほど頑固かにもよるが、そのことを完全に受け入れることができる。そのときには、含み損が悲惨なほど膨らんでいることもある。少なくとも必要以上に、つまり、プロトレーダーの考え方を知っている場合よりもはるかに膨らんでいるだろう。

一方、プロはまだ勝てる可能性があると言えるためにはそれ以上に逆行「すべきでない」

価格を、例外なく常に仕掛ける前に決めている。適切なコストを計算するためには、見極めにかかるコストを考えると、勝てる可能性は極めて低くなったため、たとえ損を確定させてでも、資金管理の点からはそれ以上続ける価値がない、と判断する最適な価格を見つけておかなければならない。

いかに分析がうまくとも、自分が負けているときにそれに気づかなければ何の意味もない。資産曲線がめちゃくちゃになるほど破滅的な損失を被る可能性は常にあるからだ。これが、プロが学んだのと同様に、あなたがこれから学ぶことだ。例えば、分析がうまくいって、一〇回続けて勝ったとしよう。それでも、その次のトレードがうまくいっていないことに気づかなければ、前の一〇回分の利益をすべて吐き出したうえに、さらに損をする可能性だってあるのだ。その場合、合計では一〇勝一敗という比率で、確かに分析が優れていることは示される。だが、最終的な純利益はほとんどないかゼロだろうし、さらに悪ければ、一〇回のトレードで得た利益以上の損を一回のトレードで出して、赤字になる。

トレードでの負けは常に予想外だ。しかし、マーケットではいつ、何が起きても不思議でないのなら、いつであれ値動きに影響するあらゆる可能性を考慮できる完璧な分析法はないということになる。言い換えると、気づいたら負けていたという状況を避けるために、事前にできることは何もないということだ。しかし、私たちができることもある。トレードがうまくいっていないと気づいたときの対応策を常に考えておくことだ。また、検討中のトレードで勝つ確信を得るために証拠集めをしたうえで、そもそも勝てないと思う理由があればトレードをしないだろう、と自分を正当化するのは必ずしも適切な準備とは言えない。

二番目の理由

「分かっている」と自分を納得させるか、そういう感情に屈すると、勝っているときに利食いに最も適した価格や時間に気づくことも非常に難しくなる。

勝っている状態は永遠に続くわけではない。価格はいつまでも一方向には動かない。ほぼ確実にそうならない要因がいくつかあるのだ。勝っているときに利益を最大にするためには、①利益目標に達するまでトレードを続けるか、②可能なかぎり利益を最大限にするために、利益目標を超えてもトレードを続けるか、③同時に、相場が利益目標に達しないか、もうトレード方向には動きそうにないという水準まで逆行したときに、含み益の減少を最小限にとどめることとの微妙なバランスをうまく取れるようになる必要がある。

勝っていると気づくのは簡単だ。それとは対照的に、含み益をあまり減らすことなく「利を伸ばす」のは、極めて高度なスキルである。適切な助言もなく、このスキルを学んで磨き上げるには通常、何年もかかる。この高度なスキルの最も洗練された水準では、相場が利益目標に達するか、思惑どおりにもっと動くかを見極めるために、含み益のどれくらいをリスクにさらすかの判断を果てしなく続ける必要がある。

これらの判断のいずれにも使える資金管理やテクニカル戦略はいくつかある。だが、それらのテクニックを効果的に使うためには、かなりの客観性が必要だ。つまり、資金管理とテクニカル面の戦略があれば、勝っているときに、手仕舞って利益を確定するのは今だと明確に示すことはできる。だが、それを実行するのはそれほど単純でも簡単でもない。どうしてか。

第一に、仕掛けるために利用した自分の分析か何かの手段は、相場によって今、妥当性を認められている。第二に、私たちはまさに期待どおりの結果を今、得ている。そして第三に、私たちは勝って含み益を得ている状態にある。これらはどれも極めて強い快感をもたらす。これらの非常に前向きな感情に包まれていると、勝っている状況を客観的に評価するのがとても難しい精神状態に陥ることがある。

例えば、日常生活では、とても気分が良いときには当然ながら、その状態が続いてほしいと思う。それはトレードで勝っているときでも同じだ。ただしトレードでは、快感は利食いに必要な戦略とまったく相いれない。

勝ちトレードを手仕舞うべきという示唆があれば、強い快感をもたらしている経験を終わらせる気持ちが必要になる。一方、手仕舞ったあともトレード方向に相場が動き続けたら、たぶん後悔の念にとらわれるだろう。

勝っているときには明らかに客観的でない精神状態に陥って、自分の手仕舞い戦略のシグナルを無視したくなりやすい。あるいは、思惑どおりの動きが終わりつつあることを示す情報は真に受けなくなりやすい。これはたやすく想像できるだろう。

しかし、それほど明白でないこともある。勝っているときには安心感や幸福感に浸りやすくなるが、そうなると、「何も問題ないと分かっているのだから、何もする必要はない」と思ってしまうのだ。私が言っているのは、勝っている状況がいつまでも続くと思う幸せいっぱいな気分のことだ。言うまでもなく、幸せいっぱいというのは間違いなく素晴らしい精神状態だ。だが同時に、タイミングよく利食いをするには大きな悪影響を及ぼす可能性もある。

だから、適切なスキル、つまりプロのように考える力がないと、理性的に考えているつもりでも感情に影響されて、相場がどう動きそうかは「分かっている」という考えに向かいやすい。しかし、相場の状況は分かっていると思い込んでいるときの想定と、自分の手仕舞い戦略が要求しているシグナルはたいてい相反している。

それで、これなら安定した収入になると思える、計画的・組織的・体系的な手法に基づいて利益を確定させるのではなく、そのときどきの思いつきで利食いをすることになる。時には取れたはずの金額よりもはるかに少ない利益で終わるか、もっと悪いことに、含み益が相当に膨らんだあと、結局は損切りで手仕舞うはめになることもある。これはあまり気分の良い経験ではない。だが、自分が何をしているか分かっていると思いながら、実は分かっていないときには、非常に避けがたいことでもある。

三番目の理由

程度の差はあれ、次に何が起きるか分かっていると思い込んでいると、テクニカル指標に基づくトレードシステムを誤りなく利用するのは不可能とは言わなくとも、極めて難しい。

そうした一般向けシステムで、着実な成果が得られる高性能でとても優れたものも数え切れないほどある。だが、それらのシステムの能力を最大限に引き出すためには、意図されたとおりに実行できなければならない。すなわち、ルールに従い、誤りを犯さずにプランどおりに動く必要がある。

トレードで犯す典型的な誤りの例

●システムから仕掛けのシグナルを受けてもためらい、すぐに注文をせずに、トレードがうまくいくであろう何らかの証拠が得られるまで待つ。その結果、システムの指示よりも不利な価格で仕掛けることになり、リスク（被る可能性がある損失）も大きくなる。

●シグナルが点灯する前に仕掛ける。実際には一度も点灯していないシグナルを期待していたために、すべきでないトレードをして負ける。

●シグナルが点灯するが、何らかの理由で（通常は、うまくいく確信を持てないため）、トレードをしないことに決める。だが、結局は仕掛けていれば利益が得られていたと分かる。

●シグナルが点灯したので仕掛けるが、システムが要求している損切りの逆指値は置かない。そして、相場が逆行して、損切りの逆指値を置いていた場合よりもはるかに多額の損失を被る。

●シグナルが点灯したので仕掛けて、損切りの逆指値も置く。だが、逆指値に引っかかりそうになる直前にキャンセルして、逆指値を置いていた場合よりもはるかに多額の損失を被る。

●シグナルが点灯したので仕掛けて、損切りの逆指値も置く。だが、逆指値に引っかかりそうになるたびにずらし続ける。これは、時間をかけて何度も刀で切りつけて、徐々に死に至らしめる古代中国の刑のトレーダー版だ。

●シグナルが点灯したので仕掛けて、損切りの逆指値も置く。だが、「確実に」逆指値に引っかかると思い込んで、いくらかでも損を減らすために早めに手仕舞う。ところが、最初に置いていた逆指値には引っかからずに、結局は当初の思惑どおりに動いて、利益を取り損なう。

これらや同様の多くの誤りはすべて、疑いや不安のせいで客観的に見られないときや、今後の相場の動きについて、自分の相場観とトレード手法のシグナルが異なり、心理的葛藤が避けがたいときに生じる。

こうした経験がまだなければ、これから学ぶことがある。トレードシステムのルールに従ってシグナルどおりに注文を執行するために、相場の次の動きについて自分の相場観や判断は必要ない、ということだ。それどころか、これから起きると思っていることとシステムの指示が異なるときには、自分の相場観や判断はじゃまになるだけで、誤りを犯す原因になる。疑いや不安も、必ずしも助けにならない。不安を感じるからというだけで、相場で次に起きることまで分かりはしない。不安があると、確かにそんな気にはなるが。

明らかに、誤りはトレードシステムの性能に非常に悪い影響を及ぼすことがある。ましな場合でも、誤りを犯すと、システムから得られる結果が極めて不規則になるため、結果が信頼できなくなる。しかし、トレードにおける誤りには別のはるかに危険だが、目立たない面がある。その悪影響は口座資金がすべて消え去るほど、破滅的なこともある。その種の誤りを犯すと、一般に「茫然自失」と呼ばれる心理状態に陥る。

私は茫然自失を、何が起きているかは意識しているが、どれだけかの間、身がすくんで、自分が置かれている状況に反応できない精神状態と定義する。この状態になるのは、実際に経験していることと、経験すると予想していたこととの違いがあまりにも大きくて突然なために、状況が把握できずに動けなくなってしまうときだ。

こんな事態に陥ることが、果たしてあるのだろうか。

残念ながら、これはトレードの最中には簡単に陥りやすいことだ。

トレードには独特な特徴がある。すなわち、トレードの最中に何をして何をしないと決めるかや、それをする理由・根拠・タイミングに関係なく、勝つ可能性があるという特徴だ。思い出そう。勝つために必要なことは、どんなときでも銘柄を選び、マウスを動かして、クリックさえすればよい、ということを。したがって、どのトレード戦略やプランのルールであれ、勝つために必ずしもそれらに縛られる必要はないし、どんな基本原則も一貫して守る必要はないのだ。

しばらく、先ほど取り上げたトレードにおける誤りに戻ろう。そして、同じ行動や無視が良い結果を生むこともごく普通にある、ということを確認しておこう。例えば、以下のように。

●手仕舞うのをためらっていたら、もっと良い価格で利食いできた。
●仕掛けるべきでないときに、早まって仕掛けたが、終わってみれば利益になっていた。
●システムのシグナルが点灯したが、見送ることにした。そのおかげで損をせずに済んだ。
●損切りの逆指値に引っかかる直前に、逆指値を外したら、損切りに追い込まれる前に相場が反転して、思惑どおりに動いた。そのため、損をしないで済んだだけでなく、利益も出た。

要するに、トレードシステムの執行に関して考え得るどんな誤りを犯しても、また、あらゆる原則の一貫性を破っても、勝つ可能性はあるということだ。

さて、どんなルールや手続きに従わなくても勝てるのなら、それは結構なことだと思いたくなるかもしれない。あなたが着実な成果を上げられなくとも気にしないのなら。また、トレードの世界にそれほど長くとどまるつもりがないのなら。そして、着実に得たいものが損失なら、私もそれに同意するだろう！

これから述べることはとても大切なので、私が、あなたの耳が痛くなるほど大声で話しているを想像してほしい。

トレードで着実に収入を得たいと望むのなら、**勝ち方が重要である。**

トレードでの成功を目指して長い道のりを歩むには、この発言がいかに重要かをいくら強調しても、し足りない。これがどうしてそれほど重要なのか。基本原則の一貫性を破れば、つまり、前に述べたような誤りを犯しても勝てたときには、どうすれば勝てるかについて非常に危険な考えを抱きかねないからだ。そうした考えを抱いていると、相場の波乱を予測することや、それに対応するための準備をまったくしないため、茫然自失の状態に陥って、一回のトレードで口座資金のすべてを失いかねないのだ。

例えば、相場分析をする際には特に細心の注意を払って、きちんと正しい手順に従い、関連する基準もすべて検討しているとする。すると、そのトレードで勝てると確信しているのだから、すでに述べたように、支払うはめになるかもしれない経費のことは何も考えない。すでに勝てると信じている以上、リスクの計算や損切りの逆指値を置くことは無意味だ、と「合理的に」結論を下せるからだ。

それに、リスクを真剣に検討し始めたら、結局はトレードをすべきでないと自分に言い聞かせて、中止することになるかもしれない。だが、中止しなかったら勝っていたと分かったときには、トレードをして負けたときと変わらないほどの悔しさを味わうだろう。だから、機会を逃したときの悔しさを避けて、適切な判断を下していると確信するには「うまくいかないと考える理由があれば、そもそもこのトレードに手を出していないはずだ」と自分に言い聞かせるしかない。この最後の発言を妥当だと認めたら、トレードをするときには、勝って期待どおりのお金がざくざく入って、大喜びすることになると思い込んでいるだろう。

さて、まさにそれが実際に起きたとしよう。実行したトレードで勝ち、予想どおりに口座にお金が入ってきたとする。この場合、支払う可能性のある経費を事前に計算しないことや、損切りの逆指値を置かないことで、誤りを犯したと言えるだろうか。誤りは間違えることと同義であり、間違いは通常、否定的か望ましくない結果に終わることを考えると、一見、誤りを犯したようにはまったく見えない。

通常は、勝ったということは勝つためにたどった過程も正しかったことを示唆する。どうしてか？　理由は次のとおりだ。

●一般的な考えに従って分析をした

●ある結論に達した
●それに基づいて、決定を下した
●その決定に従って動いた
●自分の分析と一致する結果が得られた

つまり、勝って、利益が出て、とても良い気分になったということだ。結果は明らかなのに、「どうやって勝ったか」が大きな違いを生み、とても重要になるのはなぜなのか？　この例の場合、分析がどのように機能し、どう役立つかについて、非常に危険な誤解を生じかねない勝ち方をしたからだ。

例えば、私たちは極めて論理的に次のように結論づけることができる。

●自分が正しいと確信できるまで分析を続けることは、着実な成功を収めるための妥当なプロセスである（通常、これは特に工学や情報技術の学位を持つ人が信じやすい）。
●適切に分析をすれば、トレードで「確実に」勝てる（これは特にトレード経験の浅い人が信じやすい）。

●自分は正しいという確信を得られるまで考え抜いたら、損失のリスクは事実上、取り除ける。したがって、支払う可能性のある経費を事前に計算することや、損切りの逆指値を置くことは不要である。

自分の分析によって価格は上がると予測して、トレードを始めた瞬間からまさに予測どおりになったら、分析をするか、ある種の分析的なプロセスを踏めば、特定の結果が約束されると考えないわけにはいかない。また、損失のリスクはけっしてなかったかのように見えるだろう。しかし、トレードでは、見かけはまったく当てにならない。なぜなら、この結論は一見すると論理的だが、これを行動原則の核にした瞬間、トレードにおける最悪のシナリオ――茫然自失――を経験する道を知らないうちに選ぶことになるからだ。

例えば、自分の判断は正しいと強く確信してから仕掛けたのに、相場は分析に沿った反応をしなかったとする。それで、負けていることに気づく。含み損がそれほど大きくなければ、ほとんどの人が実は自分は負けていない、と何とか合理化を試みても不思議ではない。損益ゼロの水準から現在の価格までの開きがあまり大きくないうちは、そうし続けるだろう。だが、その開きが大きくなると、必ず心理的な限界に達し、そこを超えると、もはや起きていることを説明して苦痛を取り去る理屈は思いつかなくなる。

特に、相場が突然にか急激に逆行して、心理的な限界を超えたときにはそうなる。相場がまったく予想外の動きをして、ショックを受けると、夜間に車のヘッドライトを浴びて立ち尽くすシカのように、一時的に身がすくむこともある。もちろん、身がすくんでいる時間は人によって異なるし、トレードごとに異なる。そのため、われに返るのもいっそう難しくなる。

だが、基本的には、含み損があまりにも大きくなったために、口座資金がさらに消え去るのを見たショックで自衛本能が働いたときに、何とかわれに返るだろう。

何らかの分析をすれば、特定の結果が保証されて、損失のリスクを（けっして存在しなかったかのように）取り除けるという考えは幻想にすぎない。それは私が「分析に対する錯覚」と呼んでいるもので、値動きの根本原因を理解していないために生じるのだ。なぜなら、価格がどうやって動くかを本当に理解したときには、たとえ分析をして仕掛けたあとに完璧と思われる結果が出ても、実際に損をするリスクはあったと気づくようになるからだ。

リスクは「常に」存在した。それは「けっして」消えなかった。単に消えたように「見えた」だけだった。

これと正反対の思い込みをしていても、勝てないわけではない。しかし、その場合には必ず危険な誤りを犯すようになるが、誤りを犯してもそれが誤りとは気づかないだろう。プロセス自体に欠陥があっても勝つことはある。そして勝ったがために、致命的な打撃をやがて受ける道を歩み始めたとは思いもしないのだ。

プロトレーダーの考え方とほかの皆の考え方で最も大きな違いは、プロは相場がどう見えようと、リスクはけっしてなくならないと知っている点だ。そのため、彼らは茫然自失に陥るような経験に影響されにくい。ほかの皆は多かれ少なかれ、何が起きているか分かっているという幻想を抱きながら動いている。そのため、自分たちの判断が正しいときにはリスクが取り除けたと思う。しかし、相場が思惑どおりに動かないときには、自分の思い込みのせいで経済的にも心理的にも非常に大きな代価を支払うはめになりかねない。

次の話は、あるトレーダーが自分のルールに従わなかったときでも勝ったせいで、相場がどこに向かっているか分かると思い込んだのだが、実際に何が起きているのかまったく分かっていないことに気づく例である。

マービンはニューヨーク市立大学の数学教授だった。彼はその大学に二五年くらい勤めていて、教えることを楽しんでいた。結婚をしていて、娘が三人いた。彼女たちは全員がほかの大学に通っていて、授業料は彼持ちだった。また、キャンパスにある広々とした家に住み、三五万ドルほどの住宅ローンを組んでいた。妻は優しく献身的だった。一九八〇年代後半のことだが、学生の一人から株式トレードでリスクを取り除くための数式について尋ねられた。マービンは株式トレードをした経験がなく、どんなポートフォリオも組んでいなかったが、その質問には大いに興味をそそられた。それで、株式市場での「トレード」に関して入手可能なあらゆるデータを調べ始めた。

当時、ほとんどの取引所は業界の人間以外には、価格や出来高、取組高のヒストリカルデータ（過去の実際の取引や出来高に関するデータ）しか提供していなかった。もちろん、電子トレードやインターネットは始まったばかりだった。それで、マービンはある取引所の会員向けニュースレターに、学生の質問に答えるためのデータを入手したいので、自分のメンターを募集するという広告を載せた。

会員のジムという人が連絡をしてきて、マービンに望む知識を与えるために、彼がフロアで「トレードアシスタント」として振る舞うことに同意した。次の数カ月間、マービンはフロアでジムについて回り、彼が毎日トレードをするのをつぶさに観察した。そして、気づくとマーケットの数学に魅了されていた。要するに、いわゆるトレードの虫に取り付かれたのだ。マービンは妻に内緒で家を担保に入れて、お金を工面し、取引所の会員権を借りた（正会員ではなく、一～二銘柄しかトレードできない会員）。そして、有給休暇を取ってトレードを始めた。

ジムの個人指導を受けていた最初の二～三カ月は極めてうまくいった。彼は買いポジションに片寄っていた。そして、自分の分析と数学的な洞察力に基づいて、何とか多少の利益も得ることができた。利益が出始めると、もう損切りの逆指値を置く必要性を感じなかった。数学の専門知識とジムから短期間学んだことに基づけば、相場の方向性が分かると考えていたからだ。ある日、マービンはいつもと同じ枚数を買い。増えていた利益（ただし、何も利食いしていなかったので、利益は確定していなかった）を見ながら、買い増していた。

買った枚数を三倍にした直後に、相場の変動が極端に激しくなり、一気に下げた。短期間だがトレードを続けてきて、相場の方向性は分かると思っていたので、損切りの逆指値を置いていなかった。また、自分のルールにほとんど従わなくても、前日までは多少の含み益があった。相場の状況が状況なだけに、非常に大きなポジションを抱えたままで、手仕舞うこともできなかった。

ピットに立ちすくむ彼はまさに茫然自失だった、と言っても言いすぎではない。大きなポジションを取っていたせいで追証がどこまで膨らみ、口座の資金残高はいくらかが分かっているうえに、相場はさらに下げ続けていたので、彼は茫然自失としか言いようのない状態になっていたのだ。彼の仲介業者は事態に気づくと、社員をピットに送り、文字どおりフロアから彼を連れ出した。これは、自分が分かっていないということに気づいていない人の例を取り上げただけなので、詳細には立ち入らない。要するに、マービンはトレードについて必要なことは間違いなく知っていると思い込んだために、すべてを失ったということだ。

この例を取り上げたのは、トレードの最悪のシナリオを経験したことがない人のために、こんなことは想像以上にありふれたことだと伝えるためだ。実際、人々がトレードを中断するか、完全にマーケットから去る最大の理由はおそらくこれだろう。しかし、幸いにも、茫然自失の状態にまったく陥らない方法はある。トレードでの危険な誤りを引き起こす分析について、多くの誤解を取り除くために必要なのは、何が価格を上下させているのかを徹底的に理解することだ。値動きの本質を理解したら、どんな分析手法にも存在する限界が明らかになり、分析をすればリスクを取り除けるという考えが愚かに思えるようになる。

第4章

値動きの仕組み——結局は注文の流れ次第

株式や先物やオプションの価格が一ティック（呼び値）上か下に動くのに何が必要だろうか。答えは、現在の価格で執行すべき買い注文数と売り注文数に開きがあることだ。売り注文数よりも買い注文数のほうが多ければ、価格は上がる。逆に、買い注文数よりも売り注文数のほうが多ければ、価格は下がる。

実に単純な話だ。だが、ほとんどのトレードでも言えるが、一見すると単純に見えることの裏には、本当に起きていることを理解していないと、上達度に大きく影響する意味がいくつか隠れている。したがって、注文の流れに応じて変化する値動きの根本原因をすべて徹底的に理解しておくことが非常に大切である。このことはいくら強調しても、し足りない。

値動きから利益を得ることがあなたの目的ならば、相場分析の結果がどう見えようと、損をするリスクを取り除くために、あなたができることは何もない。絶対にないのだ！　注文の流れを変動させる根本原因を理解すれば、このことに気づく。

この私の発言を信じない程度に比例して、分析をすればリスクを取り除けるという幻想を抱きやすくなる。いったんこの幻想を抱くと、まだ知らないかすぐには気づかない誤りを犯して、その悪影響を受けるだけではない。着実に成果を上げられると確信するためには、精神面のスキルを学ぶ必要があるが、それが必要だということもほとんど理解できない。少なくとも、まず苦痛をたっぷりと味わったあとでないかぎりは。

プロトレーダーの視点から相場をとらえるために必要なほとんどすべての核心を成す考えは、売買注文の流れに応じて価格がどう動くかを理解するところから生じる。

そこで、まずは値動きと注文の流れの関係について、実例を使って説明しよう。

数年前、トレードコーチとして働いていたときにアドバイスを求めてきた人がいた。彼の説明によると、彼は優れた分析スキルを身につけていたが、自分の資金に加えて家族と多くの友人の資金でトレードをしていて、何度か失敗をしたと言う。彼が置かれている状況を調べると、分析力は確かに優れていたので、トレーダーを辞めてテクニカルアナリストの仕事を探すことを提案した。彼ならトレードでの成功を妨げている問題を解決する間、何か安定した収入が入る仕事に就けると思ったのだ。彼は本当に必死で人生を立て直したがっていたので、私のアドバイスを受け入れて、シカゴにある大手ブローカーのテクニカルアナリストの職に就いた。

そのブローカーのオーナーは、現在ＣＭＥ（シカゴ・マーカンタイル取引所）グループに属しているＣＢＯＴ（シカゴ商品取引所）で人生の大半を過ごし、大豆を扱うフロアトレーダーとして大成功していた。もうフロアでは働いていなかったので、自社のコンピューター画面から行うトレードはフロアトレーダーとして慣れ親しんでいたものとはまったく異なっていた。

彼は画面を通したトレードも、最近のトレーダーが頼りにするテクニカル分析の指標の使い方もほとんど知らなかった。それで、彼は新入りのテクニカルアナリストに、指標をどのように使って売買機会を見つけるのか教えてほしいと頼んだ。この元大豆トレーダーはシカゴのトレード業界で伝説的な人物だったので、彼の頼みはアナリストにとって何よりもうれしかった。

先に進める前に、ここで指摘しておきたいことがある。元フロアトレーダーもアナリストも同じトレードと言われるものをしてはいたが、二人はまったく異なる世界に住んでいた。二人の主な違いは、元大豆トレーダーは引退するまで取引所のフロアで働いていたので、注文の流れが片寄ると価格がどう動くかを詳しく知っていた。一方、アナリストは取引所のフロアで働いた経験がなかったので、値動きがどのようにして生じるのかまったく分かっていなかった。しかし、同時に、自分は分かっていると思い込んでいた。相場の動きを予測するために使っていた数学の方程式がしばしば極めて正確だったからだ。また、正確でなかったときには理由として、常にもっともらしい言い訳（論理的な例外）があった。

それで、いずれにしろ、アナリストの話はいつも市場で何が起きているか分かっているように聞こえた。一方、元大豆トレーダーは、市場で何が起きているかをアナリストが分かっていない、ということに気づいていた。しかし、元大豆トレーダーはまた、チャート上の線や方程式がほかのトレーダーの動きを極めて正確に予測することがしばしばあることに戸惑ってもいた。

　ある朝、二人が大豆相場を観察していたとき、アナリストは一ブッシェル当たり八ドル二〇セントまで上げたら反落すると断言した。彼の分析では、八ドル二〇セントがその日の高値だったからだ。そして、一ブッシェル当たり七ドル八五セントがその日の安値になるはずなので、そこで再び上昇に転じるとも言った。彼がそう言ったとき、大豆は八ドル一二セント近辺を付けていた。

　午前中の場が進むにつれて、次第に小安くなっていた。七ドル八七セント付近まで下げたとき、元フロアトレーダーは振り返って、アナリストに、「ここで下げ止まるんだね」と尋ねた。アナリストは「そうです」と答えた。すると、元フロアトレーダーは、「そして、ここが今日の安値でもあるんだよね」と念を押した。

　アナリストは、「もちろんです！」と答えた。元フロアトレーダーはちょっとためらったあと、アナリストを見据えて、「そんなことはでたらめだね。見ていなさい」と言った。彼は前に向き直ると、大豆を扱うピットの注文受付に直接、電話をかけた。相手が電話に出ると、彼は「大豆二〇〇万ブッシェルを成り行きで売り」と伝えた。

　大豆先物についてよく知らない人のために言っておくと、一枚は五〇〇〇ブッシェルに相当する。大豆価格が一セント動けば、一枚当たりの利益は五〇ドルになる。だから、一枚買ったあとに一セント上げたら、五〇ドルの利益が得られる。あるいは、一枚売ったあとに一セント下げても、五〇ドルの利益が得られる。逆に、一枚を買うか売るかしたあとに、ポジションに対して一セント逆行したら、五〇ドルの損失が出る。

実際に起きたことは次のとおりだ

二〇〇万ブッシェルの大豆（先物四〇〇枚）を成り行きで売る注文を出して二〜三分で、大豆の価格は一〇セント（一枚当たり五〇〇ドル）下げて、七ドル七六セントになった。それはもちろん、アナリストがその日の安値と予想した価格を大きく下回っていた。

一セント（これは大豆先物の刻み値である〇・二五セントの四倍である）ずつ下げていくのを見たあと、元フロアトレーダーは青ざめているアナリストのほうを振り返って、「私ができるんだから、だれだってできるさ」と言った。もちろん、これは彼が大豆の価格を二〜三分で一〇セント下落させたことを意味している。

そんなことは可能だろうか。まあ、間違いなくアナリストはそう思っていなかった――実際に下げる瞬間までは。実際の取引所に直接、身を置くか、比較的大手のブローカーで働いた経験がない人や一般トレーダーのほとんどは、個人が値動きにかなりの影響を及ぼすことがあると言っても、なかなか信じようとしない。彼らは市場は非常に大きいので、一個人や協力し合った何人かが相場を意図的に一方向に動かすことは普通ならできない、という誤った信念を持ってトレードを行っている。

確かに、ほとんどの取引所の市場規模は非常に大きいので、持続的に価格を一方向に動かせるほど売買を片寄らせるには、途方もない出来高が必要になる。だが、比較的短期の小幅な動きに関しては、値動きの方向にかなりの影響を及ぼすほどの注文を出せるトレーダーはいくらでもいる。また、注文が取引所に達したときに、それを引き受ける気があるトレーダーが明らかに少ない場合には、比較的小さな注文でさえ値動きに影響することもある。

元フロアトレーダーが四〇〇枚の売り注文を出したとき、私は大豆のピットにいなかったので、実際に何があったかは分からない。だが、それほど短時間に一〇セント（一枚当たり五〇〇ドル）下げた理由の説明になりそうな注文の流れの展開なら示すことができる。

しかし、そうした展開について述べる前に、まずよく知っておくべきことがある。

●ヘッジャー（当業者やコマーシャルズ）とスペキュレーター（トレーダー）で異なるトレードの目的
●買いと売りの意味の理解
●ヘッジをしているとはどういう意味か
●トレードの構造の理解

ヘッジャーとスペキュレーター

ヘッジャー

価格変動による損失のリスクを減らすか取り除くために、上場商品の買いポジションか売りポジションを取る必要がある多くのコマーシャルズや機関投資家。彼らは資産価値を守るか、利益を安定させるために売買注文を出す。一般的に、ヘッジ目的の市場参加者はリスクを望まないため、値動きにかかわるリスクを取り除こうと試みる。

スペキュレーター

ヘッジャーとは正反対の理由で市場に参加する者。彼らは値動きによって生じる機会から利益を得るために売買注文を出す。言い換えると、価格が思惑どおりに動けば利益を上げられると考えて、進んでリスクを引き受けて、買いか売りのポジションを取る。

個々のスペキュレーターがいつ、どうやって買いか売りのポジションを取るべきかについて、いかに多様な考えを持っていようと、彼らは皆、同じことをもくろんでいる。ここに市場の感情的な要素があり、市場を動かす「生きた」エネルギーがある。彼らは安値と考えたところで買い、将来のある時点でそれよりも高値で売る。あるいは、高値と考えたところで売り、将来のある時点でそれよりも安値で買い戻す。要するに、スペキュレーターにとってすべては、安く買って高く売るか、高く売って安く買い戻すということに尽きる。どんな銘柄をトレードしようと、思惑どおりに価格が動くほかに利益を得る方法はない。

買いとはどういう意味か

買いとは、有形資産の市場価格が上がれば、資産価値も上がり、市場価格が下がれば資産価値を失うリスクが高まる形で、その有形資産を保有しているか自分の自由にできる状態を指す。

買いポジションを意図的にか意図せずに取っている例をいくつか示しておこう。

●スペキュレーターとして意図的に買いポジションを取るには、株か先物かオプションか通貨を買ってトレードを始めればよい。注文が約定した瞬間に、買いポジションを取っている状態になる。なぜなら、株を買えばそれを保有していることになるし、先物かオプションを買えば債券や金や小麦や生牛やユーロなどの資産にかかわる権利を手に入れたことになるからだ。買いポジションを取れば、何であれ買ったものの価格が上がったときに利益を上げる機会が得られるが、価格が下がったときに損をするリスクにもさらされる。

●何かを経験した結果として、意図せずに買いポジションの状態になることもある。例えば、大学卒業のお祝いに親類から一オンス金貨を一〇〇枚もらったとしよう。金貨を資産として所有しているということは、金の現物市場で買いポジションを取っていることと同じ効果を持つ。そのため、金市場に影響する力によって常に変動する金の価格に応じて、金貨の価値も変わる。

●多くのコマーシャルズや機関投資家は、活動の結果として意図せずに買いポジションを取っているのと同じ状態になることがある。例えば、牛の牧場か大豆農場を経営するか、金か石油の採掘をするか、ヘッジファンドを運営すると決心したとする。これらやほかの多くの事業を行うと、当然ながら有形資産や金融資産が増える。

つまり、それらの在庫がどういう現物市場に対応しているかは別として、事業そのものの性質によって、彼らは意図せずに買いポジションを取っているのと同じ状態になる。買いポジションであるということは、絶えざる価格変動によって在庫の価値が下がる可能性があるだけでなく、財務の健全性や経営全体にも悪影響が及ぶ可能性があるということを意味する。

空売りとはどういう意味か

買いという概念とは異なり、ほとんどの人にとって空売りという概念は非常に抽象的で、ちょっと分かりにくい。買いであるときには、買いの対象である物を所有か支配しているということを意味する。一方、空売りはこの正反対だ。何かを持っているのではなく、利益を上げるために必要になる物を所有も支配もして「いない」状態であり、将来のある時点でそれを買い戻す必要があるということを意味する。

次に空売りの意味が分かる例をいくつか述べよう。

●私がドライブをする計画を立てていて、車の燃料計を見るとガソリンタンクが空だったとする。ドライブに必要なガソリンがないので、私はガソリンの小売市場に対して売りポジションの状態にあると考えられる。私が売りポジションの状態である理由は、自分が持っていない物を買うか使えるようにするために、市場に行く必要に迫られた瞬間に、同時に価格変動という経済的リスクにもさらされるからだ。私がガソリンを買うか、それとも実際に手に入れる前に必要なガソリン代の価格を固定する方法を見つけるまでは、売りポジションの状態が続く。

●スペキュレーターとして先物かオプションの売り方としてトレードを始めれば、売りポジションを意図的に取ったことになる。ここが売りのつまずきやすいところだ。スペキュレーターとして先物かオプションの売り方になるとき、実際には自分が持っていない物を売っているからだ。

こんなことをしようと考える理由は、価格が下げそうだと思われる状況を利用するためだ。つまり、何かを高値で売って、将来のある時点で売った価格よりも安く買い戻せば、差額が利益になると考えているのだ。あなたは今、自分が持っていない物をどうやって売るのか、と考えているかもしれない。また、そもそも持ってもいない物をなぜ買い戻す必要があるのか、とも思っているかもしれない。

先物やオプションは、トレードを仕掛けるときに所有も保有もしていないし、自分の自由にできない物を売ることができるように設計されている。例えば、私は金の価格が下げていると判断し、その可能性に賭けたいとする。一〇〇オンスの金の先物を売るためには、取引ツールでそれに見合うボタンをクリックすればよい。そのトレードが約定したと確認できたときに、一〇〇オンスの金の売りポジションを取っていることになる。私はこの状況で売りポジションを取っていると考えられる。先物取引の条件に基づけば、売り方になったときには、納会までに買い注文を出して売りポジションを手仕舞わないかぎり、相手方の買い手に一〇〇オンスの金を渡す義務が生じるからだ。

納会前に手仕舞えば、売った結果は金相場の値動きによって損益が生じるだけだ。価格が下がったら、トレード相手の取引口座から清算機関を通じて、自分の取引口座にお金が振り込まれる。反対に価格が上がったら、自分の取引口座から清算機関を通じて、相手の取引口座にお金が振り込まれる。あるいは、どんな理由であれ納会までに手仕舞わないと、契約を履行する義務が生じる。つまり、この場合なら、金の現物市場に行って、一〇〇オンスの金を買い、買い方にそれを渡す必要が生じる。どの先物やオプションの売り方になっても、同じことが当てはまる。

何かを製造するかサービスを提供する過程で、原材料か商品か製品を使うか、外貨建てで輸出入を行う企業は、意図せずに売りポジションを取っているのと同じ状態になる。

最終製品を製造する食品メーカーが、意図せずに穀物や精肉市場に対して売りポジションを取っている状態になるのは、小麦やコーン、大豆、砂糖、牛、豚などを絶えず買う必要があるからだ。トラック運送会社、鉄道会社、航空会社のような輸送業者はガソリンや石油を絶えず買う必要があるので、ガソリンや石油市場に対して意図せずに売りポジションを取っている状態になる。耐久材メーカーは銅、アルミニウム、スチール、金、銀を絶えず買う必要があるので、金属市場に対して意図せずに売りポジションを取っている状態になる。食品メーカーや運送業者、耐久材メーカーがそれぞれの市場に対して意図せずに売りポジションの状態にあるのは、これで明らかになったと思う。

今はこれ以上詳しく説明しない。ただし、輸出入を行う結果、意図せずに市場に対して売りポジションの状態になるというのは少し抽象的なので、一例を示しておこう。

例えば、あなたが日本のソニーから高解像度テレビを輸入する家電用品店チェーンのオーナーだとする。そして、ソニーが販売店向けに特別セールスをしようと決めて、五〇〇〇台のテレビを注文すれば現金払いと同じ条件で一八〇日後に支払えばよいという提案をしたとする。つまり、商品を受け取って店で販売しても、商品の受け取り後、六カ月間は支払う必要がないのだ。ソニーの唯一の条件は、ドルではなく日本円で支払うということだけだ。

要するに、ソニーは一八〇日の延べ払いに対して利息を請求しない。だが、この取引はあなたの不利になる可能性もある。支払時にドルを円に両替するときの為替リスクはすべてあなたが負うからだ。さらに、そのリスクは取引を受け入れた直後から生じる。なぜならその瞬間から、あなたは円市場に対して売りポジションを取っている状態になるからだ。どうしてか？ 売りの定義を思いだそう。必要とする物を所有も支配もしていない状態にあり、将来のある時点でそれを買う必要があるという意味だった。

テレビを受け取って一八〇日後に、その代金をソニーに払わなければならない。ただし、自分が持っているドルではなく、持っていない円でだ。実際に円を買うのに困ることはない。取引銀行で簡単に両替できるからだ。問題は支払うべき円をソニーに送る日の為替レートが分からないという点だ。つまり、必要とする円を買うために何ドルかかるか分からないのだ。

両替をする時点で、円の価値がドルに対して下がっていたら、必要な円を買うためのドルは少なくて済む。これは確かに良いことだ。販売にかかる経費が下がり、販売利益が増えるからだ。一方、円の価値がドルに対して上がっていたら、円を買うためのドルが多く必要になって、経費が上がり、利益は減る。そして、最悪のシナリオは円の急騰だ。そうなると、利益がすべて吹き飛ぶかもしれないし、場合によってはその取引で損をすることもある。

すでに述べたように、ソニーの提案を受け入れた瞬間、円を売っている状態になる。さて、売りのままでいても、為替レートが自分の有利に動いたら、結局はその取引で利益が増える可能性もある。逆に、為替レートが不利に動いたら、損をする可能性もある。いずれにしろ、銀行で必要な円を買うか、先物かＦＸ市場で円の先物を買って、自分のポジションをヘッジするまでは、投機をしていることになる。あるいは、あけすけに言えばギャンブルをしているのだ。

ヘッジとはどういう意味か

ほとんどの企業は、製品の販売や原材料の調達を行う市場で絶えず価格が変動する場合、そうした不確実性を相殺する仕組みがないと、経営が非常に難しくなるだろう。基本的に、ヘッジは次の目的のために行われる。

●現在、持っている物の価値を安定させる。
●育てるか貯蔵して、いつか市場に出そうと考えている物の販売価格を固定する。
●買う必要か意図がある物の価格を固定する。ヘッジを正しく行えば、少なくとも価格の変動によって受ける経済的不利益を減らせるし、うまくいけばリスクを完全に取り除ける。

ヘッジの有用性を示すために、商取引ではない簡単な例を示しておこう。

●卒業記念に親類から一〇〇オンスの金貨をもらった例に戻ろう。あなたは金貨を長く持ち続けて、金貨の価値が金の価格の変動に伴って上下するのを見てきた。金貨をもらったときは一オンス当たり二五〇ドル前後だった。今は一オンス当たり一二〇〇ドル前後だとしよう。そして何らかの理由で、これ以上は上げてもたかが知れている、と考えているとしよう。

つまり、金は大天井を打ったので今が売り時だ、と思っている。問題は、その金貨には通貨としての価値や、手に入れがたい収集品としての価値だけでなく、思い出も詰まっているという点だ。それで、実際に売ることなく、金貨の価値を固定させるか安定させるにはどうするか。

幸いにも、この板ばさみは、ポジションをヘッジすれば簡単に解決できる。

金貨を持ち続けながら、その価値の下落による損失を避けるには、取引ツールで一〇〇オンスの金の先物を一枚売ればよい。そうすれば、あなたのポジションは現物市場で一〇〇オンスの金を買い、先物市場で一〇〇オンスを売っていることになる。

あなたの予想どおりに金の価格が下がったら、先物の利益で金貨の価値の目減り分を相殺できる。一方、金の価格が上がったら、金貨の価値は上がり続けるが、先物で損が出る。確かに、先物の損は金貨の価値の上昇で相殺されるものの、損失分を支払うだけの流動資産がないと、この方法ではお金の工面に困るかもしれない。

金貨の価値をヘッジするには、ほかに金のプットオプションを買うなどの方法がある。だが、その詳しい仕組みや、それを行った場合のプラス面とマイナス面については、私が今説明したいことの範囲を超えるので、ここでは扱わない。

同じヘッジ戦略は株のポートフォリオでも使える。長年にわたって、優良銘柄をかなりの株数、買い集めていたとする。それらからは高い配当がずっと得られていて、その配当が止まる特別な理由もない。だが、株式市場は今後、全般的にかなりの調整が進むと見ている。

だが、持ち株を売らずにポートフォリオの価値を守りたい。実際、銀行から借りたお金の担保にその株を使っていたら、何としてもその価値を守る必要がある。この場合も、解決法はかなり単純だ。

- ●個別銘柄の先物を売って、銘柄ごとに売りポジションを取る。
- ●個別銘柄のプットオプションを買う。
- ●ダウやS&Pの先物のように市場全般を追跡する金融商品で、ポートフォリオに見合うだけの売りポジションを取るか、それらのプットオプションを買う。

この場合も、予想どおりに株式相場が下げたら、ヘッジで得た利益で株の価値の目減り分を相殺できる。

コマーシャルズや機関投資家の行うヘッジはこれほど単純ではない。それどころか、それらはたいてい極めて複雑で、高度な金融知識が必要になる。そのため、それらの複雑な仕組みを事細かに説明するつもりはない。ただし、ヘッジが経済のかなりの部分の健全性を維持するうえで、いかに重要な役割を果たしているかを少なくとも概念的に示すために、次に二つの非常に単純化した例を挙げておきたい。

ヘッジが経済全体にとって必要だと分かれば、それが値動きの理解に役立つことになる。考えてみよう。通常の状況では、コマーシャルズや機関投資家が行うヘッジはたいてい、どの市場においても売買注文の流れのうちで最も大きな比重を占める。そのため、それらが値動きの方向に最も大きな影響を及ぼす可能性がある。

最初の例として、あなたがトウモロコシの栽培農家だとしよう。今は春で、ちょうど今年の作付けを始めているところだ。耕作可能な面積から、約二〇万ブッシェルの収穫を目指している。耕作にかかる費用は一ブッシェル当たり三ドルと見積もっている。そのため、収穫分の費用は約六〇万ドルになる予定だ。

一二月限のトウモロコシの先物は今、一ブッシェルにつき四ドル五〇セントだ。先物市場で今、収穫予定のトウモロコシを売れば、一ブッシェル当たり一ドル五〇セントの利益が保証される。もちろん、秋の収穫時にはそれよりも高値で取引されている可能性があるが、それよりもはるかに安値で取引されている可能性もある。秋にトウモロコシの価格がいくらになっているかは知りようがないので、価格変動リスクを管理して、一二月限のトウモロコシの先物を四ドル五〇セントで四〇枚売ってヘッジをすることにする（大豆と同様に、トウモロコシの先物一枚は五〇〇〇ブッシェルなので、四〇枚×五〇〇〇ブッシェル＝二〇万ブッシェル）。

六カ月がたち、あなたは作物を収穫して出荷の準備ができている。ここで、あなたができる取引方法は二つある。すでに先物市場でトウモロコシを売っているので、それを納会まで持って、取引所を通じて先物の買い手にトウモロコシの現物を渡してもよい。だが、これはめったに行われない。地元の穀物倉庫に売るほうが便利だからだ。穀物倉庫への販売は次のように進められる。

●まず、この六カ月間で、トウモロコシの価格が三ドル五〇セントまで下げたとする。穀物倉庫は三ドル五〇セント×二〇万ブッシェルで七〇万ドル（諸経費込み）をあなたに支払う。同時に、あなたは先物でのヘッジを手仕舞わないとならない。つまり、一二月限のトウモロコシ先物を買い戻して、売りポジションを解消するのだ。

●最初にあなたはトウモロコシの先物を四ドル五〇セントで売り、三ドル五〇セントでその先物を買い戻す。それで、一ドルの利益で、合計二〇万ドルの利益を得る（一枚当たり五〇〇〇ブッシェル×四〇枚＝二〇万ブッシェル×一ドル）。あなたの純利益は、九〇万ドルの粗利益（穀物倉庫からの七〇万ドルと先物からの二〇万ドル）から、六〇万ドルの耕作費用（一ブッシェル当たり三ドル×二〇万ブッシェル）を引いた三〇万ドルになる。

●一方、トウモロコシの価格が一ブッシェル当たり三ドル五〇セントに下げるのではなく、五ドル五〇セントに上げた場合でも三〇万ドルの利益になる。違いは、先物の損失がキャッシュフローに及ぼす影響にある。

すでに述べたように、穀物倉庫は現物市場の価格で支払う。この場合は一ブッシェル当たり五ドル五〇セントだ。あなたの総売り上げは一一〇万ドルだ（五ドル五〇セント×二〇万ブッシェル）。先物のヘッジを手仕舞うときに二〇万ドルの損失が出る（二〇万ブッシェル×一ドル）。一一〇万ドルの総売り上げから、先物の損失二〇万ドルと、栽培費用の六〇万ドルを引いても、まだ三〇万ドルの純利益になる。

まとめ

今は春で、トウモロコシを約二〇万ブッシェル作付けすることにしたので、あなたはトウモロコシ市場に対して「意図せずに買いポジション」を取っている状態にある。作付けすると決めた瞬間に、トウモロコシ市場に対して買いポジションの状態になる理由は「収穫するつもりの作物」の価値が絶えずトウモロコシの価格変動の影響を受けるからだ。作付けを決めたとき、トウモロコシは一ブッシェル当たり一ドル五〇セントの利益になる価格で取引されていた。あなたは一ブッシェル当たり一ドル五〇セントの利益であれば満足だと考えた。

それで、作付けから収穫までの期間にトウモロコシの価格が下げた場合の損失を避けるために、先物取引を使ってトウモロコシを売る。それが成長して収穫したら、先物取引を履行するか、現物市場でトウモロコシを売るかの選択肢がある。あなたは現物市場でトウモロコシを売り、同時に先物市場の売りポジションを解消することに決める。

二番目の例として、買う必要はあるが、まだ配達はしてもらいたくない物の価格を固定したい、という状況を考えよう。あなたは大型発電機メーカーの社長だとする。製造している発電機は、市や会社や国が発電用に買うような物だ。

ある日、営業部長から自分の部署で契約が取れたと言われる。彼らは五〇〇〇万ドル分の発電機を受注した。契約条件では、顧客は一〇〇〇万ドルを前金で支払い、残額は一八カ月後に発電機が設置されて、正常に動くか確認したあとに支払うことになっている。

販売価格は五〇〇〇万ドルの利益を上げるつもりで決められていた。発電機の製造費用として残る四五〇〇万ドルのうち、約二五〇〇万ドル分の銅が必要だ。二五〇〇万ドルというのは、現在の銅の在庫の平均費用と、契約した発電機を製造するために必要な量から計算されたものだ。

しかし、今の工場の稼働率はほぼ一〇〇％で、現在手元にある銅の在庫はすでに、ほかの注文にすべて割り当てられている。そのため、顧客が注文書に署名した瞬間に、現在の市場価格で二五〇〇万ドル分の銅が不足する。

この仕事で確実に五〇〇万ドルの利益を出すためには、必要な量の銅をすぐに買って受け取り、生産費を固定すればよい。だが、契約を履行するまでに一八カ月あるが、発電機を製造して設置するのには一年ほどしかかからない。だから、今すぐに銅を配送してもらう必要はない。それに、少なくとも六カ月間は使わない物を買うために、二五〇〇万ドルをつぎ込みたくない。

解決策は銅の先物を買うことだ。先物を利用すれば、現物市場で実際に銅を買うために必要な資金の一部で、必要な量の銅を押さえておける。生産工程で銅を使い始めるときが来たら、いつもの会社から銅を買うと同時に、先物を売って先物市場でのヘッジを解消すればよい。

銅の価格が上がっていたら、追加費用分は先物取引で得る利益で相殺される。価格が下がっていたら、先物取引の損失は仕入れ先から必要な銅を買うときに支払う金額が減る分で相殺される。

さて、あなたは第1部で何を学んだだろうか。次は自分が何を知っているかを確かめるための質問である。

①あなたはすでにプロのトレーダーのように考えていると思うか？

a．思うなら、どんな点でそう思うのか？

②あなたは「儲けては損する」トレードを何回、経験したか？

a．第１部を読んだあとに二回以上経験していたら、今後のトレードではもうそれを防げると思うか？

b．思うなら、どのように、どんな手段で？

③市場で次に何が起きそうか「分かって」いれば、あなたの資産にどういう利点があるか？

④あなたは市場で「買い」でいるほうが落ち着けるか、それとも「売り」でいるほうが落ち着けるか？

a．どちらか一方に片寄る利点はあるか？

⑤あなたはすべてのトレードがコンピューターによって生み出されていると思っているか？

a．そう思う理由、あるいは思わない理由は？

⑥あなたは自分のどのトレードの反対側にも、生身の人間がいると思っているか？

a．そう思う理由、あるいは思わない理由は？

⑦第1部を読んだあと、あなたはトレードで着実に成果を上げるために必要なことを身につけたと思うか？

a．そう思う理由、あるいは思わない理由は？

覚えておいてほしい。これらの質問はあなたのために、あなたについて行ったものであり、この答えをだれにも伝える必要はない。これらはあなたが何をどのように考えているか、そして現在のあなたが市場をどのように認識しているかをこれから記憶して、トレードについての時代遅れの考えや妨げとなる考えを調整するか更新する手助けとするためのものである。

第2部

第5章

トレードの仕組み

分かりきった話だと思うかもしれないが、トレードが成立するためには、どの売り手にも買い手が必要だし、どの買い手にも売り手が必要だ。取引相手になる気があるトレーダーがいないかぎり、注文は約定しない。トレードのこの基本的な特徴はあまりにも自明なので、ほとんどの人はそれを当然視するため、すべての値動きの原動力に気づかない。私の話を理解するために、売り手の望むトレードの相手方を引き受ける買い手がいないと、どうなるかをちょっと考えてほしい。あるいは、買い手の望むトレードの相手方を引き受ける売り手がいないとどうなるか。

注　トレード経験が浅いか、一般的に言って四〇歳以下の人は、トレードはビデオゲームではないことを認識する必要がある！　トレードを簡単に行うためにコンピューターが使われているからといって、トレードがコンピューター言語でコーティングされた出来事というわけではない。どのトレードも、あなたと同じく、生きて、呼吸をしている生身の人間が市場で行っているのだ。コンピューターは単に、取引所という物理的なフロアの外から入ってくる売買注文のすべてをマッチング（付け合わせ）する作業を、楽に行うために用いられているだけだ。この点はあとでもっと詳しく説明する。しかし、自分が行うどのトレードの反対側にも本当に人間がいることを知らないか、信じない人にとって、市場はコンピューターではなく、生身の人間が作り出していることを理解しておくのは良いことだ。

ただし、ここで言っているのは売買をしたい人数のことではない。「売りたい」株数や枚数に対して「買ってもよい」株数や枚数、あるいは「買いたい」株数や枚数に対して「売ってもよい」株数や枚数、という意味だ。買い注文に応じられるだけの売り注文が反対側にないときや、売り注文に応じられるだけの買い注文が反対側にないときに、何が起きるだろうか。

答えは、注文数が多いほうの需要が満たされるように価格が動く、ということだ。

ここで働いている力は、需要と供給の法則という経済の基本法則と、独自の相場観を持ち、何らかの経済的な報酬を求めている人によって作り出される。トレードをするためには自分のほかに、相手方になる生身の人か集団が必ず必要となる。そのため、供給不足によって需要が上回っている場合、価格は当然、需要を満たすように動く。だから、一定の価格水準で、買い注文に見合うだけの売り注文がなければ、売り注文を求める買い手の需要が供給を上回っていると言える。そのため、供給が需要を満たすまで価格は上がる。逆に、売り注文に見合うだけの買い注文がないと、買い注文を求める売り手の需要が供給を上回っていることになり、供給が需要を満たすまで価格は下がる。

買い手と売り手の相場観によって出される注文株数や枚数が価格を動かすエネルギーになる。

売り注文数と買い注文数の不均衡が大きいほど、価格は大きく動く。要するに、どんな上場商品の価格も、そのときに取引所に入ってくる買い注文数と売り注文数がどれくらい均衡あるいは不均衡であるかを完璧に反映して、上がるか、下がるか、横ばいになるかになる。

例えば、ＸＹＺという想像上の先物を見ていると、価格が六九から一ティック上がって、七〇になったとする。取引所が直近の価格を七〇と表示したということは、買い注文と売り注文がその価格で一致したということだ。つまり、買い手が七〇で買い、売り手が七〇で売って、取引が完了したということだ。さて、価格が七一に上がるためには、まず二つの条件が満たされる必要がある。第一に、買い注文数が、そのトレードの相手方となる売り注文数を超えている必要がある。第二に、七〇で約定する売り注文はすべて、すでに買い注文とマッチングが行われている必要がある（**注意**「売り注文のすべて」には、すでに注文が出されている指値注文、成り行き注文、その他の実行可能な売り注文のすべてを含む）。

売り注文が完全になくなった時点で、電子取引所は残りの執行可能な買い注文（十分な売り注文があれば七〇で約定できた、生身のトレーダーかトレーダーグループが入れている買い注文）を、次の高値（この場合は七一）で利用できる売り注文と付け合わせる。電子取引所で使われているソフトウェアは、売り注文を求める買い手の需要を満たすために、次の高値に価格を動かすことに注意しよう。

どの価格でも、反対側に十分な注文がなければ、取引所はトレードを完了できない。単に供給が尽きたか、そもそも供給がない、つまり、何らかの理由でその価格では反対側に立つトレーダーがいないために、十分な注文がないのかもしれない。いずれにせよ、取引所のソフトウェアは、残っている注文を満たせる水準――トレードが実際に成立する価格――のほうに価格を動かすように設計されている。さて、価格がさらに一ティック上がって七二になるためには、すでに説明したのと同じ条件が必要になる。買いたい人が生み出す需要を満たせるだけの売り注文がないかぎり、価格は上がり続ける。

価格が上げ止まるためには注文の流れにどんな条件が必要か

価格が上げ止まるためには、少なくとも次の三つのうちの一つが起きる必要がある。

●買い注文の流れは比較的一定のままだが、売り注文の流れが大きくなり、取引所に入ってくる買い注文数と売り注文数のバランスが取れる。売買注文の流れにバランスが生じたら、取引所は売り注文を見つけるために次の高値に動く必要はなくなる（逆に、価格がどうやって下げていくかの例ならば、取引所は買い注文を見つけるために次の安値に動く必要がなくなる)。買い注文と売り注文は現在の価格で約定する。売り注文数に見合う買い注文が同数あるかぎり、価格は動かずに横ばいを続ける。

●買い注文数が売り注文数を下回るか、買いがまったくない。価格が上げ続けるにつれて、買いたいトレーダーの多くにとって、魅力はどんどん薄れていく。とんでもない高値で買わないといけなくなるからだ。安値で買うのを主な目的としているスペキュレーターにとっては、特にそう言える。価格が上がると、安く買っていた人の多くが利食い売りをしようとする可能性もある。そうなると、買い注文が減り、売り注文が増える。取引所が買い注文を約定させるために、次の高値に動く必要が生じないかぎり、価格は上げ止まる。

●売り注文数がかなり増える。買い注文数がかなり一定しているか、たとえ増えていても、その瞬間に応じられる買い注文数よりも多い売り注文が突然、取引所に押し寄せたら、価格は急に上げ止まるだけでなく、反落し始める。この下落が続くためには、これまでに述べた三つの条件のうち、少なくとも一つを満たす必要がある。ただし、条件を逆にした形でだ。売買注文の流れの不均衡は、売り注文が大きくなっている必要がある。すると、取引所は売り注文の超過需要を満たすために、価格を下げながら買い注文を探し続けることになる。

●価格が下げていくと、これ以上は下げないと考える人の買い注文が現れる。また、高値で売りポジションを取っているために、買い戻して利益を確定しようとする人もある程度出てくる。それらの影響を合わせて、買い注文数と売り注文数の比率にバランスが取れたときに価格は下げ止まるし、逆に買い注文のほうが多くなったら価格は上昇を始める。

電子取引と立会場での取引の違い

原則として、値動きを生む原動力はいわゆるオープンアウトクライ方式の取引所――生身のトレーダーがピットにあふれている取引所――と同じだ。ただし、非常に大きな違いが一つある。コンピューターは売買注文数のバランスが取れていないとき、すぐ上か下の価格で買い注文と売り注文を付け合わせようとする。だが、オープンアウトクライ方式の取引所では、トレーダー自らがピット内で文字どおり叫びながら注文を付け合わせる必要がある（ピットの内側でなされるトレードだけが有効とみなされる。ピットの外側に立っているトレーダーはピット内のトレーダーとトレードをすることはできない）。すなわち、値動きは直近の価格よりも「高く買おうとする」か、「安く売ろうとする」トレーダーの気持ちをそのまま反映する。

取引所のフロアでは、さまざまな種類のトレーダーがいる。しかし、ここで伝えたいことに関して、それらのトレーダーがそれぞれどういう仕事をしているかを詳しく説明する必要はない。本当に理解しておくべきことは、典型的なオープンアウトクライ方式の取引所でトレードをする人々は、大きな二つの集団に分けられるということだけだ。しかし、その説明に入る前に、家でトレードをする人の例を見ておこう。その人は最近、妻のポーラにコーチングについて尋ねてきたジェイという人だった。結局、彼はオープンアウトクライ方式のフロアを一度も見学したことがない人の典型だった。以下はポーラとその人とのやりとりだ。

彼は私に、トレードで「儲けては損をする」を繰り返してばかりだと説明しました。私は原因を突き止めようとして、彼とおしゃべりをしていました。すると、彼が、「どうして望んだ価格で約定しないのか理解できない。結局はコンピューターゲームなのに、……」と言ったのです。

私は今言ったことをもう一度言ってほしい、と彼に頼みました。彼は同じことを繰り返しました。そこで私は、トレードが実際に起きている出来事ではなく、コンピューター「ゲーム」とどうして思うのか尋ねました。ジェイは、「そんなことは、だれでも知ってますよ」と答えたのです。私はそれは間違っています、と言いました。

トレードと関連づけられそうな「ゲーム」は、仲介業者と取引所によるすべてのトレードの電子的なマッチングだけですが、それは生身のトレーダーがしているトレードを簡単にするための電子プラットフォームにすぎないことを説明したのです。

すると、ジェイは笑いながら、冗談でしょうと言い、自分がどこで情報を手に入れたか知らないくせに、と言いました。私は、自分の情報は投資業界での二五年以上の経験から得たものだということを説明しました。私は取引所で働き、ＣＭＥ（シカゴ・マーカンタイル取引所）のフロアでトレードをしていたのだ、と。彼はそれに対して、「あなたの話はまったく信じられない」と答えました。

私はＣＮＢＣやＭＳＮＢＣなどのマーケット関連のニュース番組で、特定のバッジと色分けされたジャケットを着ている人たちがだれだと思っているのか尋ねました。彼は、「そんなことは知らないですよ、たぶん、ただのリポーターでしょう」と言いました。私は、市況を生中継している彼らはトレーダーで、市況に影響を与えている可能性もあると話しました。それに対して、彼は笑って再び、「どこからそんな情報を得たのか知らないけど、あなたはまったく間違ってます」と言い返してきました。

彼はすでにトレードに関する固定観念を持っていて、それに反する考えには耳を貸しませんでした。それを悟ると、まもなく会話を終わりにしました。市場についてすでに何でも「知っている」人と議論しても無意味だからです。

ここで言いたいことは、市場にはいくつかの異なる種類のトレーダーがいますが、彼らは皆、生きて呼吸をしている人間で、どのトレーダーも独自の視点や相場観を持っているということです。そして、トレード経験が浅く、今まで立会場を見学したことがなく、その存在を知らないだけでなく、あると思いもしない人々の場合、生身の人間という要素を切り捨てて、自分のトレードはコンピューターープログラムによってマッチングが行われているという考えを持っていると、負けが続いたときに悲惨な結果を招きかねません。彼らは自分のトレードのマッチングを行っていると思っているトレード「システム」に「打ち勝つ」ことができると信じ続けているからです。

話を元に戻そう。

フロアブローカー（場立ち）　彼らは次に挙げる者に雇われていて、彼らのために売買注文を執行する責任がある。

- ●個人やコマーシャルズやヘッジ目的のブローカーの顧客
- ●自らトレーディングフロアを運営しているプロやコマーシャルズやヘッジファンドや機関投資家のファンドマネジャー
- ●取引所のフロアに直接、アクセスすることを望んでいるフロア外のプロトレーダー

ローカルズ　取引所で会員権を買うか借りて、ほとんどは自己勘定でトレードをする人々。一般的に、自分をローカルズと考えているトレーダーは注文の流れから短時間で薄利を得ようとするスキャルパーである。

簡単に言えば、スキャルパーとは、少なくとも一ティック安く買うか、一ティック高く

売ろうと試みる人のことである。スキャルピングをしようとしているトレーダーたちがいると、その影響で買い気配値と売り気配値との間に少なくとも二ティックの開きができる（注　買い気配値と売り気配値がどれくらい開くかはトレーダーたちが何を達成したいかによる）。通常は流動性が低いほど、この開きは大きくなる。トレーダーが指値で買い注文を出しているときは、買う気があることを市場のほかのトレーダーに知らせている。反対に、指値で売り注文を出しているときは、売る気があることを知らせている。電子取引ではなく、物理的な取引所である立会場では、トレーダーは自分に注意を引くために大声で叫ぶと同時に、手で取引用の合図をしながらこの意思を示す。合図では、買い手なのか売り手なのかと、価格とトレード数を表す。

例えば、ある銘柄の直近の価格が一〇ならば、スキャルパーは九で買おうとするか、一一で売ろうとする。九で買ってすぐに一〇か一一で売ることができれば、一ティックか二ティックの利益が得られる。反対に、一一で売ってすぐに一〇か九で買い戻すことができても、一ティックか二ティックの利益が得られる。すぐに、というのは誇張ではない。スキャルピングが得意な人は通常、仕掛けて数秒で手仕舞う。

ところで、一～二ティックと聞いたら、大した利益にはならないだろうに、と思うだろう。だが、一回の取引数が多ければ、利益は急速に膨らんでいく。例えば、Ｔボンド先物を二〇枚で一ティック抜いたときの利益は、六二五ドルになる。このトレードを一日に五回行うだけで、年間の利益は一〇〇万ドルに達するのだ。

立会場での値動きの仕組みを示すために、第４章の初めで説明しかけていた大豆の例を、ここで続けておこう。

思い出してもらいたいが、元フロアトレーダーは大豆先物を四〇〇枚、「成り行き」で売り注文を出した。すると、大豆の価格はすぐに（二～三分以内で）一〇セント下がった。衝撃を受けたアナリストに、「私ができるなら、だれにでもできる」と元フロアトレーダーが言ったことを考えると、彼は明らかに自分の注文で大豆の価格が下がると思っていた。そこで、自らに問わなければならない。価格がどう動くかについて、彼はアナリストが知らない何を知っていたのだろうか、と。

まず、元フロアトレーダーが立会場に直接、注文を出したとき、大豆価格はすでにゆっくりと下げ始めていて、注文の流れはわずかながら売り手に有利なほうに傾いていた。そこで、先物をさらに四〇〇枚売れば、相場の勢いはいっそう売り手優位になるということを彼は知っていた。そして、ほかの状況が比較的一定のままであれば、彼が先物を四〇〇枚売れば、少なくとも下げ圧力にはなる。しかし、彼にはほかにも知っていることがあった。ローカルズ（一般的にスキャルピングをするフロアトレーダー）がおそらく、彼の注文に最初に反応する可能性が高いという点だ。そして、彼自身がかつてはローカルズだったので、彼らの考え方にはなじみがあり、彼らがどう動きそうかがよく分かっていた。それで、彼が明らかに想定したように、ローカルズたちが典型的な動きをするならば、自分の売り注文が先物四〇〇枚の売り注文の数回分に等しい下げ圧力を引き起こすと分かっていたのだ。

理由は次のとおりだ。

スキャルパーはスペキュレーターであり、スペキュレーターが利益を得るためには値動きが必要になる。

買い注文数と売り注文数の比率に不均衡が生じ、価格が一方向に大きく動くことになる可能性が高まる状況が二つある。

ひとつは圧倒的多数がまったく同じことをしたくなるニュースが流れたときだ。そして、もうひとつは大口注文が特に「成り行きで」市場に多量に入ってきたときだ。

スキャルパーは、一方向に価格が動く可能性があることなら何でも好む。だが、彼らが特に好むのは、大口による大量の成り行き注文だ。その注文に素早く反応できさえすれば、スキャルパーだけでなく、どのフロアトレーダーでも、非常に低いリスクで、手っ取り早く簡単に稼げるからだ。

つまり、こういうことだ。取引所のフロアでトレードをする利点のひとつは、どの注文の相手方に立つかを好きなように選べるというところだ。ただし、自分が活発に買い注文か売り注文を出しているときに、別のトレーダーがその注文に応じる場合に限る。

だから、例えば、フロアトレーダーが売りたいときには、活発に買い注文を出している別のフロアトレーダーに目配せをして、手サインでその買い気配値で売りの合図をする。

また、フロア外から入る売買注文を引き受けることもできる。その場合には、注文を出している相手がどういう個人か組織かは分からないにしても、彼らの代わりに注文を執行しているのがどこのブローカーかは確実に分かるはずだ。

スキャルパーは売買注文が市場に入ってくるとき、ほかのフロアトレーダーの手サインを見たり叫び声を聞けるだけでなく、どの注文の相手方になるかを選べる立場にある。そのため、約定させる必要がある大口による大量の注文を利用して儲けることが、いかにたやすいかをすぐに理解する。特に、注文によって価格がいくらか動きそうだと考えたときには、儲けられる機会をすぐに見抜く。

大口注文がフロアに入っているのを見聞きすると、優れたスキャルパーは現在の価格で約定するのに十分な在庫量があるかどうかと、そこで仕掛けるべきかどうかを即座に判断する。

つまり、現在の価格ですべて約定するだけの注文が反対側にあるかどうかを判断する必要がある。なぜなら、対応できるだけの在庫がなければ、その注文を約定させる責任があるブローカーは次の価格に動くしかないと分かっているからだ。

ここでは、電子取引所の説明で述べたことと同じ値動きの原則が働いている。ただし、超過需要を満たすために、コンピューターが注文を付け合わせて、価格を動かす――注文自体は生身の個人か集団が出していることは忘れないように――代わりに、個々のトレーダーが自分でそれをしなければならない。例えば、前の例では、元フロアトレーダーは四○○枚の「売り注文を成り行きで」大豆のピットに出した。「成り行き注文」では、フロアブローカーは自己裁量で四○○枚すべてを可能なかぎり最良の価格で約定させようとすることはできない。「成り行き注文」はフロアブローカーに、約定するどんな価格であっても執行するように、と指示する注文だ。

その注文を約定させる責任があるフロアブローカーが、四〇〇枚すべてに対する買い注文を現在の価格で見つけられなければ何が起きるか。つまり、大豆の売り注文を受けた時点の価格で、十分な買い注文（ブローカーの手持ちの買い注文も含む）がなければどうするか。ブローカーはそのすぐ下の買い気配値で売るしかない。そこでもまだ、注文をすべて約定させられなければ、その下の買い気配値に動くしかない。このように、彼はすべての売り注文を約定させるまで価格を下げ続ける。これは電子取引でも取引所でのトレードでも、買い注文や売り注文が最良の条件で約定しない場合の好例だ。ここでは価格を下げ続けるなかで、ブローカーの手持ち注文（ブローカーが持っている未執行の注文リスト）であれ、取引所の電子システム経由で入ってきた注文であれ、残りの注文はすべてそれぞれの価格で付け合わされていく。

読者がまったくのトレード初心者で、フロアブローカーがすぐに下の買い気配値で売った理由が分からない場合のために、注を付けておこう。それはこの場合、買い気配値は上には動かないからだ。私がここで伝えたいことを理解してほしい。トレードの最も基本的な原則――だれでも安く買って高く売るか、高く売って安く買い戻したい――に従うことができるトレーダーにとって、値動きを利用して儲ける方法はこれ以外にないのだ。

次のように考えるとよい。フロアブローカーが特定の価格（一〇としておく）でトレードの相手方となる買い注文を見つけられなくなったら、取引所でも世界でも、その瞬間に一〇で買えるなら安い、と思う人がもういないことを意味する。トレードの主な目的が安く買って高く売ることであり、一〇で買う気がある人がだれもいなければ、一一で買おうという人がいるはずはない。

ブローカーが付け合わせたい一〇での買い注文がなくなった瞬間に、「成り行きでの売り」は、買い注文を求めて自動的に九以下に下がる。そうならないとすれば、直後に売り注文数以上の買い注文が入り、その買い注文に応じる売り注文数が不足したときだけだ。元フロアトレーダーが大豆ピットに電話で出した「成り行きでの売り」のような大口注文は、反対側に十分な買い手がいないと、突っ走る貨物列車のような動きになる。その動きを押しとどめる買い手が現れないかぎり、その注文は下げ圧力になる。

スキャルパーは単に買い手側に立たないことによって、その下げ圧力を高めることができる。四〇〇枚の「成り行きでの」売りがフロアに届いたときに、彼らが活発に買い注文を出していたら、手を下ろすだけで、すぐに買い気配値を引っ込めることができる。そして、それこそまさに、彼らが行うことだ。一般に、スキャルパーは大口による大量注文の相手方にはまず立たない。突っ走る貨物列車ほどの威力が大口注文にあるのなら、その注文の相手方になることは、列車の前に立ってひかれるのを待っているようなものだ。相手方になれば、負ける確率は極めて高い。

一方で、列車の勢いがあまり強くなりすぎないうちに、そこに飛び乗ることができれば、スキャルパーが勝つ確率は非常に高くなる。私はこれを「儲かる列車にただ乗りする」と言いたいのだが、スキャルパーはこれをどのように行うのだろうか。

約定させる必要がある大口の売り注文があるとき、それに真っ先に気づくことだ。そして、それに気づいたら、ほかのスキャルパーよりも素早く売りポジションを取ることだ。

積極的に売る（売りポジションを取ろうとする）ことで、スキャルパーはフロアブローカーと買い注文を取り合うことになる。スキャルパーがフロアブローカーよりも前に買い気配値で売ることができれば、四〇〇枚の売り注文を約定させるためにフロアブローカーが使えたはずの買い注文を奪うことができる。スキャルパーがフロアブローカーから買い注文を多く奪えるほど、ブローカーは注文をすべて約定させるために必要な買い注文を見つけるために、大豆の価格を下げざるを得ない。

それで、早いうちにより高値で売ることができたスキャルパーにとって、フロアブローカーが価格を下げざるを得なくなるほど、また、自分たちの利益が増えるほど、次のことが言える。

●フロアブローカーが勝手に動いてくれているので、スキャルパーはただ乗りをしている。
●フロアブローカーは顧客の注文を約定させる義務があるので、価格を下げ続けている。

この例では、フロアブローカーは四〇〇枚の買いを手に入れるために、大豆の価格を一〇セント下げざるを得なかった。あるいは、ほかの言い方をすれば、大豆の先物は〇・二五セント刻みなので、ブローカーは注文の執行を終えるまでに、最初の価格水準から四〇ティック（刻み）下げることを強いられた。

だが、スキャルパーはまだ、ただ乗りを達成していない。利益を確定するには、売りポジションを手仕舞わないとならないからだ。そのためには、買い手になる必要があり、買い手になるためには、自分のトレードの売り手側を引き受けてくれる人が必要になる。利食いをするために、彼らはだれの売り注文を使うだろうか。あなたの推測どおり、スキャルパーが利食いを決めたときに、フロアブローカーがまだ四〇〇枚の売り注文を約定させていなければ、その買い手を引き受けるだけで、スキャルパーは下げ始めた価格よりもはるかに安値で売りポジションを手仕舞える。

結局、元フロアトレーダーの売り注文は、七・八六ドルから七・七六ドルまで下げながら約定した。全四〇〇枚の先物の平均売値は約七・七八ドルだった。相場はその日いっぱい下げ続けて、七・七二五ドルで引けた。元フロアトレーダーがトレードをした唯一の理由は、アナリストに彼の主張を証明することだった。それでも、彼はその日の大引けまでに一一万ドルの利益を得ていた（七・七八ドルの平均売値－七・七二五ドルの終値＝一枚当たりの利益五・五セント×一枚当たり一セントにつき五〇ドル＝二七五ドル×四〇〇枚＝一一万ドル）。

先を進める前に、この例で気づいてほしい要素がまだいくつかある。まず、大口注文をするトレーダーは一般的に言って、たいてい非常に洗練されている。ヘッジ目的で市場を利用する多くの組織だけでなく、彼らも自分のしていることをよく分かっている。そのため、彼らが仕掛けや手仕舞いに「成り行き」注文を使うことはめったにない。

また、彼らは大きなポジションの仕掛けや手仕舞いを隠すために、あらゆる手を打つ。彼らが自分の意図を隠すための最も一般的な方法は、注文の執行方法をブローカーの裁量に任せることだ。

彼らはブローカーに任せて、価格に不利な影響が最も及びにくく、市場で本当に起きていることを一般トレーダーに悟られないように注文を執行してもらう。要するに、彼らのポジションを見せないようにしてもらうのだ。

ブローカーは買い注文数と売り注文数の比率にできるだけ影響しないように最良の判断で、いつ売買注文を出すか、あるいは様子を見ながらいつ買い気配値や売り気配値で売買するかを決めなければならない。

注文を受けたブローカーが約定させ始めるときには、ほかのフロアトレーダーに大口注文を抱えていることを悟られないために、可能なかぎり目立たないように行う必要がある。だからこそ、元フロアトレーダーは自分の売りの「成り行き」注文がフロアに届いた瞬間に、大豆ピットのスキャルパーたちは買うのを止めて、すぐに売り方に回ると確信していたのだ。彼は分かっていた。大口注文を何の工夫もなく出すプロのトレーダーはやけになっている、とスキャルパーが受け取ることを。

四〇〇枚の「成り行き」注文がフロアに入るのを見れば、典型的なスキャルパーはすぐに自問するだろう。大口でのトレードに十分な経験を持つフロア外のトレーダーが、いくらで約定しても構わないと思うほどあせって、売りを仕掛けるか買いポジションを手仕舞うのはなぜだろう、と。そして、最も考えつきそうな答えは、そのトレーダーはきっと大豆の価格に悪影響を及ぼす重要な情報に接した、というものだろう。どんなトレーダーでも最も望まないことは、一方的な値動きを引き起こすニュースが流れたときに、反対のポジションを取っていることだ。あるいは、一方的な値動きに乗れば楽に稼げるのに、その機会を逃すことだ。

注　オープンアウトクライ方式のピットでの値動きがすべて、自分のコンピューターの画面にも表示されるのを不思議に思う人もいるかもしれない。フロアには、値動きをすべて報告することを仕事にしている取引所の従業員がいる。彼らは二人のトレーダーが直近の価格と異なる価格でトレードされるのを見るたびに、その変化を記録して、会員の清算会社や証券会社、通信社、あるいは取引ツール経由でリアルタイムに価格を見ている人々にそれを即座に送っているのだ。

第6章

売買注文の片寄りを生むさまざまな市場参加者

スペキュレーターの目的は、値動きからどうやって利益を得るかを見つけることだ。売買注文の流れを生む力という観点から値動きをとらえるとき、その流れを最大限に利用するためにどのような考え方をする必要があるかについて、重大な影響を及ぼす心理がいくつかある。

それらの心理を理解するために、これから次のことを見ていく。

●売買注文を出すさまざまな市場参加者を見る。
●どの瞬間にでも「注文の流れの比率」に影響を与える売買のさまざまな組み合わせを見る。

●たとえ、そう思えないような場合がときどきあっても、「市場では何が起きてもおかしくない」し、「損をするリスクはけっしてなくならない」のはなぜなのか。それを十分に理解できるように、注文の流れを生み出す源を分析する。

利益を得るために売買注文を出す最も一般的なスペキュレーターたち

次は値動きから利益を上げる目的で買うか空売りをするさまざまなスペキュレーターたちだ。

●投資顧問業者やオンラインのチャットルームのシグナルに従う人々を含めて、自分の判断に従ってトレードを行う一般の個人トレーダー。
●フロア内外のスキャルパーや裁定取引を行うトレーダーを含めて、自己勘定で利益を狙うプロの個人トレーダー。
●いわゆる「ヘッジファンド」を含めて、さまざまなファンドを通じて投資家の資金運用を行うプロのマネーマネジャー。私は「ヘッジファンド」をここに入れる。確かにヘッジファンドは自身のポジションが差し引き買いか売りの場合にヘッジをするが、彼らの主な目的は利益を上げることだからだ。「ヘッジファンド」は誕生した当初から、どう見ても利益目的の運用ファンドだったが、SEC（証券取引委員会）とCFTC（商品先物取引委員会）の規則を逃れるために「ヘッジファンド」と名付けられたのだ。

●「高頻度自動取引プログラム」を含めて、自動取引プログラムを作り、それを使って売買注文を出す独立系のトレード会社。

●商業銀行、投資銀行、証券会社や多くの合同運用ファンド（ヘッジファンド、年金基金、投資信託など）に代わって資金運用をするために雇われていて、株式や先物、FXのさまざまな銘柄で買い持ちか売り持ちをするプロのトレーダー。

これらのリストを見るときに頭に入れておいてほしいことがある。注文の流れから利益を上げる人々は、それぞれが安いから買い時で、高いから空売りをすべき時と考える独自の理由や根拠をいつでも持っている、ということだ。

ヘッジ目的で売買注文をする最も一般的な市場参加者

第4章では、企業の手元にある資産や在庫だけでなく、今後持つことになる資産や在庫、製造過程や契約上の義務によって、「意図せずに買いポジションや売りポジションの状態になる」ことがある例をいくつか示した。

資産価値を守り、利益率を安定させるために、これらの企業の多くは株式や先物、FXのさまざまな銘柄で反対ポジションを取って、価格の変動リスクをヘッジしている。

次は、意図せずに買いポジションや売りポジションの状態になって生じた価格リスクをヘッジするために、株式か先物、FXの上場証券か商品をトレードする会社や事業、メーカー、金融機関のリストである。

- 投資銀行、商業銀行、証券会社、投資信託、年金基金、保険会社、商社、プロのポートフォリオマネジャー
- 石油会社、天然ガス会社、電力会社、航空会社、鉄道、トラック運送会社、鉱業会社、原材料に銅やアルミニウム、プラチナ、金、銀などを使うメーカー

●小麦、トウモロコシ、大豆、砂糖、米、コーヒー、ココアなどを栽培する農家
●大穀物倉庫
●小麦、トウモロコシ、大豆、砂糖、米、ココアなどを使って最終製品を製造する会社
●畜産業者や食肉加工会社
●住宅メーカーや貯木場

ここでも、これらのリストを見るときに頭に入れておいてほしいことがいくつかある。

第一に、ヘッジャーが取引所に出す売買注文の多くは、数量が非常に大きい。あまりにも大きいので、売買注文の流れにかなりの片寄りが生じるほどのポジションを取るリスクをどうすれば引き受けられるのか、典型的な一般トレーダーには想像もつかない。だが、このとらえ方には考慮されていないことがある。本当にヘッジ目的で株式や先物、FXの市場で買いか売りのポジションを取るとき、彼らは値動きから利益を得ようとはしていないという点だ。

ヘッジャーがトレードをする目的は、彼らの業務の性質上、すでにさらされているリスクを減らすか取り除くことだ。いったんヘッジをして、それが適切であれば、その後に価

格がどの方向にどれくらい動くかは、彼らにとって重要ではない。そのため、ヘッジャーの売買注文の大きさは彼らの事業規模によって限定されるだけだ。ヘッジャーにとってのリスクは、ポジションを構築している最中に不利な価格変動が起こることだ。

第二に、ヘッジはしばしば、スペキュレーターが相場の方向を予測するために使うファンダメンタルズやテクニカルの分析基準とはまったく異なる観点から行われる。私が言いたいのは、ヘッジをする最良のタイミングや価格を判断するときに、彼らがテクニカルやファンダメンタルズを考慮しない、ということではない。彼らはそれぞれ異なる現在や将来の在庫状況や、何かを配送するか受け取る契約上の義務がある。そのため、テクニカルやファンダメンタルズの観点からは首をかしげたくなるタイミングや価格で注文をする必要に迫られて、値動きに影響を及ぼすこともある、と言いたいのだ。

これは、いかなるときでも大量の買い注文や売り注文が取引所に入ることがあるということだ。相場の方向に大きな影響を及ぼすほど大きな注文であり、注文をするときの根拠は、スペキュレーターがどちらに価格が動くかを判断するために使うファンダメンタルズやテクニカルの分析の基準とはまったく無関係だ。

売買注文数のさまざまな組み合わせ

●どの瞬間にも何らかの理由で、価格が上がるから買おう、と考える「かなり多くの」スペキュレーターがいる可能性がある。

a．その結果、彼らが約定させる必要がある不特定数の買い注文は、買い注文数と売り注文数の比率に影響を及ぼす。

●どの瞬間にも、すでに安値で買っていて、何らかの理由で利食いをしようと考える「かなり多くの」スペキュレーターがいる可能性がある。

a．彼らが約定させる必要がある不特定数の売り注文は、買い注文数と売り注文数の比率に影響を及ぼす。

●どの瞬間にも、すでに安値で買っていて、何らかの理由で損切りをしようと考える「かなり多くの」スペキュレーターがいる可能性がある。

a．彼らが約定させる必要がある不特定数の売り注文は、買い注文数と売り注文数の比率に影響を及ぼす。

●どの瞬間にも何らかの理由で、価格が下がるから売りポジションを取ろう、と考える「かなり多くの」スペキュレーターがいる可能性がある。

a．彼らが約定させる必要がある不特定数の売り注文は、買い注文数と売り注文数の比率に影響を及ぼす。

●どの瞬間にも、すでに高値で売りポジションを取っていて、何らかの理由で利食いをしようと考える「かなり多くの」スペキュレーターがいる可能性がある。

a．彼らが約定させる必要がある不特定数の買い戻しの注文は、買い注文数と売り注文数の比率に影響を及ぼす。

●どの瞬間にも、すでに高値で売りポジションを取っていて、何らかの理由で損切りをしようと考える「かなり多くの」スペキュレーターがいる可能性がある。

a．彼らが約定させる必要がある不特定数の買い戻しの注文は、買い注文数と売り注文数の比率に影響を及ぼす。

●どの瞬間にも、意図せずに買いポジションの状態になっていて、そのリスクを減らすか取り除く必要がある「一人か複数のヘッジャー」がいる可能性がある。

a．その結果、彼らは利用できる株式、先物、あるいはFX市場で売りポジションを取ろうと考える。そのため、約定させる必要がある不特定数の売り注文によって、買い注文数と売り注文数の比率に影響が及ぶ。

●どの瞬間にも、意図せずに売りポジションの状態になっていて、そのリスクを減らすか取り除く必要がある「一人か複数のヘッジャー」がいる可能性がある。

a．その結果、彼らは利用できる株式、先物、あるいはFX市場で買いポジションを取ろうと考える。そのため、約定させる必要がある不特定数の買い注文数によって、買い注文数と売り注文数の比率に影響が及ぶ。

●どの瞬間にも、意図しない買いポジションに対するヘッジを解消する必要がある、「一人か複数のヘッジャー」がいる可能性がある。

a．その結果、彼らはポジションを解消しようと考えるので、精算する必要がある不特定数の買い戻しの注文によって、買い注文数と売り注文数の比率に影響が及ぶ。

●どの瞬間にも、意図しない売りポジションに対するヘッジを解消する必要がある、「一人か複数のヘッジャー」がいる可能性がある。

a．その結果、彼らはポジションを解消しようと考えるので、精算する必要がある不特定数の転売注文によって、買い注文数と売り注文数の比率に影響が及ぶ。

売買注文の流れを引き起こす力の分析

値動きを、売買注文の流れの片寄りによるものと見れば、スペキュレーターが利益を得るには、ポジションを取ったあと、市場に入ってくる注文が自分のトレード方向に有利に片寄るしかない。

仕掛けたあと、売買注文の流れが自分に有利に動くには、下の二つしか方法がない。

●自分のトレード方向に有利になるように自ら積極的に動く
●ほかのトレーダーが自分の代わりにそうした片寄りを作ることを当てにする

注文の流れを自分の力で片寄らせて、トレード方向に価格を実際に動かす、ということにどれくらいの実現性があるのだろうか。あなたに大口のトレードをするだけの資金力と心理面での処理能力があれば、おそらくあなたの想像よりもずっと簡単だ。実際、大口か超大口に分類されるスペキュレーターはある種の状況で、株式や先物、オプションを自分のトレード方向に最も大きく動かす力があるし、実際に極めて頻繁にそれを行っている。

第5章の例で示した大豆のトレードに戻ろう。もちろん、四〇〇枚の先物注文を約定させる責任者であるフロアブローカーに、大豆の価格を一〇セント動かす意図はなかった。注文を約定させる義務があったせいで、価格を下げざるを得なかっただけだ。彼は相手方となるトレーダーを引き付けるために、売り気配値を下げていくしかなかったのだ。

フロアブローカーがそのときの状況に迫られて価格を動かすことができるのなら、ほかのトレーダーも自分の目的に合わせて価格を動かすことができる、と考えても当然ではないだろうか。

株式や先物やＦＸの市場で価格が動く仕組みは実は極めて単純で、車や美術品、骨董品のオークションに参加しているときと大差ない。ただ、逆さまなだけだ。それは次のように進む。

公開オークションで二人以上が同じ物を買いたければ、ほかの参加者があきらめるまで価格を競り上げる。価格が上がるにつれて、最後の入札価格よりも高く買う気はないという人が入札から抜けていく。より高値で買う気がある入札者が二人以上いるかぎり、価格は上がり続ける。そして、入札者が一人だけになったとき、価格は上げ止まる。言い換えると、参加者が二人以上いるかぎり、価格は動く。

株式や先物やＦＸ市場との違いは、それらでは買い手か売り手のどちらか一方に参加者がいないときに、価格が動くというところだ。どのトレードでも、買い手と売り手の両側に参加者が必要だということを忘れないでおこう。市場では、相手方となる買い注文や売り注文を求めて、価格が動く（上値で買うか、下値で売る）。

例えば、何らかの理由で、売買注文数が等しくなるほどの買い意欲が見られなければ、売りたいトレーダーは買い手を引き付けるために売り気配値を下げざるを得ない。逆に、売り手が不足していれば、買いたいトレーダーは売り手を引き付けるために買い気配値を上げざるを得ない。どちらの側にも十分な注文数があるときに、現在の価格でマッチングが行われる。

例えば、現在一〇で取引されている銘柄の価格を意図的に一一に動かしたければ、一〇の売り気配値の注文すべてを買って、さらに一一の売り気配値の注文も買い始められるほど大口の買い注文を出しさえすればよい。一一での売り気配値がなければ――つまり、一一で売る気があるトレーダーが世界に一人もいなければ――、直接一二に買い注文を出せばよい。一〇から一一に価格を引き上げたことで、一〇で買った分のすべてに含み益が生じる。逆に、一〇で売りポジションを取ったトレーダーはだれもが含み損を抱える。

自分の利益になる方向に価格を動かし続けるには、この手順を何度も繰り返しさえすればよい。どこまで価格を動かせるかは、次の条件に制限されるだけだ。

●自分のリスク許容度
●どの瞬間にでも出る反対側の注文数を引き受けるだけの資金力

価格は通常、最も抵抗が少ないところを動く

価格を動かしたい大口のスペキュレーターにとって最も理想的なのは、出来高が少ない銘柄をトレードするか、流動性が極めて高い銘柄を、出来高が例外的に少ない日にトレードすることだ。

大口のスペキュレーターの反対側の注文数が少ないほど、価格を動かすのは簡単で、経費も少なくて済むからだ。ちなみに、リスクを取り除くことが目的のヘッジャーは、自分の買いか売りを最良の価格で約定させるために、反対側の注文があることを望む。

妻のポーラと私は、先物で一度に何千枚ものポジションを日常的に取るフロア内外のス

ペキュレーター数人に対して、個別にトレードコーチをしてきた。彼らのほとんどはめったに、長期戦略の一部としてこれらの大口ポジションを取ることはなかった。むしろ、大口注文を出せば注文数に片寄りが生じて、トレード経験が少なく未熟なトレーダーが一時的にうろたえて、買い急ぐか売り急ぐと感じたときにポジションを取っていた。

経験豊富なトレーダーは経験が浅く未熟な相手方をよく、「弱い買い方」や「弱い売り方」と呼ぶ。大口のスペキュレーターは、経験が浅く未熟なトレーダーがたいてい、「大衆」心理に沿って動くと分かっている。そのため、適切な状況では、「大衆」が一斉にポジションを取ったり解消したりして、もちろん「大衆」の犠牲によって、大口のスペキュレーターが利益を得られるようにすることが可能になる。

例えば、ある銘柄が上昇トレンドを形成しそうか、すでに形成されていると判断した大口のスペキュレーターがいて、その銘柄を安く買いたがっているとしよう。彼がすることは、市場の状況が「適切」になるまで待つことだ（適切な市場の状況について説明すると話が広がりすぎるので、ここでは立ち入らない）。その状況で大量の売り注文が出ると下押し圧力となり、現在の価格以上で買った「弱い買い方」が狼狽売りを始める、と彼は考えているのだ。「弱い買い方」がわれ先に手仕舞おうとし始めるほど大口の売り注文を出せば、

「弱い買い方」はさらに売り注文を出す。そうなると、大口のスペキュレーターが最初に狼狽売りを引き起こしたときの売り注文は利食いができるし、安値での買い集めもできる。

このような戦略にはどれくらいのコストがかかるだろうか。まあ、うまくいかなければ、損失は相当に大きくなることもある。そうでなければ、必要な証拠金はそれほど多額ではない。大豆トレードの例で出した先物四〇〇枚の証拠金は、当時で三〇万ドルぐらいだった。トレード経験がそれほど長くない人は、これを大金だと思うかもしれない。

しかし、一〇億ドルの投資口座（今日の基準ではそれほどの大口ではない）を管理している人にとっては、三〇万ドルの証拠金は口座資金の一％の一〇〇分の三にも満たない。つまり、そのときに大豆相場を一〇セント動かすには、証拠金が三〇万ドルありさえすれば良かった。ちなみに、本物のヘッジャーによる注文ならば、証拠金はこれよりもずっと少なくなる。

ここまでで、価格を動かす力がある二種類のトレーダーについて学んだ。第一は本物のヘッジャーだ。彼らの注文を吸収できるほどの注文数が反対側になければ、彼らのトレードは売買注文の流れに非常に大きな片寄りをもたらす可能性がある。だが、ヘッジャーの主な目的は商取引での経済的リスクを取り除くことなので、一般的には彼らが意図的に価格を動かすか、それによって利益を得るために株式や先物やFX市場を利用することはない。

それどころか、ヘッジャーは通常、最良の価格で約定するように、注文数量の大きさをひた隠しにする。彼らは自分たちの買い注文によって売り気配値が上がることも、売り注文によって買い気配値が下がることも望まない。しかし、いったんヘッジがうまくできたら、価格がどちらに動こうと、彼らは気にしない。ヘッジャーが最良の価格で約定するように行うことを、私が実際に目にした例からいくつか示しておこう。

一九八二年に、私はメリルリンチ・コモディティーズでCBOT（シカゴ商品取引所）の一般投資家向けブローカーとして働いていた。洗練度という点で今日と比べると、トレード業界はまだ初期段階にあった。パソコンも電子取引用のツールもなかったし、立派な経済番組もなかった。とは言え、シカゴには取引時間に経済ニュースを流す地方局があった。

私たちのオフィスの壁には大型テレビが取り付けられていて、ブローカーは取引時間中にそれを見ることができた。また、いわゆる「スクワークボックス」もあった。これは、CBOT、CME（シカゴ・マーカンタイル取引所）、COMEX（ニューヨーク商品取引所）のさまざまなピットに接続している電話回線に、電話会議用のスピーカーを取り付けたものだ。

フロアで働くメリルリンチの従業員は一日中、各ピット（金融商品、穀物、金属、畜産、通貨）を見て回る。そして、だれでも参加できる電話でメリルリンチのブローカーたちに、ピットで何が起きているかをできるかぎり伝える。

フロアブローカーはそれぞれ常に決まったフロア外の大口トレーダーやヘッジを行う企業の注文を執行している。そのため、ピットを回っている従業員は、どの瞬間にでも大口の買い注文や売り注文をだれが出していそうかを伝えることができた。

ある朝、席に着いているときに、私はテレビでたまたま地方局の経済番組を見ていた。すると、ハインホールド・コモディティーズ（当時は世界でも最大級の養豚業者）の部長がインタビューを受けていた。この部長は豚肉の先物を今買うのがいかに良い投資かを力説していた。彼には豚肉の価格が上がるべき理由がいくらでもあった。

話を聞いているときに、ブローカーの電話が鳴り始めていることに気づいた。明らかに、シカゴ地区で自宅から商品取引を行っているトレーダーたちが同じ番組を見ていたのだ。オフィスのブローカーのほぼ全員に豚肉先物の買い注文が殺到していたからだ。それまで比較的静かだったのとは対照的に、その動きはかなりの騒ぎを引き起こした。

ブローカーたちが顧客の買い注文に時刻印を押して、フロアに伝えている間に、見回りをしているメリルリンチの従業員の一人がスクワークボックスを通じて何が起きているかを報告するために、たまたま豚肉のピットに立ち寄った。彼は個人トレーダーから大量の買い注文が入っているのに気づいた。それにはメリルリンチの顧客だけでなく、当時のほかの大手ブローカーの顧客も含まれていた。

もちろん、豚肉の価格はすぐに上げ始めた。すると、メリルリンチの従業員はごく当たり前のことのように、ハインホールドが主要な売り手だと伝えた。その意味は、個人トレーダーや経験が浅くて「弱い」トレーダーによって価格が上昇するのを待って、彼らの買い注文に対してハインホールドが売り始めたということだ。基本的に、ハインホールドは極めて大量のポジションをヘッジする必要があり、そのためには、彼らの売り注文を引き受けるだけの買い注文数が取引所にあることが必要だったので、部長をテレビに出演させて、トレーダーが豚肉先物を買うように勧めたのだ。

思い出そう。大口注文を出すと価格が動く可能性があるのだ。そのため、大口注文を出そうとするヘッジャーにとって、自分たちの意図を明らかにして、得になることはまずない。言い換えると、大口のポジションを取るトレーダーはそれを明らかにすることで何らかの経済的な利益が得られるのでないかぎり、そうする意図に関して大ウソをついているということだ。

関心がある人のための注　おそらく見回っているメリルリンチの従業員はテレビを見る機会がなかったと思われるので、ハインホールドの部長が豚肉先物の価格を予想していたことを事前に知ることはなかっただろう。

第二の例は大口のスペキュレーターだ。具体的な説明はしなかったが、市場がある種の状況にあるときに、彼らは大口注文を使って、弱く未熟なトレーダーにポジションを取るように仕向ける戦略を実行して、その反対側を引き受けて利食いをする。あるいは、ポジションを手仕舞わせて、より魅力的な価格で弱いトレーダーに取って代わる。

さて、次の例を見る前に、思い出しておいてほしいポイントが二つある。実際にヘッジを行うヘッジャーは利益を取ることを意図していないので、勝とうとしない。そのため、ヘッジ後に価格が動くかどうかや、どちらの方向に動くかは彼らにとって重要ではない。一方、スペキュレーターは常に勝つためにトレードをしているので、価格が動く必要がある。そのため、大口の洗練されたスペキュレーターはよく、利益になる方向に価格を意図的に動かそうと積極的に働きかけることで、自分が勝つようにトレードを組み立てる。

　最後に見るトレーダーは基本的に残りの市場参加者であり、価格を自分の利益になる方向に動かす資金力も心理面での処理能力も持たないスペキュレーターだ。あなたがこの本を読んでいるのなら、あなたはおそらく、ほかのトレーダーの動きを完全に当てにして利益を得るトレーダーの部類に入るだろう。そうであれば、売買注文の流れが自分の利益になる方向に片寄るほどの数量で、ほかの人たちが注文を出してくれないかぎり、あなたは勝てない。

　あなたの状況を支配する、次の三つの基本的な条件について考えよう。

- あなたがトレードをしている唯一の理由は勝つためだ。
- そして、あなたは勝つために値動きを必要とする。

●だが、注文の流れを自分の利益になる方向に片寄らせるほど、積極的な役割を果たす力はない。

そこで、次の質問について考えてほしい。

あなたがトレードをしようと決めたあと、あなたに利益をもたらす注文の流れの片寄りはだれが作り出すのだろうか。

この章の初めに、注文の流れを生み出すさまざまなヘッジャーとスペキュレーターを取り上げた。そこで、あなたは自問しなければならない。極めて多様な市場参加者によって出される可能性がある買いや売りすべてのなかで、だれの注文があなたのトレードに利益をもたらすのか。また、なぜ彼らはそうするのか。逆に、次のことも自問しなければならない。これら同じ参加者の一部があなたのポジションと逆方向にトレードをするのをやめて、あなたのポジションに有利に注文の流れを片寄らせる理由は何なのか。

特別な能力がなくとも、少し考えれば、次のことが事前に分かる人はだれもいない、とおそらく思いついただろう。

●次の注文がどこから出されるか
●それはどれくらいの数か
●それは買いか売りか
●それは買い注文数と売り注文数の比率にどんな影響を及ぼすか

価格を動かすために大口注文を出すトレーダーでさえ、目的を達成できるかどうかは分からない。自分がポジションを取った瞬間やそれ以降に、対立する注文がどれくらい入ってくるかを知る方法はないからだ。例えば、大口のヘッジャーがヘッジの相手方として必要な大量の買い注文か売り注文を待っている場合もある。そのヘッジャーの注文によって、スペキュレーターの注文は結局、吸収されてしまい、価格がほとんど動かないこともある。これはヘッジャーがまさに望んでいることだ。価格が自分たちの不利な方向に動かずに、注文が約定するからだ。

しかし、スペキュレーターにとっては、これは良い状況ではない。大量のポジションを取って、自分の有利な方向に価格が動かなかったからだ。つまり、含み益がないのだ。そして、手仕舞うためには、仕掛けたときと反対方向にもう一度、大口注文を出さなければならない。トレードの相手方となるのに十分な買い注文か売り注文がなければ、彼はその注文を見つけるために、自分の不利な方向に価格を動かさざるを得ない。手仕舞うために、自ら損失を生じさせるのだ。

私がここで言いたいポイントはこうだ。実際に価格を動かすほど大口の注文を出せるスペキュレーターですら、その後に何が起きるか分からないのであれば、さまざまなファンダメンタルズ分析やテクニカル分析を行って、何が起きそうかを予測している残りの私たちにとって、それは何を意味するのだろうか！　私たちは価格がどの方向に動くか――売買注文の流れ――を決める実際の仕組みと関係を持っていない。それなのに、ファンダメンタルズ分析やテクニカル分析の一体、どの部分が役に立って、価格が動く方向を正確に予測できるのだろうか。

第7章

売買注文の流れからテクニカル分析を理解する

注文の流れという点から見れば、あらゆる値動きは売買注文の流れが一方向に片寄ることで生じる。取引所に入ってくる買い注文と売り注文を約定させるためにマッチングを行うとき、買い注文数と売り注文数が等しくないかぎり、マッチングの過程で価格は一ティック上がるか、下がる。どの瞬間でも、売り注文よりも多くの買い注文が取引所に入ってくれば、価格は一ティック上がるし、買い注文よりも多くの売り注文が入ってくれば、価格は一ティック下がる。どの買い注文や売り注文もどちらかの方向に価格を動かす役割を果たすが、注文の流れに最大の片寄りを生じさせる力があるのは大口注文なので、それらが価格を動かす可能性が最も高い。

買い注文と売り注文の流れそのものは、まったくの無秩序と呼ぶのが最もふさわしい。特に市場が活況を呈しているときか、いわゆるファストマーケット（注文が殺到して、変動が激しい相場）のときに取引所にいた経験があれば、私の言っていることが分かるはずだ。ファストマーケットのときどころか、どんな取引所のフロアすら見る機会に恵まれていなければ、妻のポーラは『大逆転』という映画を見るように勧めている。特に映画の終わり近くで、ファストマーケットの状況に陥った取引所のシーンがあり、理解に役立つそうだ。無秩序なのは、流れてくる買い注文と売り注文は世界中のトレーダーの意図や信念や目的をすべて反映しているが、それらはお互いに対立し矛盾しているからだ。彼らは買い注文か売り注文を使って、次のいずれかを達成しようとする。

- ●ヘッジャーとして、値動きに関連するリスクを取り除く。
- ●値動きの方向にトレードをして利益を得る。
- ●注文の流れに意図的に片寄りをもたらして特定方向への値動きを作り出し、利益を得る。
- ●特定方向への値動きを止める。

さまざまな数の買い注文と売り注文を付け合わせる過程で、まさに不思議な現象と思えることがときどき起きる。

まったくの無秩序が、予測可能な特徴を持つ対称的なパターンに変わることがあるのだ。買い注文と売り注文が約定して、それらのトレードが価格の上昇や下落という形にまとめられるとき、その値動きをチャートに書き入れていけば、さまざまなパターンが得られる。それらのパターンは個々のトレーダーの行動を抽出してまとめた形を表している。それらは数量化や測定が可能であり、時には雪の結晶と同じくらい対称的な形になることもある。

対称的ということは、行動の根底に同質性があることを意味する。そして、行動が同質だということは、その行動が繰り返されて、予測が可能になるかもしれない、ということを意味する。どうしてか。毎日、毎週、あるいは毎月、数人ずつがやりとりをしながら生み出す集合的な行動パターンは、個人が示す典型的な行動パターンと同じくらい信頼できる可能性もあるからだ。私たち個人はだれもが、似た状況では同じような行動をしがちである。テクニカル分析は同じ原理を集団にも当てはめる。集団によって生み出されていく値動きを時間の経過ごとにチャート上に表していくことは、注文の無秩序な流れを整理する効果があり、そこに埋もれているかもしれない行動パターン――ほかの方法では目に見えないために、読み取ることができないパターン――の特定につながる。

売り買いをし合う人々が集合的な行動パターンを何度も繰り返し示す、ということに初めて気づいたのは数百年前の日本人だった。彼らが発見したのは、売り買いの行為を今ではローソク足チャートと呼ばれる形で示せば、パターンが現れたあとに価格がどの方向に動くかを非常に正確に予測できるということだった。

現代のテクニカル分析でも、日本人が考案したローソク足のような価格チャートで視覚パターンを表す。だが、売買注文の流れに埋もれているパターンを特定するために、方程式を使う手法も考案されてきた。絶えず繰り返されるパターンを見つけたら、同じパターンが形成されたあとに過去のトレーダーが振る舞ったのと同じように、現在のトレーダーも振る舞うだろうと推測できる。

価格足

チャートパターンで最も基本的なものは価格足（価格バー）である。価格足は、指定された期間に取引された銘柄の値幅を表す垂直な四角形や線だ。価格足はチャート上に書き入れられる。チャートの垂直軸は安値から高値へと刻まれていて、水平軸は個々の足が表す期間と同じ期間で刻まれている。

一つの足は一分から一年、あるいはそれ以上まで、自分の目的に合わせてどんな時間枠（期間）でも表すことができる。例えば、五分足のチャート上では、それぞれの垂直な足は五分の値動きを表す。その五分間に、売買注文の流れによってトレードがなされた値幅が決まる。

足の上端は少なくとも一回の買い注文と売り注文が付け合わされて、トレードが成立したときの最高値を表す。そして、足の下端はその五分に少なくとも一回の買い注文と売り注文が付け合わされて、トレードが成立したときの最安値を表す。

値動きを書き入れ始めて五分後にはその足を閉じて、新しい足を書き始める。そのため、市場が六時間開いていれば、七二本の五分足が作られる。六時間開いている市場で一日足のチャートを見ているときには、その日いっぱいになされたトレードすべてが、一本の足で表される。

足が順番に書き入れられるにつれて、連続する二本以上の足の関係に基づいて値動きのパターンが現れ始める。例えば、各足の高値が直前の足の高値よりも高く、各足の安値も直前の足の安値よりも高い状態が続けば、これはテクニカル分析の用語で上昇トレンドと呼ばれる。逆に、下降トレンドとは、高値が直前の足の高値よりも安く、安値も直前の足の安値よりも安い状態が続いているとはっきり分かる相場だ。

連続する価格足で、各足の高値が直前の足よりも高く、安値も直前の安値よりも高くなる原因は何だろうか。

簡単に言えば、注文の流れが買い手優位に片寄っているために、どの期間でも直前よりも高値になり、直前の価格足の安値よりも安くなるほどの売り注文はないからだ。ところで、売り注文よりも多くの買い注文が取引所に入ってくる理由を知りたいのなら、たとえ答えられるとしても、それに答えるのは簡単ではない。

価格を押し上げる買い注文を出したことを正当化するために、トレーダーが挙げるヘッジや投機の理由は多岐にわたる。

市場参加者のなかには同じ理由で買い注文を出した人々もいただろうが、それを確かめるには彼らに尋ねるほかない。だが、それはできそうにない。いかなるときでも、世界中の人々が各市場でトレードをしているからだ。心理的な観点からは、人々が買い注文や売り注文を出す理由は大きな問題であり、トレードで成功するために検討すべき深い意味がある。この点についてはあとで、深く掘り下げるつもりだ。

トレンドが形成されている銘柄のトレード法はいくつかある。だが、私の経験では、上昇トレンドで押し目買いをし、下降トレンドで戻り売りをするのが極めて効果的だ。「トレンドは味方」や「流れに身を任せろ」という格言を聞いたことがある人は多いはずだ。これらの格言が意味しているのは、通常はだれも味方と戦わないのと同様に、トレンドに逆らうな、ということだ。そして、自分の望む方向に流れを変える力がないのならば、「流れに身を任せる」ほうが理にかなっていないだろうか。上昇トレンドでの押し目買いと下降トレンドでの戻り売りは、格言の主張を現実に適用したものだ。

しかし、トレードに関するほとんどすべてのことと同じく、押し目買いと戻り売りは単純に聞こえるが、そうではない。特に、具体的な仕掛けと手仕舞いのルールを含むトレード計画を立てるつもりならばなおさらだ。そうしたトレード計画を立てるためには、次の点をすべて理解しておく必要がある。

- ●トレンドラインの引き方
- ●トレンドを定義し、認識する方法

●時間枠の取り方で変わる各トレンドと押しや戻りとの関係の理解
●通常の押しや戻りと自分のトレードの時間枠におけるトレンドを上回る押しや戻りとの違いを認識する方法

トレンド相場の特徴と性質に関する本や、広く利用されているチャートパターンの本はすでにたくさん出ている。そのため、それらの話題をここで取り上げるつもりはない。価格変化の予測にあたって、どれだけ細かくチャートパターンを定義しても、それらには固有の限界がある。それに気づいてもらうことが私の目的である。それらの限界に気づき、理解して、それを補うとき、「分析に対する幻想」に陥らずにトレードができるようになる。つまり、チャートパターンや指標の売買シグナルが非常に優れていて信頼できるので、トレードで失敗するリスクはもうない、とはけっして思わなくなるのだ。

数学に基づくテクニカル分析法

私がトレードをやり始めたとき、数学に基づくテクニカル分析のツールはほとんどなかった。移動平均線やＲＳＩ（相対力指数）、ＭＡＣＤ（移動平均収束拡散手法）、ストキャスティックスと、ほかにいくつかがあっただけだ。今ではもちろん、利益を出すのに役に立つ数学に基づくテクニカル分析の指標が何千とは言わなくとも、何百もある。

テクニカル手法で最も基本的なものは「移動平均線」である。移動平均線は通常、平均を計算するために使う価格足に沿ってチャート上に書き入れられる線だ。例えば、五分足の一六期間移動平均線を引きたければ、直近一六本の足の高値、安値、始値、終値を調べて、それらをすべて足す。そして、それを六四で割る。

六四で割るのは、それがデータ数だからだ（高値、安値、始値、終値が一六ずつ）。平均価格が得られたら、次の五分足を書き入れるチャート上に点で記す。次の点（平均価格）を得るには、現在の足を書き終えるまで待ち、その足の高値、安値、始値、終値を合計する。そしてこの数字を前の一六本の足の合計に足して、最も古い足データを引く。新しい合計の数字を六四で割り、チャート上に新しい平均価格を記す。最後に点を結んで線を引けば連続した線になり、直近一六本の五分足の平均価格と、その平均に対して現在の足がどういう関係にあるかが図示される。

どのチャートパターンでも同じだが、移動平均線を利用したトレード法はいくつかある。

最も一般的な方法は長期と短期の二つの平均線を引いて、前もって決めていた足の数に対してトレンドが形成されたあと、二つの平均線が交差するまで待つことだ。どの期間の平均を使うかは、どれが最も良い結果になるかで決まる。日中足チャートでは、一六日と七日の移動平均線を使うのが私の好みだ。

足が常に安値も高値も切り上げている相場では、二本の移動平均線は両方とも、足よりも下で値動きを追跡する。次の足でも上昇トレンドが続けば、その足の下に七日間移動平均線があり、さらに下に一六日移動平均線があるはずだ。足が平均線から上に大きく離れているほど、強いトレンドだ。トレンドが勢いを失い始めたら、足は移動平均線に近づき始める。

相場が上昇の勢いを失うと、短期の七日移動平均線が長期の一六日移動平均線を上から下に抜ける。そうなれば、上昇トレンドが勢いを失ったことの裏付けとなるので、売り時と見ることができる。

足が下降トレンドを形成していたら、すべてがこれまでの説明と逆になる。短期の移動平均線が長期の移動平均線を下から上に抜けるとき、下降トレンドが勢いを失ったことの裏付けとなるので、買い時と見ることができる。

移動平均線の計算で使う期間と足の時間枠の適切な組み合わせが得られたら、単純な移動平均線の交差がトレンドの天井と底をいかに正確に予測できるかが分かって驚くだろう。

テクニカル分析を定義する

テクニカル分析とは、幾何学的な関係や数学の方程式を価格データに当てはめて、売買注文の無秩序な流れに埋もれながら、繰り返されている値動きのパターンを発見することだ。テクニカル分析はパターンを浮き彫りにして、そのパターンがどれくらいの頻度で繰り返されるかと、利益が得られる可能性を判断できるようにする。利益が得られる可能性を判断するためには、次の両者の間に統計的に有意な関係を見つける必要がある。

- パターンの形成
- パターンが形成されたあと、トレーダーたちが通常どのように振る舞うか（彼らの注文が売買注文の流れの片寄りにどういう影響を及ぼすか）

繰り返し現れるパターンを見て、トレーダーたちの反応が一方向への値動きを引き起こす可能性が高いと分かれば、統計的にも過去データ上でもエッジ（優位性）が得られる。この定義は単純に聞こえるかもしれない。だが、心理面では、テクニカル分析のこの確率的な性質は、多くの人にとって非常に克服しがたい問題をもたらす。

第8章

テクニカル分析に固有の限界

チャートパターンや数学に基づく指標は値動きの方向を信じがたいほど正確に予測できる。このことをすでに何らかの形で知っていなければ、あなたはおそらく今、この本を読んでいないだろう。実際、あまりにも正確に仕掛けのシグナルに従って買ったらそこが上昇トレンドの始まりだったり、売ったら下降トレンドの始まりだったりという経験をすることは珍しくない。これらのパターンは本物で、どの時間枠にも繰り返し現れる。そして、今日のように洗練された電子取引ツールがある時代にチャートパターンや指標を利用できれば、パソコンは絶え間なく利益を生むマシンに変わる可能性がある。

しかし、同時に、チャートパターンや指標の性質に関連する心理には非常にやっかいな特徴があり、利益を生む可能性を最大限に利用するためには、その特徴に気づいて補強をする必要がある。

第一の特徴

テクニカル分析を構成する価格の幾何学パターンや方程式に従っても、「個々のトレードごとの予測」の信頼度は高くならない。高くなるのは、「一連のトレード全体としての予測」の信頼度であり、それが分かっても、個々のトレードで予測どおりの値動きになるかどうかは分からないし、そうなる確率も決まらない。

パターンや指標が出す予測に従ってトレードをしたら勝てた、という経験をすると、パターンや指標を使えばほかのトレーダーたちのその後の動きが分かる、という印象を強く抱きやすい。

だが、それがどう見えようと、絶対にそんなことはない。

テクニカル分析のパターンや指標が示しているのは、それらの予測方向に価格が動く可能性があるということだけだ。

可能性とは、まさにその言葉どおりの意味だ。パターンが示しているのは、人数が不明なトレーダー――一人のことも、数人のこともある――が十分な注文を出したら、価格がパターンや指標の予測方向に動く可能性があるということだ。だが、価格が予測と一致する方向に動くほどの数のトレーダーが市場に入ってこないか、彼らの注文数が不十分な可能性もある。また、不明な数のトレーダーが、パターンや指標の予測とは逆方向に価格を動かすほどの注文を出す可能性もある。

これは、あるパターンが現れて、それを特定できたからといって、まだ何が起きるか分からない、という意味ではない。そうではなく、最近の数回に図形か数式によるパターンが形成されたとき、値動きの方向にトレーダーが影響を及ぼしたことに基づけば、パターンとその後の結果には正の相関関係がある、という意味だ。それは、不明な数のトレーダーがヘッジや投機などのために、パターンの予測方向に価格が動くほどの注文を出したことを示している。パターンと結果との相関関係は一連の予測全体に基づくものであることを忘れないでほしい。一連の予測全体、すなわち予測のサンプルサイズは、正の相関関係が信頼できると判断できるほどに大きくなければならない。それで、あるパターンが現れたときに分かることは、一連の予測のなかのどの一つの予測でも、必ずしもではないが望んでいた結果が得られる可能性があるということと、一連の予測全体で見ると望んでいた結果が得られる可能性がさらに高いということだけだ。

この点を簡単に理解してもらうために、トレードとは無関係な例で説明しよう。

ここに重さが均一のコインがあり、それを一〇〇〇回投げると、明白で紛れもないパターンが現れる。表と裏の出現数は比較的等しい分布をしている。再び、一〇〇〇回投げても、同じパターンが現れるだろう。どの一〇〇〇回でも結果は一貫していて、表と裏の出現数はあまり変わりない。

投げた回数が多いサンプルで表と裏がほぼ等しい分布であれば、統計的に信頼できる。もしも、コインを一〇〇〇回投げて、表と裏の分布の誤差が二～三％以内であるかどうかの賭けを申し込まれたら、私は二～三％以内であるほうに賭けて、毎回きっとその賭けに勝つだろう。一方、コインを一〇〇〇回投げたときの一回一回で賭けるとなると、話はまったく変わる。

投げるたびに表と裏を正しく予測するように、とだれかが言っても、私は試みようともしない。まして、それに賭けるなど論外だ。私が賭けないのは、たとえ多くの回数投げたときの表と裏の分布が五〇対五〇で信頼できるものであっても、一回一回の表と裏の出方はまったくランダムだからだ。ランダムというのは、表か裏が何回か続けて出る場合も含めて、表と裏のどんな組み合わせも可能だということを意味する。そのため、一回一回投げたときの表か裏が出る確率は常に五〇対五〇でも、実際にどちらが出るかを正確に予測するのは極めて難しい、私がすぐあとで説明するひとつの大きな違いを別にすれば、テクニカル分析のパターンにも似た側面がある。

テクニカル分析とは、売買注文の流れに埋もれている値動きから、統計的に有意な形で繰り返される値動きのパターンを見つけだすことだ。例えば、サンプルサイズが大きい一連の予測全体で、値動きの方向を七〇％は正しく、三〇％は誤った予測をするパターンが見つかったとする。しかし、コイン投げの例と同様に、どんな一連のパターンのなかでも、正しい予測と正しくない予測の分布はランダムである。信頼できる分析法を使って何をいつすべきかを指示されても、一連の予測内のどのひとつの予測が正しいかを知る方法は文字どおりない。理由は次のとおりだ。

値動きが作り出す図形や数値のパターンは、トレーダーが売買注文を出すあらゆる理由を大きくまとめて総合した形を表している。一方、そのパターンを見たトレーダーが個々の予測をした結果は、パターンの形成後に出された個々の売買注文が、注文の流れにどの程度の片寄りを生むかによって決まる。言い換えると、パターンの形成に加わったトレーダーすべてを総合した行動が予測を生み出す。一方、個々の予測に対する結果は、予測をしたあとに市場に入ってくる個々の売買注文の大きさで決まる。

要するに、予測を生み出すのはトレーダーたちの集合的な行動だ。

一方、予測に対する結果を生み出すのは、総合されていない個々のトレーダーたちの行動である。

個々の予測に対する結果はお互いにランダムである、なぜなら、一人のトレーダーが買いか売りの連鎖反応を引き起こすほどに大きなポジションを取るだけで、予測どおりの結果になるかどうかが決まるからだ。そして、その一人のトレーダーが買い注文か売り注文を出す理由は、予測を生み出したテクニカルパターンと何ら関係がある必要はない。パターンや方程式は、個々のトレーダーたちすべて（特に、大量の注文を出す可能性があるトレーダー）の目的や意図を個々の予測ごとに考慮することはできない。

パターンから予測されるのは、同様のパターンが形成されたときにトレーダーたちがどう動きそうかの確率である。

一連の出来事のなかで個々の結果がランダムになるのは、だれでもギャンブルで経験した覚えがある。しかし、私たちに生まれながらに備わっている情報処理法を補正するには、覚えがあるというだけでは不十分だ。一連の出来事に対して確率的に生じる結果に対応するとき、私たちの頭は生まれつき状況の実態をとらえるようには作られていない。例えば、私たちは二～三回続けて勝つか負けるかすれば、次のトレードの結果が分からないとはもちろん思わない。連勝していたら、次のトレードでも確実に勝てると思うだろう。連敗していたら、次のトレードでも絶対に損をすると思うだろう。

私たちは今のこの瞬間を、過去の似ているか、一見すると同じ経験をした記憶に結びつけるように、脳に刻み込まれている。このお決まりの反応と、分析の目的は次のトレードの結果がどうなるかを知ることだという通念が結びつくと、失敗して痛い思いをしないかぎり、テクニカル手法の売買シグナルに従って注文を出すのは非常に難しくなる。

同じテクニカル手法を使って、二～三回続けて勝つ経験をしたら、当然ながら次の売買シグナルでも同じ結果になると間違いなく思うだろう。

分析がうまくいって連勝しているのに、シグナルが正しいかどうかを疑う理由などどこにもない。

しかし、勝つと確信した瞬間に、損失のリスクはどうなるだろう。それは私たちの頭の中から消え去ってしまう。もちろん、注文の流れという観点からはそれが消え去ることはない！

同じテクニカル指標に従って、二～三回続けて負ける経験をしても、同様の思考回路が働くだろう。二～三回続けて負けたら、次に仕掛けのシグナルが点灯しても、勝ち目はないと感じる。私たちの頭はこの瞬間の状況を、過去二～三回の経験で失望したか裏切られたという感覚と自動的に結びつける。私たちは次のトレードではきっと負けると思い、おそらく動けないだろう。

私たちの頭は、状況が確率的な現実をありのままに処理できない。前に取り上げた例で、一連のコイン投げの中のある一回と次の一回の結果には何の関係もない、ということを指摘した。表か裏が何回続けて出ようと関係ない。次のコイン投げは常に独立した事象であり、直前に投げた結果とは無関係だ。テクニカル分析のパターンや指標の個々のシグナルの結果も、前のシグナルの結果とはまったく無関係かもしれない独立した事象である。たとえ、そのシグナルが同一のパターンや指標で点灯していてもだ。

あるシグナルと次のシグナルに関係があるためには、前のパターンか指標が現れたときに注文をして結果を生み出したのと同じトレーダーたちの少なくとも一部が、次のパターンか指標で売買シグナルが点灯したときに加わっている必要がある。同じトレーダーたちのどれだけが加わるつもりか、あるいは彼らが実際に何をするかはけっして分からない。都合が良いことに、勝つためにそれを知る必要はない。実際、前にパターンか指標でシグナルが点灯したときに、注文を出して好ましい結果をもたらしたトレーダーたちが次のシグナルに加わらなくても、そのシグナルで勝つことはできる。

コンピューター画面に向かってテクニカル分析をしているトレーダーにとって、一連のトレードのどのシグナルに従えば利益となりそうで、どれに従えば損をしそうかはけっして分からないし、それを見つける方法もない。それが私たちの置かれている状況だ。先の例では、たとえ数回続けて負けたあとに数回続けて勝っても、結局は一連のトレード全体での勝敗の比率は七〇対三〇である。

要するに、売買注文の流れは無秩序であるために、テクニカル分析の指標に基づくどの個々の予測も独立した事象であり、不確かで確率的な結果しかもたらさない。そして、私が確率的な結果というとき、自分の手法が一連のトレード全体で七〇対三〇の勝敗比率でも、その一連のどのトレードでも七〇％の確率で勝てると考えてはならない。そんなことは絶対にない。ここで第二の特徴が問題になる。

第二の特徴

テクニカルパターンは一連のトレードでの勝率を示すことはできるが、個々のトレードにおいては勝てる確率を示すことができない、という独特な特徴がある。

コイン投げのどの回でも、表か裏が出る確率は常に五〇対五〇であると分かっている。ところが、注文の流れはどの瞬間でも無秩序であり、図形か数値パターンに基づくどの個々の予測でも、本当に正しい確率を計算することは不可能である。つまり、私たちは一連のトレード内での個々のトレードで、実際に勝てる確率をけっして見つけられないのだ。

思い出してほしいが、注文の流れを自分に有利な方向に動かせるほどの力がなければ、ポジションを取ったあとはほかのトレーダーの動きを当てにするしかない。市場が開いているどの瞬間でも、売買注文はあらゆる種類のトレーダーから、あらゆる理由、あらゆる数量で入ってくる。そのため、ほかのトレーダーがどれくらいの確率で何をしそうかを計算する方法はない。もっと具体的に言うと、ほかのトレーダーが私たちのトレード方向に十分な注文を出して、利益をもたらしてくれる確率を計算する方法はない。

トレード経験の程度によっては、インサイダー情報に接するか取引所のフロアでトレードをしていれば、確かにそれなりの推測はできるだろう。例えば、巨大なヘッジファンドのマネジャーが電話で、ダウの構成銘柄のかなりの量のポジションを解消する（売る）ところだと私に話したとする。その直後に、私のテクニカル手法で偶然にダウ先物の買いシグナルが点灯したら、私はその買いシグナルで勝てる確率はゼロではないにしても、極めて低いと、合理的に判断するだろう。

これは確率をうまく推測しているように思えるが、まったく外している可能性もある。私は注文の流れに影響を与える大口の売り注文があるということを知っているが、ダウ先物かダウ構成銘柄を買おうとしている大口トレーダーがいるかどうかは知りようがない。そういうトレーダーがいれば、ヘッジファンドのマネジャーの売り注文を吸収できるだけでなく、余った買い注文で買い方に有利な注文の流れを引き起こす可能性すらある。私は勝てる確率を推測しようとしたが、実際には役に立たない。インサイダー情報を利用したことで、一見すると確実に負けるように思えたために、勝ちトレードに乗れなかったからだ。

私たちは個々の予測では、どんな場合でも勝てる確率を計算できない。ほかのトレーダーがどんな注文をどれだけの数量出すつもりか、事前に知る方法がないからだ。私たちがポジションを取ったあと、取引所に入る「予定の」注文の数量や種類に基づけば、一連の予測内での個々の予測が当たる確率は、多くのトレーダーが誤解している五〇対五〇ではなく、〇~九九%のうちのどの数字でもあり得る。

多くのトレーダー、特に経験が浅い人は、値動きは上か下かの二方向しかあり得ないから、個々のトレードで勝てる確率も基本的にコイン投げと同じ五〇対五〇だと誤解している。コイン投げで表か裏が出る確率が五〇対五〇なのは、コインの重さが「均一」だからだ。ところが、価格は取引所に入ってくる「不均一な」数量の売買注文によって動く。そのため、価格は上か下にしか動かないが、小口の買い注文を出した数分後に、ヘッジファァンドのマネジャーが非常に大量の売り注文を出したら、そのトレードで利益が出る確率はゼロに近いだろう。

つまり、価格が上か下にしか動かないという事実は、個々の予測がどれくらいの確率で当たるかとは何の関係もない。

価格が上げるか下げるかの確率は、直後に入る注文数に応じて決まる。

私たちはだれが、どんな数の買い注文か売り注文を出すつもりなのか知るよしもない。したがって、一連の予測内での個々の予測で勝てる確率は、どんな場合でも常に未知の変数であり、それは一連のトレードに対して計算される平均の勝率とは何の関係もない。

第三の特徴

パターンや方程式はなぜ勝っているのか、あるいは負けているのかを伝えてくれない。トレーダーたちが取引所に入れようとしている注文の種類や数を事前に知ることはできないゆえに、個々の予測が当たる確率は計算できない。また同様に、彼らがそれらの注文を出す理由も同様に知りようがない。つまり、売買注文の流れがテクニカル分析の予測方向に実際に片寄るとしても、そうなる本当の理由を図形パターンや方程式に基づく予測で推し量ることはできない。

例えば、第4章で取り上げた元フロアトレーダーが大豆の先物を四〇〇枚売ると決めた同じ日に、あなたも大豆先物のトレードをしていたとしよう。そして、彼の注文がフロアに届く直前に、前の章で述べたような、短期の七期間移動平均線が長期の一六期間移動平均線を上から下に抜ける売りシグナルが点灯したとする。それで、あなたは五〇〇〇ブッシェルの先物を二枚売る注文をした。その注文が約定して約一五分後には、相場があなたのトレード方向に一〇セント（一〇〇〇ドル）以上動いていて、勝っていた。

注文の流れの片寄りで、価格があなたの利益になる方向に動いたのは、元フロアトレーダーの売り注文が、大豆ピットで売りの連鎖反応を引き起こしたからだ。それでも、彼の売り注文が取引所に届く数分前に、あなたのチャート上の七期間と一六期間の移動平均線が交差して、売りシグナルが点灯したのは基本的に偶然の一致にすぎない。

売り注文を出すというあなたの判断を正当化する分析基準と、ほかのトレーダーたちがあなたに利益をもたらすほどの数量を売ると決めた理由との間には、何の関係もなかった。

二つの移動平均線が下向きに交差したときにこの数値パターンが伝えていることは、過去のこのパターンに従ったときの一連の結果に基づけば、今すぐに売り注文を出せば、価格が下がる確率は高い「かもしれない」、ということだ。しかし、注文の流れの観点に立てば、このパターンは、価格が「どうやって」あなたの有利な方向に動くのかや、動く「理由」を示していない。私たちが図形パターンを特定するために使った式や、チャートに引いた線は、注文の流れに「だれが」参加することになるのか、あるいは価格が本当に私たちの有利な方向に動くとしても、実際に「どうやって」動くのかを伝えることはできない。また、ほかのトレーダーが値動きの方向に影響を与えるトレードを仕掛けるか手仕舞おうと決める「理由」を伝えることもできない。

彼らの売買注文は、その理由を付けて取引所に入ってはこないのだ。トレーダーが仕掛けや手仕舞いを正当化する理由を注文に付けて送ってくれれば、取引所は市場でその理由を公表できる。だが、そんなことは起きないので、それぞれの売買注文を出す動機は個々のトレーダーの頭の中にとどまっている。だから、それらの理由はほかの市場参加者には「見えない」。もちろん、彼らがだれかほかの人にもらさないかぎりはだが。

自分のトレードが含み益か含み損になっている理由（つまり、売り注文よりも多くの買い注文が取引所に入っている理由、あるいはその逆）を確実に知るには、個々のトレーダーに尋ねるしかない。例えば、買いポジションを取ったら、含み益になったとする。そして、自分が買った理由と、価格が自分のトレード方向に動いた理由が相関しているかどうか確かめたいとする。そのためには、自分のトレード方向に注文の流れを片寄らせる買い注文を出したトレーダー全員を特定して、調査をしなければならないだろう。

それらのトレーダーを特定するには、自分がかかわった期間の注文の流れの詳細と、だれが各注文を出したのかを取引所が明らかにしてくれる必要がある。私の知るかぎり、取引所はその種の情報を一般にも、だれにも提供しない。だが、議論のために、取引所が必要な連絡先を教えてくれて、自分が含み益になるのに役立つ注文を出した理由を彼らに尋ねたとする。分かることとは、自己資金の運用に使っている貴重で高額なトレード手法については、だれもおそらく話さないということだ。進んで話すトレーダーがいても、彼らが話そうと決めたことが真実かどうかは確かめようがない。そもそも、彼らが真実を話す理由があるだろうか。そんなことをすれば、トレードを何よりも重視しているという根拠が崩れるだけではないだろうか。全員ではないにしても、ほとんどのトレーダーは専門知識のレベルに関係なく、特定のトレードをする「理由」をほかのトレーダーに正直に明かしはしない。トレード界とはそういうところなのだ。これは非難ではなく、明白な事実にすぎない。

だが、彼らが真実を話すかどうかに関係なく、売買注文の流れに影響を及ぼす市場参加者は極めて多様であり、彼らが注文を出す動機もさまざまだ。そのため、たとえほかの参加者が売買する理由を知る現実的な方法があったとしても、パソコンの画面でテクニカル分析をしている一般トレーダーの理由とそれ以外の市場参加者の理由に相関関係がある可能性は限りなく低いだろう。自分とまったく同じテクニカル分析を使っているトレーダーからの注文が優勢であるせいで含み益になっているときでさえ、それが含み益になった本当の理由なのかを知る方法はない。

電子取引ツールが登場する以前に、人々が取引所のフロアでトレードをするために、どうして何十万ドルも払って会員権を買ったのだろうか。

それは、注文の流れやその情報にじかに接するためだった。

そうすることで、彼らはパソコンの画面上に価格が並んだ買いの板や売りの板という形ではなく、注文の流れの情報に自ら接して、最良で最も効率的な執行をすることができた。

注文の流れの情報にじかに接すれば、だれが市場に注文を出しているのかや、その数を見聞きできる。

ほとんどの場合、彼らは自分のトレードの相手側にいる個人や組織を知っていた。また、場合によっては、彼らが仕掛けた理由と、注文の流れが自分のトレード方向に動いたり動かなかったりした理由との間に直接の関係があるかどうかもはっきり分かった。

しかし、パソコンの画面上でテクニカル分析をする私たちにとって、価格が自分のトレード方向に動いた理由がはっきり分かるのは、価格が動くほどの数量の注文を自分で出したときだけだ。しかし、トレード界のすべての人々のなかでは圧倒的な少数派だが、価格がなぜ自分のトレード方向に動いているかをはっきりと分かっているトレーダーもいる。そして、あなたがその一人になることも確かに可能ではある。直近の価格のすぐ上の売り気配値をすべて取り除くほどの買い注文を出して、さらにひとつ上の価格にわざと買い注文を出しさえすればよいのだ。あるいは、直近の価格のすぐ下の買い気配値をすべて取り除くほどの売り注文を出して、さらにひとつ下の価格にわざと売り注文を出しさえすればよい。

意図的に価格を上げ下げできるトレーダーは、なぜ価格が自分のトレード方向に動いているのか、なぜ自分が含み益になっているのか、なぜ自分の注文の相手方になった人が損をしているのかをはっきりと分かっている。なぜなら、それを引き起こしたのが自分だからだ。

そんなトレーダーと異なり、自分に有利な方向に注文の流れを片寄らせることができるほど大量に注文を出せないのなら、トレードをする前の分析や理屈や推理とトレードの結果との関係で見た場合、売買注文の流れで考えられる主な状況は四つある。

①自分の分析が正しくて、勝つ

a．この一番目の状況で自分の分析が正しいのは、値動きの方向を予測する前提として使う自分の分析基準と、ほかのトレーダーたちが自分の予測と同じ方向に価格を動かすほどの注文を出すに至った理由が基本的に同じときだ。つまり、予測どおりの値動きになったのは、買い注文数と売り注文数の比率に対して、自分が最初に予測した理由と同じ理由で出された注文のほうが優勢だったからだ。

②自分の分析は間違っていたが、それでも勝つ

a．この第二の状況では、注文の流れとの「予定どおりの偶然の一致」、または「予定ど

おりのシンクロ」と私が名付けたことが起きたために、価格が自分のトレード方向に動いた。勝つのは「予定どおり」だ。なぜなら、分析の目的は集合的な行動パターンを見つけて、パターンが完成したあとにトレーダーたちが値動きの方向に与える影響を予測することだからだ。

一方、トレードで勝つのは、注文の流れとの「偶然の一致」、または「シンクロ」の場合もある。なぜなら、自分のトレード方向に注文の比率を片寄らせた注文は、ほかのトレーダーの動きを予測するために使った図形パターンや数値を決める基準とは何の関係もないかもしれないからだ。

言い換えると、自分のトレード方向への値動きをもたらした注文が、値動きの方向を予測するために使った自分の分析基準と「異なる」理由で出された程度に応じて、勝ったのは注文の流れとの「予定どおりのシンクロ」であるか否かが変わる。

b. 相関関係はなかったが、買い注文と売り注文の比率を自分の有利なほうに片寄らせた注文は投機目的ではなく、契約を果たすかヘッジ目的のために出された可能性がある。あるいは、値動き方向の分析では同じ結論に達したが、まったく異なるテクニカルかファンダメンタルズかニュースを理由に、スペキュレーターが注文を出した可能性もある。勝っても、自分のトレード方向に価格を動かした注文のどれも、自分が予測で使った分析基準と「一致する」理由で出された必要はないということを理解することだ。

③自分の分析が間違っていて、負ける

a．この第三の状況では、値動き方向を間違って予測したために、負ける。取引所に入る注文のうちで、自分の予測と反対方向の注文が優勢であるためには、ほかのスペキュレーターの分析か論理か推理が値動き方向について異なる結論に至ったか、ほかのトレーダーが投機目的ではなく、ヘッジか限月上の理由で自分の予測と反対方向に注文を出したはずだ。この状況はおそらく、注文の流れとの「逆のシンクロ」とたぶん呼べるだろう。

④自分の分析は正しいのに、負ける

a．この第四の状況では、同じ理由で同様の注文を出そうとするトレーダーが優位に立つという分析をして、それは正しかった。状況はほとんど完璧に読めていた。百パ

ーセントではないが、それに近い正確さだった。それにもかかわらず、気づくと負けている。

b. この状況で起きたことはこうだ。トレーダーの大多数は自分の分析と同じ理由で行動した。だが、分析は少数の大口トレーダーを考慮しなかったか、できなかった。彼らは何らかの理由で、大多数に同意しなかったか、状況をうまく利用するほかの方法を考えついていた。比較的少数の大口トレーダーが大多数からの注文すべてを吸収するのに必要な数を上回る注文を出す気があるかぎり、彼らは大多数のトレード方向への値動きを止められるだけでなく、注文の流れの比率を彼らの側に片寄らせることもできる。

c. 合意という観点では、トレーダーのかなりの割合が自分と考えが一致していたので、分析は正しかったと言える。しかし、売買注文の流れという観点では、間違った側に立って負けた以上、分析が正しかったということは重要ではなかった。値動きは注文を出す人数ではなく、注文の流れの量に応じて決まるということを常に頭に入れておこう。だから、多くのトレーダーが特定の方向に価格が動くと判断した理由が妥当であっても、それをひっくり返すには、世界のどこかに大口トレーダーが一人いれば済むのだ。

第四の特徴

値動き方向を正しく予測して勝ったからといって、その予測をしてトレードをしようと決める前提に使った分析が正しかったことにはならない。

勝つためには、自分がポジションを取ったあと、取引所に入ってくる自分と同様の注文が優勢であることが必要だ。注文数や、それが仕掛けか手仕舞いかに関係なく、取引所に入ってくるあらゆる買い注文と売り注文によって、売買比率に片寄りをもたらす組み合わせは増えていく。そして、自分のポジション方向か逆方向への値動きが引き起こされる。

すべての注文が重要

さて、自分がポジションを取っているときに、自分の有利な方向に片寄った注文が取引所に入ってきて、勝ったとする。そして、ヘッジや契約にからんだ理由で出されるすべての売買注文や、スペキュレーターたちが注文を正当化する根拠として使えるテクニカルやファンダメンタルズやニュースのすべてを考慮に入れたとしよう。このとき、売買注文の流れを自分の側に片寄らせた注文の「すべて」が、自分と同じ理由で出された可能性はどれくらいありそうだろうか。つまり、自分のポジションと同じ方向に注文を出したトレーダーたちと自分に一〇〇%の相関関係がある可能性はどれくらいだろうか。その可能性は事実上ゼロに等しい。

相関関係が一〇〇%の可能性が本当にないのであれば、勝ったときには、常に多かれ少なかれ、間違った理由で、つまり、自分のトレード方向に価格が動くと考えた理由とは無関係な理由で勝っていることになる。相関関係は高い場合も低い場合もあり得るし、中くらいの場合も何もない場合もあり得る。

勝つためには、分析によって正しい予測が得られさえすればよい。

しかし、その正しい予測は、ほかのトレーダーが自分のトレード方向への動きをもたらす注文を出した理由とは無関係の分析や推論過程によって得られた可能性もある。つまり、分析はけっして百パーセント正しくはならないが、理論的にはトレードをするたびに分析が完全に間違っている（相関関係がまったくない）可能性はある。そして、それでも勝つことはあるのだ。

自分の分析による予測と同じ値動き方向に出されたが、理由はまったく異なる注文数の流れに対して、自分と同じ理由で出された注文数の流れがどれくらいの比率かを証明できる情報が得られないとする。その場合、分析が正しかったから勝っている比率や、分析は間違っていたが、偶然にも注文の流れの片寄りが一致していたために勝っている比率がどの程度かは知りようがない。

負けているときでも、同じことが言える。適切な情報が得られなければ、トレードをする理由が実は間違っていたので負けたのか、それとも、ほかのトレーダーたちの動きについての予測は基本的に正しかったが、数人の大口トレーダーが逆の意図を持っていたために負けたのか判断できない。

さて、分析が正しい（相関関係がある）ときでも、誤った（相関関係がない）ときでも勝つことも負けることもあり、同時に、どういう状況かが分かる情報が得られなければ、勝っていても予測結果が正しかったことが「証明されるだけ」で、予測を生む元である分析や理由が正しかったとは「証明できない」。要するに、予測を生む元である分析や理由と、価格が自分に有利な方向に動いた理由との関係の比率を知る方法がなければ、言えることはこうだ。

「トレードで勝っていても、勝っている理由については何も分からない」

すでにパターン分析でトレードをした経験がある人のなかには、この発言に間違いなく反論したい人もいるだろう。彼らは、パターンの予測どおりに価格が動くときに勝っている理由は、パターン自体が明らかにしていくのだ、と主張するだろう。私が言いたいのは、そんなふうに見えるのは、注文の流れを生む原因という観点から見ないからにすぎない、ということだ。パターンが現れたと言うのは確かに正しい。そのパターンがあるという明白な証拠が現れるからだ。また、価格がパターンの予測どおりの方向に動いたと言うのも正しい。そのことについても明白な証拠があるからだ。しかし、それ以上のことは何が真実か分からない。パターンが現れた理由や、ほかのトレーダーたちがパターンの予測どおりに動いた理由を示す明白な事実は入手できないからだ。

例えば、チャートを見ていたら、サポートライン（支持線）と呼ばれる非常に一般的なパターンに気がついたとしよう。価格は今、サポートラインよりも上を動いているが、下降トレンドにある。そこで、価格がサポートラインまで下げ続けたら、買いポジションを取ろうと決める。相場がサポートの定義どおりに動けば、価格は下げ止まって反転し、上昇トレンドが始まるはずだと考えたからだ。さて、まさにそのとおりのことが実際に起きたとしよう。買い注文を出したら約定する。価格は反転して上げ始める。

その結果、まさにパターンの予想どおりに相場が動いたので勝っていると言わざるを得ない、と思うかもしれない。それなら、どうして勝っている理由が分からないのだろうか。

私の答えはこうだ。

理由が分からないのは、パターン自体は、価格がなぜ特定の方向に動いているかを説明しないからであり、理由が分かるためには、もっと情報が必要だからだ。

値動きの本当の理由は、注文の流れのなかにしか存在しない。

サポートラインが、価格が反転した理由を説明するかどうかを確かめる唯一の方法は次の点を知ることだ。

A．サポートラインの価格でだれが買ったのか

B．彼らはどうしてそこで買おうと決めたのか

C．彼らの注文数

これらに関した情報がすべて入手できたら、サポートラインとは無関係の理由で出された買い注文に対して、サポートラインを理由に出された買い注文がどれくらいの割合かが分かる。後者の買い注文の割合のほうが高ければ、価格が自分のトレード方向に動いた理由はパターンで説明できるし、勝った理由も分かると、本当に言える。

そうでなければ、注文の流れについての追加情報がないかぎり、パターンの正確さについて百パーセント確実に分かることは、ほかのトレーダーたちがどう動きそうかを正しく予測したということだけだ。逆に、パターンが正確に理由を表していたということは、どの程度の確実性であっても言えないし、ほかのトレーダーたちがそう動いた理由、つまり、価格を予測どおりの方向に動かすような注文を出した理由が分かるとも言えない。それらの理由は「見えない」し、どうやっても「入手できない」以上、それらの理由が分かるとは言えない。注文の流れについての適切な情報が入手できなければ、パターンから生じた予測が正しかった本当の理由はけっして分からない。これは次のように言っているのに等しい。

「最終的に勝った本当の理由はけっして分からない」

表面的には、私は今、かなり抽象的で無用な区別をしているように思えるかもしれない。読者のなかには、次のように思う人もいるかもしれない。「私が分析をして予測を立てた結果、勝っているかぎり、トレードを始めるために使った分析の前提や理由と、価格を自分のトレード方向に動かす注文が出された理由とに相関関係があったかどうか、私にはけっして分からないということがそんなに重要だろうか。自分の分析によって私が勝っているのなら、そのトレードで勝った本当の理由がけっして分からなくても、気にする必要などあるのだろうか」

私の返事は、気にする必要はない、だ。

実際、トレード全体として着実な成果を上げられるかどうかは、自分が勝つ本当の理由は分からないし、分からなくても気にしないし、けっして理由を探し出せなくても気にしない、と心の底から思えるかどうかにかかっている。

着実な成果を上げるために、そんなことのどれも分かる必要はない。

一方、自分が勝つ理由を知ることや見つけることに関心があるか、勝ったときには自分の分析が正しいと思いがちな人であれば（正しいとは、分析をして注文を出した理由が、ほかのトレーダーたちが価格を自分のトレード方向に動かした理由と同じと考える、という意味）、私が本書の初めのほうで「分析に対する幻想」と呼んだ考えを抱いている可能性が高い。そうであれば、重要なことがある。そういう人は着実な成果を上げることが事実上、不可能だと気づかされるだろう。分析に対して幻想を抱いた末の行動こそが、絶えず儲けては損するの繰り返しというトレードの誤りのほとんどを生み出して、破滅をもたらしかねない損失を被りやすくし、非常に多くの人を分析の堂々巡りに陥らせる主な原因なのだ。

第9章

「分析に対する幻想」を理解する

事実ではなく、自分の想像力のみに基づくことを本当のことだと思い込むことを、私は幻想と定義している。「分析に対する幻想」は、適切な分析をすれば、ほかのトレーダーたちの売買注文が値動き方向に及ぼす影響度を正確に予測して、損失リスクを実際に取り除いて確実に勝てる、という信念から生じる。言い換えると、「分析に対する幻想」を抱きながらトレードをしているときは、あたかもギャンブルの要素を取り除いて、値動きに賭けられるかのように思える。だが、これほど真実からかけ離れていることはなく、そんなことを信じていると、最終的には非常に高い代償を払うはめになる。

「分析に対する幻想」はトレードにおける誤りを引き起こす主要な心理のひとつである。この心理が働いていると、儲けては損をするの繰り返しから抜け出せずに、破滅的な損失を被りやすくなり、分析の堂々巡りに陥る原因にもなる。この幻想に基づく行動はトレードにおいて何よりも役に立たず、危険をもたらしかねないものだ。

そこで、本章では、「分析に対する幻想」がどういう働きをするかを説明する。また、確実に勝てるどころか、間違いなく損益の変動が激しくなり、いら立ちが止まらなくなる考え方に陥りやすいだけでなく、その考え方を非常に魅力的に感じる理由も説明するつもりだ。

どんなに合理的な分析に基づいて予測をしても、損失のリスクを取り除いて確実に勝つことは百パーセント不可能だ。

値動きの方向に賭けるトレーダーが判断を誤って損をするリスクは、仕掛けたあとにほかのトレーダーが自分のポジションに逆行する売買注文を入れる「予定の」数で決まる。勝つか負けるかの決め手となるのは次に挙げる注文の流れの変数だが、これらを予測の際に考慮することができるチャートパターンも数式も分析の前提も存在しない。

- 世界中のトレーダーのどれだけが取引所に注文を出そうとしているのか。
- それらのトレーダーはだれなのか。
- 彼らが出そうとしているのは買い注文なのか、売り注文なのか。
- それらの売買注文数はどれだけあるか。
- 彼らが仕掛けか手仕舞いをすると決めた理由は何なのか。
- 取引所に入ってくる予定のすべての売買注文が値動きの方向にどの程度の影響を及ぼすか。

合理的な分析に基づいていても、予測をして仕掛けたあとに自分のポジションに逆行する値動きを強める可能性もある世界中のトレーダーの意図を事前に知ることはできない。そのため、損失のリスクを取り除くことも、トレードで確実に勝つことも不可能である。

しかし、不可能でないこともある。誤った推論や役に立たない信念に基づいて、適切な分析をすれば確実に勝てるのでリスクはない「かのように」思い込み、それに従って動くことだ。トレードの世界では無リスクや低リスクの状況は現実にはあり得ないのに、そんな状況があると思い込むことほど害を及ぼしかねないことはない。

ところで、すべてのトレーダーが負けることもあると分かっていれば、負けることはないと思うのはバカげているだろう。私の答えはこうだ。私たちは確かに負けることもあると思っている。だが、損をするリスクは明らかにあり、仕掛けるどのトレードでもその点に例外はない、とだれもが思っているわけではない。ほとんどのトレーダーは例外もあると思っている。また、自分の分析ではその例外を見つけられるし、仕掛けようと決めたトレードは分析によって勝つか少なくとも負けないことが分かったものだ、と思っている。

損をするリスクなしにトレードができる、と思っているかどうかを簡単に知る方法がある。損失のリスクは常にあると思っているトレーダーは、必ず最初に許容できるリスクを決めてから仕掛ける。だから、彼らは自分のトレードがうまくいっていないと気づいても、けっして驚かない。覚えておいてほしいが、「リスク」の定義は、価格がポジションに逆行して、自分のエッジ（優位性）の基準に照らして、そのトレードで利益を得る機会はもはやない、とみなす金額のことだ。だから、許容できるリスクを事前に決めないという発想は、リスクは常にあると思っている人にはよぎりさえしない。また、損が確定しないようにと、損切りの逆指値を外すか、仕掛け値から絶えず遠ざけようという考えも浮かびさえしない。

第5章の初めに妻のポーラが取り上げたジェイの場合は彼なりのわけがあったが、彼と同様に、無リスクでのトレードが可能だと思っている人は、相場がどこまで逆行したらトレードがうまくいっていないと判断するかを、仕掛ける前に決めておくのを嫌がる。何とか許容できるリスクを決めて、損切りの逆指値を置いた場合ですら、それは手順のひとつとして行っているだけで、本当に逆指値に引っかかるとは思っていない。そのため、価格が逆指値に近づいてきたら、彼らはそれを遠くに置き直すか、外してしまう。損切りの逆指値を動かすか外すのは、分析をすればギャンブルの要素を取り除いて値動きに賭けられる、と思っている人にとって矛盾しない行動だ。

思い出そう。着実な成果を上げるためには、損切りは早く、利は伸ばすことだ。分析によって損失のリスクをなくせるという考えを持っている人は、自分の分析は適切だ、あるいは自分は正しいと思って仕掛けている。いったん自分の分析が適切だと思ったら、損切りを決断するのは苦痛が増大したときだけになる。苦痛は早めに損切りをする効率的な方法とは言えない。苦痛は私たちが当然、避けようとするものであり、苦痛を避けようとするときには損切りも避けるからだ。

これから、知識不足あるいは経験不足のトレーダーの典型を私が演じて、分析によって実際にはあり得ないこと――損失のリスクをなくして確実に勝つこと――ができるかのように思える考えにどうやって陥るかを示すつもりだ。しかし、その前に、はっきりと頭に入れて覚えておくべきポイントがいくつかある。

一つ目

トレーダーたちが仕掛けや手仕舞いをしようと決める際の理由が、すべての値動きを引き起こす力である。これらの理由は通常、テクニカルかファンダメンタルズ、あるいはニュースに基づいているが、たまたま頭に浮かんだ考えに基づくことでも理由になり得る。それぞれの理由が単純であれ複雑であれ、ヘッジ目的か契約にかかわる理由か利益追求かにかかわらず、それらの理由はすべてが買い注文か売り注文に集約される。

それらの注文が取引所に送られると、世界のどこかにいる別のトレーダーが出した反対側の注文とマッチングがなされて取引が成立するときに、注文を出した理由は消えてしまう。マッチングの過程では、どの瞬間にでも買い注文数と売り注文数の比率に応じて、価格は一ティック上か下に動く。だから、値動きを見ているときに実際に見えているのは「価格が動いた理由」、もっと正確には「価格が動いた見えざる理由」だ。値動きを引き起こしている具体的な理由は確たる証拠付きでは入手できないため、一般トレーダーには事実上「知り得ない」からだ。

二つ目

分析が正しいというとき、明らかに区別できる二つの観点がある。一つ目は、「何が」起きるかについて、分析が正しい場合だ。つまり、分析によって、値動きの方向が正しく予測できる場合だ。二つ目は、それが起きる「理由」について、分析が正しい場合だ。つまり、自分の予測の基となった分析の前提や理由と、予測した方向への値動きを強める注文をほかのトレーダーが出そうと決める理由との相関が非常に高い場合だ。

三つ目

いつの間にか勝っているためには、分析から得られる予測が「常に」正しくなければならない。一方、値動き方向を正しく予測するために、分析が正しい必要は「けっして」ない。つまり、勝ったときの予測のすべてが注文の流れと「予定どおりか偶然に一致」した結果ということもあり得る。その場合には、ほかのトレーダーたちが自分のトレードと同じ方向に価格を動かす注文を出した理由と自分の分析には何の相関性もない。

四つ目

勝ったら、「何が」起きるかの分析が正しかったと確認できるだけだ。勝っても、勝った「理由」の分析が正しかったかどうかは確かめようがない。自分のトレード方向に価格が動いた理由を正しく分析していたかどうかを知るためには、自分が仕掛けたあとにだれが注文を出したのかや、それらの注文が買いだったのか売りだったのか、注文数、そして最も重要なのは彼らがそういう注文を出した理由を見つける必要がある。だが、これらの情報のどれも入手する方法はない。

五つ目

価格が自分のトレード方向に動いた理由とは無関係の分析によっても勝つことが可能である一方、自分の分析がどの程度正しい（相関している）のかを確かめる情報に接することができないのであれば、勝っているときにその本当の理由は分からない、というのが私たちの置かれている現実だ。

単純な思い込みがあるだけで、トレードを本格的に始めてもいないうちに、トレーダーとしての経歴にいかに大きな傷がつくか

私が知識不足の典型的なトレード初心者で、自分では本物の分析法と信じているもので分析をしているとしよう。私は値動き方向についての予測を思いつく。そして、注文を出すと勝った。勝った結果、私が確実に分かることは、「何」が起きるかについての自分の分

析が正しかったことだ。これを証明するには、分析で予測した方向に価格が動いたという証拠さえあればよいからだ。

一方、予測した方向に価格が動いた理由についても正しかったという証拠は何もない。価格が分析で予測した方向に動いたのは、さまざまな市場参加者が注文を出したときのさまざまな理由が、私の仕掛けた理由と相関性があったためかもしれないし、なかったためかもしれない。それらの市場参加者がどういう人かということや彼らの理由について知ることはできない。だから、私が「なぜ」勝ったのかを証明する方法もない。勝ったのは、分析が実際に正しかった（相関性が非常に高かった）からかもしれない。あるいは、完全に間違っていた（相関性がゼロだった）が、私の予測と注文の流れが偶然に一致したためにとにかく勝ったのかもしれない。

いずれにせよ、言えることはこうだ。

「値動きの方向を予測して勝ったとしても、その分析が間違っている場合もあれば、その分析が正しい場合もある。しかし、そのどちらだったかは、永久に分からない」

どちらだったか分からないところから、私は窮地に陥り始める。私は注文の流れを生み出す力という観点から値動きの性質を十分に理解してはいない。そのため、勝っても、私が予測をした理由が正確だったかどうかを知る手立てがない、ということを理解できないとしよう。すると、私は分析によって値動きの方向を正しく予測していたのだから、そういう値動きをした理由も正しく予測できていたはずだと当然に思う。予測が正しかった以上、予測をした理由も正しかったはずだ、と思うのだ。この思い込みはまったく筋が通っている。私は相場が特定の動きをすると考えるべき具体的な理由を示してくれる、本物の分析手法を使って正しい分析をしたと思っているからだ。

価格が自分のトレード方向に動く理由を、私が正しく分析していた可能性はもちろんある。しかし、それが正しかったという考えは証明できる事実に基づいていない。私が値動き方向の予測を立てたときの理由（チャートパターンや方程式など）は事実ではない。なぜなら、そうした情報は値動きをもたらす実際の力を捨象したものだからだ。それらの力（ほかのトレーダーが注文を出した理由）は見えないし、私にはそれらを具体的な事実として証明できる方法もない。パソコン画面に向かう典型的なトレーダーである私が、価格の上げ下げを説明するために利用できるのは、二つの証明可能な事実だけだ。一つ目は、価格が上がったのは、売り注文数を超える買い注文数が取引所に入ったからだ。二つ目は、価格が下がったのは、買い注文数を超える売り注文数が取引所に入ったからだ。それだけだ。

私が見聞きするほかのことはどれもひとつの相場観か、推測か現在のデータの単なる延長か、単に多くの分析用語を使って状況の本当の姿だと受け取られるように説明した憶測だ。

多くの人にとって、これは受け入れがたいかもしれない。なぜなら、これはあなたが接している金融業界の専門家が、あなたと同様に値動きの理由を知らないことを意味するからだ。

だが、そのとおりなのだ！

だれかが注文の流れについてのインサイダー情報に接してそれを公表するか、自ら価格を動かさないかぎり、そのほかの人々はみんな、いかに分かりやすく、雄弁で、自信がありそうな説明をしても、値動きの本当の理由は分かっていない。

彼らが話すときにあなたが聞いているのは、彼らの経験か思惑に基づいて「こじつけられた」ことだ。彼らが「こじつけた」理由が本当に正しいときもある。ただし、それが実際に正しいとしても、「彼らはそれを事実として知っているわけではない」。

私が一九八〇年代初期に一般投資家向けのブローカーとしてメリルリンチ・コモディティーズで働いていたとき、私たちはいわゆる「その日の理由」を「こじつけ」ていたものだ。

会社の顧客は当然ながら、特定の日に価格が上昇や下落をした理由を知りたがった。売り注文よりも買い注文のほうが取引所に多く入っているか、その逆という以外には、「率直に言って、私たちにも実はなぜか分かりません」という説明を彼らが聞きたがらないのは明らかだった。それで、顧客の「知識欲」を満たすために、私たちはロイターかメリルリンチ・ニューズ・ワイアーを調べて、前夜か早朝の出来事からひとつを取り上げて、値動きの理由を論理的に説明しているように聞こえるニュースの文脈に沿って、理由を「こじつけ」ていた。

実際には、直接に接していたメリルリンチの顧客を除けば、ほとんどの場合、トレーダーたちが売買注文を出す理由は私たちにはまったく分からなかった。私の知るかぎり、顧客のだれ一人として、私たちが「こじつけた」理由に疑問を呈したことはなかった。

私が今、話したことが受け入れがたく、当時と今では状況が違うと思っているとしても、ここで私が主張したことが真実だということを自ら証明するのは実に簡単だ。

値動きの理由を知っているか、値動き方向についての自分の予測が正しい理由を知っていると主張する人に出会ったときはいつでも、彼らにそれを証明するように頼みさえすればよいのだ。

売り注文数よりも多くの買い注文数が取引所に入ってきたか、その逆のことが起きた本当の理由をどうやって知ったのかを証明できる情報を出してほしいと頼めばよい。間違いなく、あなたは何も得られないはずだ。事実を証明できるものを入手する方法はないからだ。

ほかのトレーダーたちが売買注文の比率を一方に片寄らせる注文を出すに至った理由すべてを毎回、入手できる人はだれもいない。

私が新人トレーダーだとする。そのときに、注文の流れから見たトレードの性質に関する真実を知らなければ、勝ったからといって仕掛ける前に行った分析が正しかったとは言えない、と理解することはないだろう。自分のトレード方向に価格が動いた本当の理由は私には入手できないので、知りようがない。それに、最も重要なのは、それらの理由はそもそも私が自分の分析で仕掛ける気になった理由とはまったく無関係だったかもしれない。

しかし、そうした洞察には至っていないために、利食いをしたばかりのトレードを振り返った私は、トレードにおいて最も危険で結局は行き詰まる見方に落ち着き、知らぬ間に自分の分析で次に何が起きるかがはっきり分かると思い込み、損を避けて確実に勝つことは可能だと思うようになるだろう。

私は本物の分析法に従い、「何」が起きるかを正確に予測したにもかかわらず、それが起きた理由をほとんど何も知らない。それが私の置かれた状況だ。それでも、予測をして勝てば、予測の基になる分析の理由が正確だったことが確かめられるという誤った思い込みを持っているかぎり、私は自分の分析によって損失のリスクを実際に取り除いたという証拠を簡単に集められる。

つまり、勝ったあとにトレードを振り返って、私は思うようになる。相場は私が分析で予測したとおりに動いた。そして、私が分析をして予測したときと同じ理由で相場も動いた、と。つまり、何が起きるかを正しく分析できたのは、それが起きる理由を正しく分析できていたからだ、と考えるのだ。そして、そのときには気づいていないが、分析を終えたとき、相場がこれからどう動き、どうしてそう動くのかを実は事前に分かっていると思うようになる。さらに、実際にトレードを始める前に何が起きるかを分かっているのなら、注文を出す前ですら、分析をすれば確実に勝てるという結論を下すようになる。その結果、私はその経験から、「正しく分析をすれば」、相場が実際に動く前にどう動くか「はっきり分かる」と思うようになる。そして、事前に相場の動きが「はっきり分かる」のなら、損をする可能性はなくなる。

この理屈の問題点は、本当でない思い込みに基づくところだ。何かが本当であるためには、それが本当だと議論の余地なく証明できる事実がなくてはならない。私が分析で予測したとおりに相場が動いた理由について、私の分析が正しかった「可能性」はもちろんある。だが、理由について私の分析が正しかったことを「私が知る」ことは不可能だ。したがって、私がそれを知っているというのは「本当ではない」。私が予測をしたときの理由が私のトレード方向に価格が動いた理由を正確に表していることを証明できる事実は何もないのだ。

私は自分の分析が正しいと思い込んでいるので、自分が勝った理由を決定的な事実として知っているように思うだけだ。そして、分析をして予測したとおりに価格が動いたので、自分の分析も正しいと思い込んだのだ。

しかし、すでに学んだように、予測どおりに動いたからといって、予測に使った分析が正確だった証拠にはならない。私の分析がどの程度に正確だったかは測ることができない。実は、何が起きたかを考えていたときに、私にどう見えていても、自分の分析が正しかったかどうかを知る方法はなかった。だから、仕掛ける前に勝つ理由を「私が知っている」という考えが正しいはずはない。そして、この理由を証明する方法がなかった以上、分析をしても私は何も保証されなかった。だから、たとえ予測が正しかったと分かったとしても、分析によってリスクがまったく存在しないかのように取り除かれることはなかった。

初心者か経験の浅いトレーダーとしての私はまだ学んでいないのだが、どんな形の相場分析をしても、仕掛けたあとにほかのトレーダーからもたらされるリスクを取り除くことはできない。どれほど取り除けるように見えてもだ。合理的な分析で、私の予測と逆方向の注文を出す予定のトレーダー数や、彼らの注文数、それらが値動きの方向にどの程度の影響を及ぼすかを調べる方法はとにかくない。

個々のどのトレードでも、私が勝つか負けるかは常に分からず、知り得ない変数である。

ここまでの時点で、私はまだ次のことが分かっていない。損をする可能性は常にあり、それがなくなることはけっしてないし、その点に例外はない。したがって、私がこれとは逆の何を信じようとも、それは幻想である。つまり、私が本当だと考えていることは、証明可能な事実に基づいているわけでも、現実に裏打ちされているわけでもなく、単に私がそう信じているだけのことだ。無秩序な売買注文の流れに付きものの、相場分析と「常に未知で知り得ないリスク」とのこの関係をはっきりと理解していないとする。すると、分析をすれば、仕掛ける前に相場の動きを決定的な事実として「知る」ことは可能だと思った途端に、損を出さずに値動きに賭けることができるという考えを抱かずにいられるだろうか。いや、いられない！

実際、私はその考えを止められたくない。損をしないで済むように価格がどう動くかを「知り」、確実に勝つことは可能だという考えはとても強力で魅力的だ。私はこの考えにわくわくして、大喜びでトレードでの成功法の核となる考え（行動原則）として認めて、採用するだろう。

私がどうやってそういう考え方に至ろうと関係ない。私の成功は、どういう値動きをするかを知って、損をせずに確実に勝てるように分析を使うかどうかで決まる、と思ったとたんに、私は最終的に失敗する道を知らぬ間に選んでいる。

トレードでの成功が不可解なほど難しく見えるのはなぜかと思ったことがあれば、私が今、言ったことの意味についてちょっと考えてほしい。最終的に私はこう言っているのだ。私は成功すると確信したのとまったく同じ理由のために、トレードで失敗することになる。

その場合、私がトレードで生活費を稼ぐのをあきらめてトレードから完全に足を洗うか、学んだことを利用する方法を見つけてプロのアナリストかシステム開発者などになるかは、時間（多くの場合、何年もかかることもある）とお金とどれだけ苦痛に耐えられるかの問題にすぎない。

第10章

確実に損失を避けて勝つために分析に頼っても行き詰まる理由

確実に勝つか、少なくとも損を避ける手っ取り早い方法として相場分析に頼ってもうまくいかない。さまざまな分析を使って、ほかのトレーダーたちが出すつもりの注文が値動き方向にどういう影響を及ぼすかを予測しようとしても、確実に分かることはまったくないからだ。

だから、これは不可能なことを試みようとしているのだ。しかし、一方では、トレード前に、自分の有利な方向に価格が動く理由を正しく分析できていると確信したら、自分の分析によって確実に勝てる銘柄が分かり、損失のリスクを取り除けるかのように見えることもある。そして実際に勝てば、予測が正しい理由はやはり分かっていた、相場がそれを証明している、と思うだろう。だが、現実にはそれが本当かどうか「けっして分からない」。

ほかのトレーダーたちが自分の有利な方向に価格が動く注文を出した理由は、彼らしか知らないからだ。言い換えると、それが本当だということを証明するか確かめる方法が何もない以上、自分が予測したときと同じ理由で予測方向に価格が動いたと考えるのは、「思い込み」か「こじつけ」にすぎない。

本当かどうか知りようがないのに、予測の理由が正しかったので勝ったと信じて動くようになると、分析を終えて予測に適した理由があると確信したら、仕掛けたあとの相場の動きが「分かる」と思うようになる。

そして、何が起きるか「分かる」と思った瞬間に損失のリスクは頭から消え去り、トレードであらゆる誤りを犯して、役に立つトレード法やエッジ（優位性）があっても十分に生かせない恐れがある。

確実に分かっていることは、ほかのトレーダーが自分の予測どおりに動く可能性もある、ということだけだ。そして、彼らが自分の予測どおりに動く可能性があるということは、もちろん予測どおりに動かない可能性もあるということだ。だが、そんなことが起きそうなときに、事前にそれが分かるような相場分析はない。要するに、損をするリスクは常にある。どんな理由であれ、自分のポジションに逆行する買いか売りの連鎖反応を起こすほど大口の注文を出すトレーダーが世界に一人いるだけで、損をするからだ。予測をして、トレードをするのに「適した」理由があると思っただけで、その一人のトレーダーの意図が変わることはない。

分析によって生じかねない誤った安心感は幻想だ。自分自身の考え以外にその安心感の裏付けになるものはないからだ。リスクが消え去ったように見えるのは、それが本当だからではなく、本当だと自分が信じているからだ。本当に分かっているのは、売買注文はあらゆる市場参加者からどの瞬間にも取引所に入ってくる可能性があるということだ。それらの注文理由はあらゆることが考えられるし、注文数も実質的に制限はない。だから、ほかのトレーダーがどんな理由で何をするか「分かる」と信じていても、それは自分の頭で「ひねり出した」ものだ。なぜなら、それが本当だと証明できるどんな情報も入手できないからだ。

混乱している人がいるといけないので、はっきりさせておきたい。勝ったときに、ほかのトレーダーたちが価格を自分の有利な方向に動かした理由の分析が正しいこともあり得る、という考えが幻想だと言いたいのではない。そうした分析が正しいか、正しかったと「分かる」という考えから幻想が生じる、と言いたいのだ。一見すると、これはわずかな違いに思われるかもしれない。しかし、リスクをどう認識して、それについて何をして何をしないかを決めるときに、「明確な分かる」と「ひょっとするとあり得る」とでは、天と地ほどの違いが出る。着実な成果を上げるという観点からこの違いを見れば、トレードにおける誤りとみなされる行為はいずれも、「分析に対する幻想」から生じるのだ。

つまり、予測が正しい理由を適切に分析していると信じているから、自分が勝つのが分かると思うようになるのだ。私たちが犯しやすいあらゆる誤りを考えると、分析をしたから「自分には分かる」という考えでトレードに取り組めば、たとえ分析が結果的に当たっても、保証されるのは着実な成果が得られないということだけだ。

「分析をしたので、自分は正しい」という考えを持ちつつ動くことのマイナス面は何か

第一に、ドローダウン（**資産の最大下落**）**が破滅的なほど大きくなりやすい。**

ドローダウンが大きすぎるか破滅的になるときは、ほとんどの場合、自分の分析が正しいと分かっているから相場がどう動くか分かる、と信じて行動したからだ。例外は、相場が

自分のポジションに大きく逆行し続けるかファストマーケット（注文が殺到して、変動が激しい相場）になって、損切りの逆指値を飛び越えて手仕舞う機会もなかった、というまれな状況だけだ。そうでなければ、執行可能な手仕舞い注文を出す機会があるかぎり、そうしたドローダウンを被るのは相場のせいではなく、自分は正しいという考え方のせいだ。

相場の動きについて違う考えを持ち、自分が「分かる」と思っている方向とは逆の注文を出そうとしているトレーダーが数多くいる可能性は常にある。しかし、相場を正しく分析したと信じていると、この非常に現実的な可能性を無視してしまう。

「分析をしたので、自分は正しい」と考えながらトレードをしているときに、相場がポジションに逆行したら、少なくとも驚くだろうが、必ずしも負けを認めるほどではないだろう。それどころか、たとえ実際には価格がポジションに逆行していても、頭の中では、まだ明らかになっていないだけで、実は勝っていると思っている。確かに、相場がポジション方向に反転するときもときどきあるだろう。だが、反転しなければ、苦痛に耐えきれなくなるときにしか手仕舞えなくなる。

価格が逆行し続けたら、苦痛を我慢するほど、損失は破滅的なまでに増大する。つまり、自分の判断は間違っていると認める苦痛よりも、もう一ドル損する苦痛のほうが大きくなったときに、実は負けているのだと、ようやく認めることができる。

「心理がもたらす破滅的なドローダウン」を被りやすいうちは、頼りになる成果を上げる、つまり着実に収入を得ていくことはできない。

しかし、事情に通じたトレーダーである私は、心理がもたらす破滅的なドローダウンはもう被りにくい。なぜなら、私は仕掛ける前にテクニカル分析の指標や理由によって示される成功の機会がどういうものかを、明確に理解して動いているからだ。分析によって得られるものは、一連の予測、つまりサンプルサイズがある程度大きな予測に対する統計的なエッジ（優位性）だけだ、ということを私は学んでいる。この場合には、私が選ぶどのサンプルに対しても勝率を判断できる。しかし、そのサンプル内の個々のトレードの勝率は常に未知であり、判断できない。だから、私は分析によって得られる個々の予測どおりに勝てるかどうかは「分からない」、という固い信念を持って動く。私は自分には分からないと思っている。それが真実だからだ。そして、それが真実だと思っているので、私は分かっているとか、知ることができるといった、自分に都合の良いことを考えるつもりはない。たとえ、分析によって何を、いつ、なぜすべきかが示されているとしても、仕掛けたあとに相場がどう動くかは分からないと信じている。

私は分析後も分析前と同様に、相場がどう動くかは分からないと信じている。

「私は分からない」と信じることは自分の期待を打ち消す効果がある。そのため、自分の予測に関係なく、相場がどう動こうが動くまいが、けっして驚かない。私は相場が何らかの動きをするとは思っているが、それが何なのか、なぜなのかは分からない。自分のエッジの基準と相場の動きに矛盾が生じても、私には別に驚くことではないので、トレードがうまくいっていないことを認めるのに、耐えがたい苦痛に頼る必要はない。苦痛がなくても、トレードがうまくいっていないと認められる以上、目をそむけたいことも何もない。だから、心理がもたらす破滅的なドローダウンは簡単には被らない。逆に、私はただ値動きを客観的に見て、自分で定義したエッジに従って動いていないと分かったら、手仕舞って、次のシグナルを実行する準備に入る。

第二に、分析に幻想を抱きながらトレードすると、リスクを認識しないというトレードの典型的な誤りを犯しているときでも、それに気づかない。

私たちのすることや、しないことをトレードにおける誤りとみなすかどうかは、どういう見方から何を達成しようとしているかで決まる。つまり、ある見方からトレードにおける誤りとみなされる行為も、別の見方からは誤りではなく、通常の行為とみなされるかもしれない。

基本的に、相場分析をどう使うかについて、大きく二つの対極的な考え方がある。ひとつは、値動き方向の予測をする適切な理由があると確信するために分析を使い、仕掛けたあとに相場がどう動くか確実に分かると少なくとも想像できるようにする、という考え方だ。もうひとつは、確率という考え方からトレードをする。この場合、分析をするのは、自分は正しいから相場がどう動きそうかということが分かると確信できる証拠を集めるためではない。一連のトレードに対する勝率を高めるためのツールとして分析をするのだ。そして、分析から得られる予測やその理由が何であろうと、個々のトレードで仕掛けたあとに相場がどう動くかは分からない、という考え方を貫く。

確率という考え方の核心は、どんな分析法に基づくどんな予測であっても、それは推測にすぎないという信念だ。私の好む言葉では、「エッジに基づいた推測」、あるいは「不十分な情報で分析をした推測」だ。これらの予測や予測をする理由は、分析の適切な手法やテクニックやプロセスを経て得られるという意味ではそれなりの根拠がある。しかし、同時にそれらの予測は「十分な情報に基づいていない」。なぜなら、世界中のほかのトレーダーたちは予測と逆方向に価格を動かす注文を出す可能性があるが、そうした予測に反する意図を考慮できるどんな相場分析も存在しないからだ。

仕掛けたあとに、ほかのトレーダーがすることやしないことを「確実に」知るどんな分析法もないとすると、当然ながら、分析は推測――統計的にエッジがある推測――にすぎない。

例えば、重さが均一なコインを投げてその結果を予測するように、とだれかに頼まれたとする。そして、あなたはそれに同意して表が出ると予測して、そのとおりになったとする。あなたは正しかった理由が分かっていたと思うだろうか。思わないはずだ。表が出る根本原因を知るうえで役に立つ情報が自分にはないと分かっているからだ。

では、コイン投げでどちらが出るか当ててほしいと言われたときに、あなただけが徹底的に分析して、裏のほうが重たいことが分かった。そして、投げた回数の約七〇％で表が出る傾向があったとする。さて、コインを分析して、投げた回数の七〇％で表が出ると分かったので、自分が間違えるリスクは取り除けたと思いながら次の予測をするだろうか。

それは考えにくい。コインのどちら側が出るかについて、その原因は依然として分かっていないからだ。それで、表と言えば当たる確率が高いことは分かっているが、分析によってコインの特徴を見つけたのでエッジがある、というだけでは裏が出る可能性を排除できないことも分かっている。つまり、間違える可能性は依然としてあり、一回一回のコイン投げでは、エッジによって保証されるものは何もない。

確率という考え方に立ってトレードをすることを学んだ私は、このコイン投げの例と同様に、値動きの方向に賭けるために使うどんな分析からも、本質的に推量にすぎない予測しか得られないと思っている。一連の予測に対しては私が勝つ確率が高い場合でも、それらの予測内の個々の予測については、当たる保証は何もない。分析をしても、何の保証も得られないという考え方にまだ納得がいかないのなら、個々の予測が当たる確率を求めることができない理由を説明した第9章を読み直すことを勧める。

さて、一連のトレードに対する分析では私が確率的に有利であり、そこから最大の利益を引き出すのが私の目的ならば、トレードの最中に相場が予測と逆方向に動いていると気づいたときに、私は損失を限定できなければならない。規則正しく損切りをするためには、第一に、損失のリスクは常にあると私が思っていなければならない。第二に、仕掛けた価格からどこまで逆行すれば、注文を出しているほかのトレーダーが私のエッジに反する値動きを選んでいると確信できるかを決めておく必要がある。そして第三に、損切りの逆指値注文を実際に出して、必要があればそれが執行されるように動かさないでおく必要がある。

仕掛けたあとにほかのトレーダーがどういう動きをするかについて、私の分析で分かるのは統計的に有意な推測だけだ（つまり、彼らの動きは私のエッジと一致しているかもしれないし、一致していないかもしれない）。私はそう信じて動いている。だから、リスク額を常に決めておき、損切りの逆指値を実際に置いて、必要があればそれに引っかかるようにする。また、このリスク管理の原則を厳守しないのはトレードにおける誤りだと考える。

この誤りは、心理が原因で破滅的な損失を招くか、少なくとも、儲けては損をするの繰り返しで資産曲線が不規則になる可能性があるたぐいの誤りだ。これはトレードが単にコンピューターによる勝負だから負けるはずがないと信じていたために、トレードに心理や感情の要素があるとは信じなかったジェイというトレーダーの例に似た誤りだ。

一方、私が分析の目的は仕掛けようとする個々のトレードで予測が正しいことを確かめるためだ、と信じて動いているのならば、損切りの逆指値を置いて損失のリスクを管理することはトレードにおける誤りでは「なく」、矛盾に見えるだろう。分析の目的は相場がどう動くかを判断することだと信じているのに、損切りの逆指値を置いて損失のリスクを管理するのは理屈に合わないからだ。この見方では、損失のリスクは分析の結果によってすでに適切に管理されているはずだからだ。

つまり、予測をするときには、予測が的確であるべきすべての理由を考慮していて、その過程で間違いや損をする可能性を排除していると完全に確信できるまで、分析が完了したとは考えない。まだ損失を被る可能性があると思っていれば、予測をする正当な理由があるという結論を下すことはなく、確信が得られるまで引き続き分析（情報収集と証拠集め）をしていただろう。だから、私が最終結論に至ったときは、相場が私のポジションに逆行して損をすることは「ないと思っている」、ということを意味する。

しばらくこの業界で働いたことがある人ならきっと同意するはずだが、損をする恐れがあるリスク額を算定して損切りの逆指値を置く作業をしないのはトレーダーの犯す最大の過ちのひとつだ、と金融業界の専門家の著書や話で知ると、確率という考え方で動いていない人はとても驚くことがある。彼は権威者の話だから、そのアドバイスが妥当かどうか検討したいと思うかもしれない。その一方では、自分の分析では負けないはずなので、どうしてリスク額を算定して損切りの逆指値を置く必要があるのか分からないだろう。

彼がこの矛盾にもかかわらず、専門家のアドバイスに従おうと決めたら、間違いなく非常につらい目に何度か遭って、リスク額を算定したり損切りの逆指値を使わないのがどうして大きな誤りなのか戸惑い、混乱するだろう。例えば、どこに損切りの逆指値を置くべきか決めようとしているときに、たまたま自分の分析の正しさを疑いたくなる情報に接する可能性もある。つまり、彼らはトレードで勝つとすでに確信している。そうでなければ、そもそも仕掛けようとは思わなかったはずだ。だが、どこに損切りの逆指値を置くべきかを決めるときに、予測と矛盾する情報にたまたま接する。

その結果、最初の分析を考え直し始めて、結局はトレードをしないことに決める。ところが、そのトレードをしていたら勝っていたと分かると、間違いなくとてもつらい思いをする。多くのトレーダーにとって、利益を得る絶好の機会を逃したときのやりきれなさは、仕掛けたあとに含み損になったときの苦しみよりも大きい。

また、例えば、自分の分析を考え直したくなるような情報に接することはなく、専門家のアドバイスに従って、損切りの逆指値をどこに置くかを何とか決めたとする。逆指値の位置はおそらく、資産の何パーセントかで適当に決めただろう。この場合、トレードをやめようと考え直すことはなくても、残念なことに結果は感情面では最初と同様につらいものになる。仕掛けて損切りの逆指値も置くと、相場はポジションに逆行して逆指値に引っかかり、損切りをさせられる。ところが、その後まもなくして相場は反転して、仕掛け水準を超えていったからだ。

彼がふるい落とされたトレードを続けていれば、最終的に大きな利益が得られていただろう。彼の分析は値動きの方向を正しく予測していたが、それは助けにならなかった。専門家のアドバイスに従うのが正しいと考えて、それを実行しようと心がけたからだ。

かなりの利益を得られていたはずなのに損切りの逆指値に引っかかり、間違いなくとても悔しい思いをしたはずだ。そんな経験をすると、次に仕掛けようとするときに損切りの逆指値を置くかどうかは、自分の分析の正しさに対する自信に比べて、専門家のアドバイスにどの程度の信頼を置いているかで決まる。分析が正しいと本当に確信していれば、専門家のアドバイスを無視して、リスク額を算定せず、損切りの逆指値も置かないだろう。一方、専門家の言うことを重視するだけでなく、自分の分析が専門家のアドバイスと矛盾するときに、分析に従うほどの自信がなければ、おそらく損切りの逆指値を置くだろう。だが、損切りの逆指値に引っかかって、悔しい思いをしたあと、また同じ目に遭いそうなときには損切りの逆指値を置いたままにしておくとは考えにくい。

さて、まさにそれが実際に起きたとしよう。価格が損切りの逆指値に近づいた。だが、それに引っかかる直前に何とか外した。それで、損失は確定されずに、トレードを続けている。しかし、いったん損切りの逆指値を外したら、価格がどの方向に動こうと、いずれ苦痛を味わうことになる。

例えば、価格がポジションに逆行し続けたら、損切りの逆指値を外さなければ良かったと考えながら苦しむだろう。どこまで逆行を許せば反転の望みをあきらめるかは、その人独自の心理的な要素による。

逆に、相場が反転して、ポジション方向に動けば、特に利益が得られるところまで動けば大喜びするだろう。もっとも、損切りの逆指値を外したおかげで、そのときは勝てたかもしれない。だが、その後のトレードでは「茫然自失」の経験や破滅的な損失を招く行為を助長することになっただろう。損切りの逆指値を外すことで、ポジションに逆行する注文の影響を受けやすくなった。そんな注文を出す可能性がある世界中の全トレーダーの意図は知ることも予測することもできない。今回は損切りの逆指値を外してうまくいった。だからといって、次もうまくいくわけではない。

そして、この行為を止めるものは何もない以上、また同じことを繰り返すだろう。損切りの逆指値を外して勝っても、苦痛を受けるのを先延ばしにしただけだ。繰り返そう。

「勝ち方が重要なのだ！」

このトレーダーは、「分析をしたので、自分は正しい」という考えでトレードしている。そのため、値動き方向を正しく分析できたと確信できるまで仕掛けようとしない。それがファンダメンタルズ分析であれ、テクニカル分析かほかの分析であれ、勝てると確信するまで、彼はこの考え方をやめないだろう。だが、分析をどれだけしようと、あるいはどれほど質を高めようと、損失のリスクを取り除くことはできない。彼がこれに気づくときが来れば、分析で何をしたいのかについて極めて重大な決断を迫られる。

「私は正しくありたいのか、それとも当てにできる収入を着実に生み出していきたいのか？」

トレードを始めたばかりの人には奇妙に聞こえるかもしれないが、正しくあろうと努めることと、頼りになる収入を生み出すことは共存できる目標ではない。それどころか、この二つの目標は矛盾する。長期にわたって着実に成功するためには、相場がどう「動く」かを正しく予測するために分析をするのだ、と気づいた人が最終的に成功するのではない。相場がある方向に「動く可能性がある」ときに、何をいつすべきかを知るために分析をするのだ、と気づいた人が成功するのだ。

着実な成果を生み出すために、私たちが十分に認識し、受け入れて、適切に管理すべきことがある。それは、私たちが分析で予測したのとは反対方向に価格を動かすほどの注文を、ほかのトレーダーたちが出す可能性は常にあるということだ。分析で予測したのとは逆方向に価格が動くリスクをはっきりと認めて、それを受け入れたということは、次のように信じていることを意味する。

「自分の分析によって完璧に正しい予測が得られることもあるが、それでも、それらの予測は自分が仕掛けたあとにほかのトレーダーたちが何をしそうかの推測にすぎない」

自分の分析から得られる予測は「いつでも」、ほかのトレーダーが何をするつもりかの「推測」だと信じている。ということは、どんなたぐいの相場分析も「けっして」「確実な」予測ではない理由が分かっているということを意味する。そのため、自分の分析は間違いなく「正しい」という幻想に陥って、相場の次の動きが「分かる」と考えて仕掛けることは「けっして」ない。たとえ、自分の分析によって直前か過去数回のトレードで完璧に正しい予測をしていたとしてもだ。

予測は推測であり、ほかのトレーダーが次に何を、どうしてするのか「私にはけっして分かるはずがない」と信じている。そのため、常にきちんとリスクを管理しようと心がける。そうではなく、「分析をしたので、自分は正しい」という考えでトレードしていれば、相場がどう動きそうか分かると判断した瞬間に、損失のリスクは消えた「ように見える」。そして、リスクがないと思っていれば、リスクを管理する必要もなくなる。管理することが何もないのなら、管理をしなくても、トレードにおける誤りを犯していると思うはずがない。分析の目的は相場がどう動く可能性があるかを知ることだ、と考えているのならば、リスクをしっかり管理しないのはトレードにおける誤りにほかならない。しかし、正しく分析をしようとする目的が損失のリスクを表面上避けるためか、正しく分析をして勝てば自分が天才のような気分を味わえるからであれば、着実な成果はけっして生み出せない。生み出されるのは、分析の堂々巡りだ。

第三に、個々のトレードで正しくあろうとして分析をしていれば、間違いなく分析の堂々巡りに陥る。

これまで示してきたように、私たちは二つの非常に異なる観点から相場分析をすることができる。相場分析の目的は、個々のトレードのすべてで正しくあるため、という考えに立つこともできる。あるいは、事前に決めた一連のトレード全体に対する勝率を高めて、うまくいかないときの損失がうまくいったときの利益よりもかなり少なくなるようにするため、という考えに立つこともできる。

すべての個々のトレードで正しくあろうとしながらトレードをするときは、予測と逆方向に価格が動くとは明らかに思っていない。そのため、相場が逆行し続けたら驚き、テクニカル面でも心理面でもきちんと損切りをする準備ができていない。きちんと準備をしていなければ、資産を守るために頼れるのは苦痛しかなくなる。前にも話したように、ほとんどの人にとって、損切りをして最終的に出血を止める原動力は、自分が間違っていると認める苦痛よりもあと一ドル失う苦痛のほうが大きくなったときの感情だ。

一見すると取るに足りないことでさえ、自分が間違っていると認めるのはとても難しいことがある。間違いを認めれば、それまでの経験でたまった感情的にマイナスのエネルギーが噴き出す可能性があるからだ。私たちは人生でさまざまな経験を積み重ねるにつれて、その経験が人生でどういう役割を果たすと考えているかに応じて、似た経験を頭の中で自動的に結びつけて分類している。みんなではないにしても、大部分の人はその分類のなかに「間違っているとはどういう意味か」を定めた項目を作るようになる。この項目に蓄積される経験は通常、「何かを間違えた」ために笑いものになるか、悲鳴を上げられるか、叱られるか、体罰を受けるかしたことだ。

例えば、相場で値動き方向の判断を誤ったと認めるべきかどうか、という現実に直面することがある。そうした、その瞬間に決断を迫られる状況で何かを間違えると、人生のなかで間違えるか、間違っていると指摘されるたびにため込んできた否定的なエネルギーがすべてよみがえることがある。分析で予測した方向に価格が動いていないと認めると、頭の中の「間違っている」という項目に蓄積された記憶からよみがえる苦痛をすべて感じることもある。実際にそれらの苦痛がどれほどよみがえるかは、人それぞれが何を信じているかによって変わる。いずれにせよ、自分の間違いを認めたり、その場の状況から間違いが明らかになったりするのはとても不快なことがあり、もちろんそうした事態は避けようとするだろう。

分析の堂々巡りとは、間違ったときの苦痛を避けたいという欲求に、成功するためには値動き方向のすべての予測が正しくなければならない、という思い込みが結びついたときに生じる一般的な心理状態である。この状態に陥ると、大量の相場情報を検討するか、テクニカル分析のフィルターを意思決定の過程に次々に重ねるかしてからしか、値動き方向についての結論を下せなくなる。

結論に至るまでに検討すべき情報が増えるほど、情報の一部が矛盾して両立しなくなる可能性が高くなる。矛盾を解消する方法を見つけられないと、何をすべきかを決めるのが不可能ではないにしても、難しくなる。たとえ、矛盾を何とか解消できても、その過程ではたいてい疑いが頭の中を巡り続けるため、実際にトレードを実行するために注文を出すのは非常に難しい。情報が矛盾している可能性や相場の今後の動きを正確に知りたいという強い欲求があることに加えて、たまっているマイナスのエネルギーがよみがえるのを避けようとすると、恐ろしくてまったく動けなくなることもある。そのため、分析がいかに正しくても何もできない。

ところで、分析の堂々巡りから生じる、行動を妨げる不安や苦痛から自由になることは可能だ。トレードの考え方を一八〇度変える気があればだ。分析の目的は、予測をするための「正しい理由」を見つけたか理由ができたと確信することだ、という考えでトレードするのではなく、確率という観点に立てば、あなたは次のように考えられるようになる。

A．スペキュレーターとしての分析の目的は、一連のトレードに対する高い勝率（統計的に有意なエッジ）が得られる相場の動きの特徴を見つけることである。

B．そして、一連のトレード内での個々のトレード（エッジ）では成果を出せる可能性が高いが、実際の結果は分からないと考える。

「分析をしたので、自分は正しい」という考えがうまくいかない理由は、それが現実に基づいていないからだ。これは、現実には間違いを避ける方法は絶対にないのに、間違えることなどあり得「ない」と思わせる考え方だ。トレードを仕掛けたあとに、ほかのトレーダーたちがどういう種類の注文をどれだけ出すつもりかや、それらの注文が値動き方向にどれほどの影響を及ぼすかを「知る」ことができる合理的な分析法はない。この最後の発言が真実ならば（本当に真実だ）、「分析をしたので、自分は正しい」という考えでトレードすれば、いかに多くの分析をしても、仕掛けたあとにほかのトレーダーが「正しく」

動かないときには何らかの苦痛（怒りや失望や裏切られたという思い）に悩まされやすい。苦痛を繰り返し経験すればするほど、気弱になって、ついには何もできなくなる。

また、このやり方では、予測が正しいと分かったときに損失のリスクを取り除けるように見える。しかし、実際には、間違えることと同様に、損失の可能性をなくす合理的な分析法はない。そのため、分析をしても避けられないことを頭で避けようとすると、心理がもたらす破滅的なドローダウンに遭いやすくなる。

一方、確率という考え方に変えようと決めたら、苦痛や苦痛をもたらす誤りに遭いやすい考え方を取り除ける。確率的な手法は個々の予測の正しさや誤りに基づくのではなく、事前に決めた一連の予測に対する勝率に基づくからだ。例えば、前に取り上げたコイン投げの説明では、コインを分析して、個々のコイン投げの結果を予測するうえで明らかに有利な特徴を発見した。一連のコイン投げのうちの七〇％で表、三〇％で裏が出るという信頼に足る傾向があると分かった。

さて、予測が当たるたびに一〇〇ドルをもらい、外れるたびに一〇〇ドルを失うという条件で、一〇回連続でコイン投げをしたときの結果を予測する機会があなたに与えられたとする。あなたが一〇回すべてで、表か裏が出る順番を正確に予測したら、利益は最大の一〇〇〇ドルになる。もちろん、一〇回すべてで外したら、リスクは最大の一〇〇〇ドルになる。しかし、あなたには七〇％の勝率というエッジがあることを考慮すると、表と裏が出る正確な順序を予測することに、大した意味はない。それで、表と裏のどちらが出るかを毎回、予測するのではなく、一〇回すべてで表と言って、コインの特徴から得られる七〇％の勝率にゆだねることに決める。あなたのエッジによって得られるはずの利益を現実のものにするには、コインが投げられる前に毎回、表と言いさえすればよい。

ここで少し休んで、自問してみよう。この状況設定で、計画どおりに毎回、表と予測することに抵抗を感じるところがあるだろうか。何もないと思うなら、自分が間違える可能性についてはどうだろうか。一〇回続けて表が出る可能性はあるが、もちろん極めてまれだ。だが、表と言って裏が出ることは何回かある。

あなたは一〇回のコイン投げのうちのどこかで間違える可能性があることが脅威に感じられて怖いので、とにかく計画どおりにしたくないと思うだろうか。

確率という観点や考え方で、この状況設定を見ていれば、予測に対してどんな結果が出ようと、私はそれを間違いと関係があるとは思いもしないだろう。私が一〇回すべてで表と予測するのは、一〇回続けて表が出ると思っているからではない。そんなことが起きたら、それはそれで素晴らしいが、前にも言ったようにその可能性は極めて低い。だから、私はそんなことは期待していない。私は七〇％の勝率という自分のエッジに委ねて、毎回、表と言うのであって、表が本当に出ると思っているからではない。個々のコイン投げの結果がどうであれ、私が確率という観点からこの状況を見るときには、思い違いをすることは何もない。理由は次のとおりだ。

●私は一〇回のコイン投げで、表と裏がどういう順序で出るか分かっていると思って、賭けをしているのではない。私が分からないと本当に思っているうえに、思い違いをすることもあり得ない。

●毎回、表が出ると予測はしているが、本当に表が出るとは思っていない。私が思っているのは、表と裏がランダムに何らかの比率で出るだろうということだ。表も裏も出ると思っているので、コイン投げで裏が出ても、驚いて自分は間違ったとは考えない。それどころか、表も裏も出ると思っているので、個々のコイン投げの結果に関係なく、私は正しいことになる。

●一連の出来事（コイン投げ）で利益を得ることは、そのなかの個々の出来事（コイン投げ）の結果を正しく予測することとは無関係だ、と私は信じている。最終的に利益になるために、個々の結果をすべて正しく予測する必要はないと分かっていて、個々のコイン投げで結果を正しく予測しようとしなければ、通常は悪い結果（裏）とみなされることも、「ただの結果」になる。そこにマイナスの感情が入る余地はない。この経験に感情的な苦痛は伴わないのだ。個々の予測は――正しかろうと間違っていようと――、私に有利な確率を実現するという、より大きな目的に役立っている、と私は信じているからだ。そのため、この過程に関して、間違っているという私の定義に当てはまることは何もない。

値動きの性質についての真実を受け入れたら、間違えているのではないかという不安から解放される。

合理的な分析の水準で考えているときに、値動きを引き起こす本当の理由について、証明できる事実で分かることは何もない。この疑う余地のない事実のために、私たちの予測はすべて推測になる。実は、私たちの予測は例外なく推測である。自分の予測は自分が知っていることに基づいて行っただけだと思っていれば、思い違いをすることは何もない。そして、思い違いをすることが何もないと思ってトレードを仕掛けるならば、自らを苦痛に駆り立てることもない。あなたは最もうまくいく手法を選んでいる。自分の推測は不完全な情報に基づいていると思っていれば、思い違いをすることは何もない。

確率という観点をトレードに取り入れたら、分析によって何を、どんな理由で予測しようと、仕掛けたあとに相場がどう動くかは依然として分からない、と思いながら動くことになる。そのため、自分のエッジに基づいて行う個々の予測は外れることがあるという点について、幻想を抱くことはない。幻想を抱かなければ、現実に沿った期待しかしない。予測したうちのある割合はうまくいかない、と思いつつ動くだろう。コイン投げの説明と同様に、どの予測が正しくてどの予測が間違っているかは分からない、と思いながら動くだろう。分からないと本当に思っていれば、思い違いをすることは何もない。

苦痛を味わう恐れがなくなれば、自分のエッジが役立たない可能性があるからといって、脅威は感じない。脅威から解放されたら、不安はなくなる。不安がなければ、自分のトレード手法の要求どおりに必要なことを実行する（注文を執行する）ことができる。判断を誤るのではないかという不安や迷いもなくトレードができるとき、その手法から得られるはずの利益を最も多く引き出せるようになる。そうなると、成功する可能性が高いエッジをすでに持っていて、そのエッジを適切に使うことができれば、着実な成果を生み出せるようになる。

もう少しあとで、トレードにおいて間違いや損をするのではないかという不安とは無縁の考え方を作り上げると同時に、着実な成果を生み出すために常に正しいことをするように仕向ける具体的な方法を教えるつもりだ。だが、その説明に入る前に、固めておくべき基礎がまだ残っている。

さて、あなたはこの第２部で何を学んだだろうか。

次は自分が何を知っているかを確かめるための質問である。

①「価格足」の定義は何か。

a．それはどのように書き入れられるか。

b．それで何を表せるのか。

c．それはどんな時間枠に使えるのか。

d．価格足はどういう種類の「行動パターン」を表せるのか。

②「トレンドは味方」という言葉はあなたにとって何を意味するか。

a．他人に言われたこととは違う意味で。

b．トレーダーとして、この言葉は何を意味するのか。

③「流れに身を任せろ」という言葉はあなたにとって何を意味するのか。

a．他人に言われたこととは違う意味で。

b．トレーダーとして、この言葉は何を意味するのか。

④「移動平均線」のあなたの定義は何か。

a．トレードでの使い方を知っているか、知るつもりはあるか。

b．そう思う理由、あるいは思わない理由。

⑤第2部を読んで、仕掛けたあとに置いた損切りの逆指値を「動かす」ことを考えているか。

a．そう考える理由、あるいは考えない理由。

⑥第2部で何を学んだか。

a．具体的に。

覚えておいてほしい。これらの質問はあなたのために、あなたについて行ったものであり、この答えをだれにも伝える必要はない。これらはあなたが何をどのように考えているか、そして現在のあなたが市場をどのように認識しているかをこれから記憶して、トレードについての時代遅れの考えや妨げとなる考えを調整するか更新する手助けとするためのものである。

第3部

第11章

トレードの世界ではモノの見方・考え方が主要なスキル

一九八一年に初めてトレードに関する講演会を聞きに行ったとき、トレーダーが直面する心理的な課題のひとつについて警告を受けた。だが、そのころの私はその話の大切さに気づくほどの経験をしていなかった。その講演会の主催者は当時、マーケットやトレードに関する優れた指導者とみなされていた三人だった。トレードについての一般的なアドバイスに加えて、彼らが考案して自分のトレードでも使っているというテクニカル分析の指標についても教えてくれることになっていた。

初日の午前の講演会に出席した私は、トレードで成功するために役立つ話を聞かせてもらえると思って、期待でわくわくしていた。そのときに、「真剣に学びたい」と思ったことを今でも覚えている。だが、最初の一〇分間に聞いた話にとても驚き、戸惑いを感じた。

最初に話をした人はシステム開発者で、トレードに関する著書も数冊あった。彼がどういう話から始めたかはよく覚えていないが、一〇分ほどして、聴衆の一人が話の途中で質問をしようと手を挙げた。彼はそれに気づいて、質問を許した。その人は立ち上がって、「あなたのシステムがそれほど優れているのなら、どうしてそれを売っているのですか？」と尋ねた。

私はその質問自体は特に変だとは思わなかったが、あまりにも挑戦的で憤りに近い口調には本当に驚いた。おそらく、講演をしていた人も驚いただろう。彼はしばらく考え込んだあと、次のように答えた。

「ええ、私は買いたい人には何人にでも売りますよ。今日この会場におられる一〇〇人ほどの人のうちで、帰宅したあとに私のシステムをきちんと実行できる人はおそらく一人もいないからです。ですから、何人に売ろうと問題ないのです」

彼はその発言の意味を説明しなかったし、だれも尋ねようとしなかった！　そして、私は彼の言ったことをどう理解すればよいのか分からなかった。彼がウソをつくべき理由は見当たらなかった。また、答えるときの見下したような口調からして、冗談を言っているようにも思えなかった。

それで私は戸惑ったのだ。私は最後まで話を聞きながら、彼の言ったことが本当でないか、少なくとも自分には当てはまらないことを願った。残念ながら、私のその願いには根拠がなかった。妻のポーラと共同で行っているワークショップで長年にわたって話してきたのだが、私はその後の二年間、トレードで非常につらい経験をした。そして、私も会場にいた人々について言われたうちの一人なのだと悟った。つまり、私もテクニカル分析の指標やトレードシステムのシグナルをきちんと実行する能力、すなわち精神的スキルを持たない人間だったのだ。

身体的スキルと精神的スキルの違い

ゴルファーになりたいと思ったら、まずはゴルフクラブをどう振れば、狙ったところにボールを飛ばせるようになるかという基本を集中的に練習するだろう。クラブやボール、ゴルフコースの特徴はすべて物理的なものだから、最初に身につけるべきスキルも身体的なものだ。最も適切なスイング法を練習して、それをしっかりと体に覚え込ませることが目的になる。いったん体に覚え込ませたら、特に意識しなくてもきちんとしたスイングができるようになる。狙ったところにボールを打つ動作が機械的にできるようになるからだ。

基本の過程はトレードでも同様に当てはまるが、非常に大きな違いがひとつある。コンピューター画面の前に座っているトレーダーは、成功するために特別な身体的スキルを必要としない。目と手の動きをうまく合わせて、カーソルを画面の適切なところに動かしてマウスをクリックできれば、トレードに必要な身体面はそれで十分だ。

私たちが対応しなければならないものは、絶えず変動するマーケット情報だ。したがって、情報にうまく対応して、着実に収入を積み上げていくために必要な過程とスキルは、すべて精神的か心理的なものだ。「プロ」のトレーダーと一般トレーダーの考え方には非常に大きな違いがある。この違いのせいで、プロはたいてい一般トレーダーには不可解に見える水準でトレードを行える。彼らの能力が不可解なのは、ほとんどの人がトレーダーにとって特に必要な精神的スキルになじみがないからだ。

この点をもう少し具体的で分かりやすく説明するためにトレードから離れて、私の言う精神的スキルがどういう性質のものかを一般的な例で説明しよう。

ある大学のバスケットボール選手がフリースローの練習を一日に二〜三時間していると想像してほしい。そして、彼はいつでも、二五〜三〇本続けてゴールできるまで、身体的スキルを磨いた。フリースローを二五本も連続で成功できるのは大変なことだと思うかもしれない。だが、大学のトップレベルの選手やプロの選手にとってはごく普通のことだ。

さて、この選手の所属チームがＮＣＡＡ（アメリカ大学体育協会）バスケットボール大会の決勝で戦っているとする。残り時間は二秒で、彼のチームは一ポイント負けている。そして、ありそうにないと思うかもしれないが、相手チームのプレーヤーの反則で、二回のフリースローが与えられる。彼が一本目を成功させたら、チームに一ポイントが入る。すると、同点になって延長戦に入る。二本目のシュートも入れれば、彼は自分自身やチーム、大学、それにその大学の優勝を願っていたみんなに優勝をもたらすことになる。

明らかに、これは非常にプレッシャーがかかる状況だ。あなたはこの例で示した難しい局面がトレードと何の関係があるのか、疑問に思っているかもしれない。まあ、この分析を続けて、選手が二本のシュートを入れるか外すかにかかわる要素を見ていけば、彼がゲームで勝つために必要なスキルと、トレードで着実に収入を積み上げるために身につける必要があるスキルは実質的に同じだと分かるだろう。

まず、彼にとって有利な面を見よう。彼は物理的にまったく同じ環境で何千回もシュートを練習してきた。ボールも、立つ位置からバスケットまでの距離も、バスケットの高さや直径もすべて、彼が練習してきたものと同じだ。身体面では、彼は正確な動きを体にしっかりと覚え込ませている。精神面でも、シュートを成功させる自信に満ちている。彼は何千回も練習しただけでなく、かなりの本数の連続シュートをきれいに決めていた。そのため、シュートに対しては本当に自信を持っている。

目的を達成するために必要な身体と精神の調和が完全に取れているように見えるので、彼はフリースローを成功させて試合に勝つと結論づけて大丈夫だろうか。私ならこの選手の心理的特性についての詳しい情報がないかぎり、どちらにも賭けないだろう。彼は間違いなく、自分がうまくやれると「知っているか、信じている」。だが、二本のシュートを決める能力は見えない要素、つまり彼の思考に影響されるが、その点についてはまだ検討していないからだ。

勝てたはずのゲームで負ける要素

この例のように、試合結果が一人のプレーヤーの働きにかかっていて、そのプレーヤーがバスケットボールでシュートをする直前か、サッカーで決勝ゴールを決めようとする直前に、相手チームのコーチがタイムアウトを要求する場面を何度も目にすることだろう。なぜ、コーチはそんなことをするのか。相手チームのコーチは選手に心の準備をさせる時間をわざわざ与えてくれているのだろうか。

そんなはずはない！　正反対だ。そのコーチはスポーツでよく言われるように、選手を「お預け」にするつもりなのだ。相手コーチは、その選手が本当に上手なら、シュートやゴールを決める過程はほぼ機械的に進むものだということを知っている。それは厳しい訓練で身につけたほかの身体的スキルとまったく同じだ。タイムアウトを要求して、相手選手の機械的に進む過程をさえぎり、集中力が切れて気が散るようなことを考えるか、一時の気の迷いが生じてミスをするように仕向けているのだ。つまり、相手側コーチは、失敗や失敗したらどうなるかを選手に考えさせたいのだ。選手に残された時間が少ないほど、体で覚えたとおりに機械的に動く可能性が高いことを、コーチは知っている。タイムアウトを要求して考える時間を与えれば、緊張してミスをするかもしれない。

彼がフリースローをするために確立している過程からそれやすい考えを、次に何例か示そう。

●「みんなが自分を当てにしている。シュートを外せば、私の人生は台なしだ」
●「失敗すれば、全国大会で優勝できたのに緊張して負けた男として大学の歴史に汚点を残すことになる」
●「シュートを外して、みんなをがっかりさせたら、ファンに嫌われるのは分かるが、友だちはどうだろう。友だち付き合いを続けてくれる人はいるだろうか」
●「試合に負けたら、一生の恥だ」
●ふだんどおりの力を発揮できなかったり、ミスをしたりするとドジ野郎と呼んでいた昔のコーチ連中の声がよみがえる可能性もある。そして、「シュートを外せば、私はとんでもないドジ野郎だ」と思う。

これらは、練習のときと同じようにシュートを決める過程だけに集中するのではなく、不安のせいでシュートを外さないようにということに意識が向く考えをほんの数例、取り上げたものだ。両者の考え方には結果に強く影響しかねない大きな違いがある。

しかし、ミスを誘うのは、不安が呼び起こす考えだけではない。例えば、シュートを決める過程を当たり前と考え始めて、自信過剰になった場合はどうだろう。「もう数え切れないほど練習してきたのだから、優勝は決まりだ」と思う可能性もある。こういう考え方をする人は自信過剰で、生意気になる。自分の能力に絶大な自信を持っていることは良いことだ。ただし、勝つ前から興奮して優勝は間違いないと思い込まないかぎりはだ。そんなふうに興奮をしていると、手元がちょっと狂って、シュートを「わずかに」外すこともある。こういう言い方をすると、彼が試合に勝つチャンスはないように見える。だが、そうではない！　彼が目の前の目的だけに集中しさえすればよいのだ。どんな形であれ、気が散る考えに浸ることは許されない。ここで精神的スキルがものを言うのだ。

気を散らさずに、目の前の仕事だけに集中する能力は後天的なスキルである。

偉大なアスリートが身体的スキルだけでなく精神的スキルを磨くために、とてつもない注意を払い、努力をしていることに気づいている人は一般人のなかではごくわずかだろう。優勝がかかる瞬間にいつも勝てる選手と、勝てそうなのに負けてしまう選手との違いは、身体的スキルの差ではなく、試合中に何を考えているかの差だ。スポーツ心理学という分野が誕生したのは、多くのアスリートたちがそのことに気づき始めたからだ。言い換えると、身体的スキルを発揮できるかどうかは、頭の中でつぶやく独り言の性質と質によるのだ。

精神的スキルを磨くことがアスリートにとって明らかな強みになるのであれば、精神的スキルというものの存在に気づくことがそれを磨くための重要な第一歩になる。私がこのことを指摘するのは、多くのファンやスポーツをしない人、それに多くのアスリートでさえもが、プレッシャーがかかる重大な状況で常に百パーセントの力を発揮できるかどうかは運次第と思っているからだ。運が良いとは、磨き上げた身体的スキルと偶然が完全に重なった状態だとしよう。

だれかが絶妙の瞬間にいくつかの要素がぴったりと偶然に一致すること（運の良さ）を当てにしているのなら、その人ができることは願うことだけだ。偶然の一致を願うのがスキルであるという議論が成り立つかどうか、私には分からない。しかし、私に分かることがある。偉大なアスリートは、絶妙の瞬間にすべてがぴったりと一致することを願う必要はない。なぜなら、彼らはそれを自ら作り出す方法を身につけているからだ。

偉大なアスリートは体に覚え込ませた力を常にほぼ百パーセントか、それ以上にさえ発揮できる。理由はいくつかある。

第一の理由――彼らは知ることに熱心だ

偉大なアスリートは自分のやっているスポーツが大好きだ。大好きだからこそ、成功するために身体面で「すべき」ことや、精神的に「どういう状態であるべきか」を正確に知ろうと情熱を傾ける。アスリートを目指す人はだれでも、身体的スキルを磨くことの重要性を理解している。しかし、考え方や精神状態、何を考えるかが結果にどう影響するかについては、だれもが理解しているわけではない。偉大なアスリートはある時点で、最高のアスリートとほかの選手を分けるのはその人の精神的スキルの質だと悟る。彼らはプレッシャーが強くかかる状況では特にだが、いつでも「どういう精神状態であるべきか」という面が果たす重要な役割を痛切に意識している。そのため、彼らは自分が優位に立つために学ぶべきことは積極的に学ぼうとする。たとえ、それが従来の考え方を変えることを意味するとしてもだ。

第二の理由——彼らは優勝者の考え方をする

信念

偉大なアスリートは、自分は成功できるという強く揺るぎない信念を持っている。彼らの多くはその信念を両親やコーチによって、幼児期から意図的に教え込まれてきた。そうでない場合、彼らはその方法を学びたくて、自ら学んだ。平均的なアスリートは、特にある目的を達成するための信念体系を無計画に作り上げる。つまり、たまたま信念体系ができあがることもある、というだけだ。最高のアスリートは揺るぎない信念体系を意図的に構築する。

明確な意図

優勝する人は通常、少なくとも精神面で妨げになるものが何もないので、必ず勝つ方法を見つけだすように思える。「ひたすら」勝つことだけを考えているときの彼らの意志はとても固く明確なので、一瞬たりとも気が散ることを考えて、集中力を欠くことはない。そのため、よく彼らははがねのような神経をしているとか、血管に冷たい水が流れているとか言われる。

ほかの人ならだれもが非常に緊張するか神経を逆なでする状況と思われるときでも、彼らはとても穏やかで、冷静で、落ち着いていられる。しかし、それは彼らの神経系によるものではなく、精神面のおかげだ。彼らはそうした状況を、緊張するか不利な状況とみなさないから、あわてない。それどころか、彼らは人生を左右する優勝の瞬間のために生きるのだ。一方、ほかの大部分の人も、優勝できたら素晴らしいともちろん思うが、実際に優勝を狙う立場に置かれるとひどく不安になる。

レジリエンス

偉大なアスリートは失敗に動じなくなる方法を身につけている。彼らはいかなるときでも、ミスをするか目的を果たせなかったからといって、自分を責めない。立ち直らなければならない状況では、素早く失敗から立ち直る。ほかの典型的なアスリートは頭を切り替えてゲームに集中する前に、まず自分を責めるのをやめることに意識を集中させる必要がある。そもそも、優勝するレベルのアスリートは自分を責めようとは考えもしない。

その理由は、彼らが「結果にかかわらず、自分は常にそのときにできる最善を尽くしている」と信じて動けるようになっているからだ。そして、「もっとうまくできたはずだから、絶対にやれる」と考える。私たちの文化が勝つことに異常にこだわることを考えると、彼らはそうした独特の信念をどうやって身につけたのだろうか。彼らは力をつけていく過程で、あるときに気づくのだ。どんなに頑張ろうと努力をしても、結果に影響する可能性がある外的、生理的、心理的なすべての要素に完璧に対応する力はないかもしれない、と。心の底からこの考え方を受け入れることで、彼らは本当に集中して後悔せずに進み続けられるようになる。

この点をもっと分かりやすく説明するために、私自身の例を示そう。私がトレードをするところをあなたがずっと見ていたら、損切りをしたあとに次のトレードをたやすく仕掛けるので、立ち直りがすごく早い、とおそらく思うだろう。気持ちの切り替えが素早いので、何の苦痛も不快感も感じずに損切りができるのは遺伝的なもので、生まれつきそうした心理を持てるのだと思うかも知れない。しかし、誓って言うが、少なくとも私の場合、それはまったく当てはまらない。

私がトレードを始めたころは、損をして立ち直るまでに、たいてい少なくとも一週間以上かかった。立ち直るというのは、次のトレードを仕掛けられるようになるまでという意味だ。私は動けなくなった。だが、それはセットアップが形成されるのを確認したものの、不安のせいで文字どおり動けないために注文を出せない、という一般的な意味ではない。私の場合、判断を誤って負け犬になると、自分を責めて次のトレードをするのを頑固に拒否していたのだ。

この自分を責めるため、という考えはちょっと抽象的だと思う人もいるかもしれない。私がなぜそんな認識に至ったのかという疑問にも、これから答えるつもりだ。しかし、この説明には読者の好奇心を満たすことよりもはるかに大きな目的がある。この説明は、私たちの信念や考え方がスキルとして働く仕組みについての良い具体例となるだろう。

これは私が初めてトレードを始めた三〇年以上前の話であり、私がＣＢＯＴ（シカゴ商品取引所）でメリルリンチの個人投資家向け商品ブローカーになった一九八〇年代前半も含む。

当時の私のトレードスタイルは長期のスイングトレードに分類されるだろう。私のトレード数は多くなかった。自分の基準にぴったりのセットアップが形成されるまで根気よく待とうと「努めて」いた。そして、相場が思惑どおりの動きをしたら、勝ちトレードは平均して通常一～二週間続いた。私は主要商品と金利の先物をすべて追跡してトレードをしていたが、一番好んでトレードをしたのは銀、金、ＦＸだった。

ブローカーとしての私は、トレードのアイデア面で顧客の手助けをするほかに、自分の分析に基づいて特定の銘柄の推奨もしていた。もちろん、当時はパソコンも電子トレードのプラットフォームもなかったので、顧客が選んだトレードを適切に執行する責任もあった。

当時は成功しなければならないというプレッシャーが大きかったので、トレードには非常にストレスを感じていた。私は取引所に近い場所に住んで、トレード法を学べる人と知り合いになれるように、デトロイトの郊外からシカゴに引っ越した。また、当時は業界内にいる人だけが入手できた日中のサバラデータを見たかった。私はデトロイト地区での商業事故保険代理店を経営しており、新たに三年で三六万ドルの報酬契約をしたばかりだった。だが、結局はその仕事を捨てて、一年につき二万ドルの前払い付きの完全歩合制という条件で、シカゴのメリルリンチで働くことにした。

二万ドルを前払いでもらっても、一年後には手数料から引かれるという条件を受け入れてまで、三年で三六万ドルの収入が保証された仕事をどうしてあきらめられたのか。それは簡単だ。私は何もあきらめたとは思っていなかったのだ。つまり、こういうことだ。その年の初めに、私は一オンスにつき一〇ドルを少し切る価格で五〇〇〇オンスの銀の先物を二枚買っていた。私は二週間トレードをしていて、結局は相当な損を出して手仕舞った。ところが、その後しばらくすると、銀相場は何と一オンス四九ドルまで文字どおり一気に上昇したのだ。

読者の多くはこの相場を覚えている年齢ではないと思うので、ここで解説をしておきたい。石油王のハント兄弟が銀市場を「窮地に追い込」もうとしたせいで、銀の価格は一九七九年一月一日の一トロイオンス当たり六・〇八ドルから、一九八〇年一月一八日の四九・四五ドルの史上最高値まで急騰した（これは七一三％の上昇を意味する）。ハント兄弟は政府保有分を除いて、全世界の銀の供給量の三分の一を押さえていると推定されていた。銀を購入予定だった顧客は非常に危機的な状況に陥っていた。そのため、有名な宝石会社であるティファニーはニューヨーク・タイムズに全面広告を出して、「だれであれ、数十億ドル、そうです数十億ドルの価値の銀を独り占めして、価格をつり上げるのは恥知らずな行為だと思います。そのせいで、ほかの人々はみんな、銀製品を不当に高い価格で買うしかないのですから」と、ハント兄弟を非難した。

ハント兄弟は銀の先物で巨額の買いポジションをひそかに取っていた。同時に、現物の銀も可能なかぎり買い集めていた。兄弟の目的は彼らの買いポジションに対して売り手側にいる全員の踏み上げを狙ったものだった。だれかがある銘柄を買い占めようとしているときに、「踏む」というのが何を意味するのか知らない人のために、簡単に説明しておこう。

これまでにも説明したように、先物取引には納会日がある。納会までにポジションを清算しなければ、売り手側はトレードの初めに両者が同意した価格で買い手側に現物で商品を引き渡す義務が生じる。売り手側が納会前に清算したければ、買い戻しの注文を取引所に出すだけだ。そして、その買い注文の売り手側に立つ気がある人がいれば、そのトレードは執行されて売りポジションは解消され（現物引き渡しの義務はなくなり）、手仕舞いが完了する。しかし、納会が近づくにつれて、買い注文の相手側になるだけの売り注文数がなければ、現物を引き渡すしかない立場に追い込まれる。ここの例では、買い手に先物一枚当たり五〇〇〇オンスの銀を引き渡さなければならなくなる。

納会前には一般的に、買いポジションを取っているが、現物は受け取りたくないという人は売り注文を出す。また、売りポジションを取っているが、現物の引き渡し義務は負いたくないという人は買い戻しの注文を出す。買い手の売り注文は売り手の買い戻し注文とマッチングされて、双方の負うべき義務は基本的に相殺される。

納会になると、ハント兄弟は数千枚の先物を買っていることが分かった（当時の取引所の規則で許される数量をはるかに超えていた）。そして、そのポジションの大部分は未決済の（清算されていない）ままだった。手仕舞いの売り注文を出してポジションを解消するのではなく、彼らは納会までポジションを保有して、相手側が銀塊を引き渡すしかないように仕向けたのだ。ハント兄弟は世界の銀塊供給量のかなりの割合をすでに買い占めていたので、ハント兄弟に銀塊を引き渡す義務があるトレーダーは、現物市場でハント兄弟から銀塊を買って、先物市場で彼らに引き渡すしかないという面白くない立場に追い込まれた。

これは映画ではなく、実際に起きたことだ。そして、最終的に取引所が窮地に追い込んだのはハント兄弟のほうだった。彼らは買い占めを行って、銀の価格を一オンス当たり九ドルから四九ドルまで高騰させていた。いったん上昇が始まったら、銀市場は注文が殺到する「ファストマーケット」になり、まったく押し目もつけなかった。この動きの適切な側にいたら、完璧なトレンド相場だった。

私はこの相場の適切な側にいて、五〇〇〇オンスの先物を二枚、一オンス当たり九・七五ドルで買っていた。もちろん、私はその後に何が起きそうかまったく分かっていなかった。実は、なぜ銀の先物を買ったのかすら覚えていない。当時はブローカーのアドバイスにすべて従っていたので、おそらく彼の提案だったのだろう。私が買いポジションを取った直後に相場は逆行して、九・五五ドルまで下げた。すると、彼はニューヨーク市場とシカゴ市場でスプレッド取引をするようにと提案した。つまり、私はニューヨークのCOMEX（ニューヨーク商品取引所）で銀の先物二枚の買いポジションを取っているので、CBOT（シカゴ商品取引所）で先物二枚の売りポジションを九・五五ドルで取ることができるという意味だ。彼はスプレッド取引をすれば、二〇〇〇ドルの損失は固定されることになるが、価格が逆行し続けても損失はそれ以上大きくならないと言った。彼の戦略は、銀が再び上げ始めるまで、売りポジション（シカゴ）を維持することだった。そして、上げ始めたところで売りを解消すれば、二枚の買いポジションで利益を増やしていけるという考えだ。

その後の二週間は、最初に仕掛けたときの九・七五ドルまで上げては、九・五〇ドルまで下げるという動きを何度か繰り返した。相場は基本的に二〇セントのレンジ相場だったが、そのころの私はチャートパターンについて何も知らなかった。私のブローカーもおそらく知らなかっただろう。なぜなら、相場が九・七五ドルまで上げると、レンジを上にブレイクするかどうかを確認できるまで待たずに売りを解消して、二〇〇〇ドルの損失を確定させたからだ。そして再び九・五〇ドル近くまで下げたら、彼はまた先物を二枚売ってスプレッド取引を始めた。そして、相場が再び九・七五ドルまで上げたら、再び売りを解消して、さらに二〇〇〇ドルの損失を確定させた。その二週間で、彼は少なくとも六回、レンジの下限でスプレッド取引の売りポジションを取り、レンジの上限でそれを解消した。私はその正確な数を覚えていない。ブローカーの取引報告書を開くのがあまりにもつらくなっていたからだ。私はブローカーの手数料を別にして、四〇〇〇〇ドルを損していた。眠れない夜を何日か過ごして、何が何でもポジションを手仕舞おうと決めた。

その翌朝にオフィスに着くと、真っ先にブローカーに電話をして、ポジションをすべて手仕舞うようにと言った。不運なことに、その日の大引けには、銀はついにレンジを上にブレイクして、二度と私の買値を下回ることはなかった。その後まもなく、銀は一オンス当たり四九ドルまで上昇した。価格が毎日、際限なく上げ続けるのを見ながら、私は考えていた。少なくとも大引けまで何とか踏みとどまれていたら、そのトレードを続けて、四〇万ドルの利益が手に入っただろう、と。

あとわずか数時間持ち続けることが「できて」いたら、利益を取れたのに手仕舞ってしまった。そのことは自分の人生に対する見方や自分に何ができるかについて非常に重大な影響を及ぼした。そのため、本当は好きではなかった保険業を辞めて、シカゴのトレーダーになるのは、どれだけ収入が減ろうと簡単な決断だった。

一方、私の人生にかかわりのある人はすべて、文字どおりすべて（家族、友人、婚約者など）が、私は本当にひどい転職をして、とんでもない間違いをしでかそうとしていると考えていた。そのため、私は自分の選択が正しいことをはっきりと証明しなければ、という気持ちを抱かざるを得なかった。これらすべてを考慮すると、私がトレードを仕掛けるかどうかを考えるときには、実行すると決める根拠を求めて、必ず非常に多くの分析をして考え抜いた。トレードがうまくいったら、とてもうれしかった。特に、私がシカゴに行くまでに味わったあらゆる苦悩が報われたように思えたからだ。一方、うまくいかなかったときには、極度に混乱した。私の頭は自己嫌悪と後悔でいっぱいになった。判断を誤ったために損切りをするしかないという状況は、とにかく受け入れがたかった。それで、損を出したあとは、必ずしも次のトレードに取りかかるか、それについて市場を観察しようという「気分」にはなれなかった。だが、私にはどうしようもなかった。というのは、自分の口座のことでどれほど傷ついていようと、私はブローカーとしての義務を毎日、果たす必要があったからだ。

前に述べたように、私の顧客は彼らのトレードのアイデアについての客観的な評価や、私自身の分析に基づくアイデアの提供、それにもちろん、彼らのトレードのきちんとした執行を私に期待していた。つまり、有能であるためには、市場に完全にかかわって、市場分析をしてトレード機会がありそうな銘柄を見つける必要があった。そうしなければ、クビになる恐れがあり、当然、そんなことは望まなかった。そのため、私はいくぶん板ばさみ状態になっていた。というよりは、複雑な心理で感情的に揺れ動いていた。顧客のためには、全力で取り組みたかった。その一方、損切りをしたあとは、相場にまったくかかわりたくなかった。少なくとも前向きになって自分を哀れむ気持ちがなくなるまでは。

トレード心理学の性質に対して、現在のような洞察がなかった当時において、私がこの心理的葛藤に対処するために知っていた唯一の方法は、否定的な感情を無視して、できるだけ「平常どおり」に日常業務をこなすように努めることだった。そして、たいていの場合、その方法は少なくとも私の顧客には役に立った。

自分に何が起きていようと、彼らに利用できるさまざまなトレード機会を指摘し、ブローカーとしてのほかの仕事にも専念し続けたからだ。しかし、最も重要なことは、通常業務のひとつとして顧客に自分の「最高のセットアップ」を日常的に教えていたからだ。それは私自身のトレード口座用に取っておいたもので、その点も変わりなかった。

だが、この方法は自分にはあまり効果がなく、まったく役に立たないときもあった。自分のトレードに関しては、否定的な考えを「脇に置いて」、「平常どおりに日常業務をこなす」のはそれほど簡単ではなかった。つまり、どれほど良いトレードだと思っていても、また、セットアップが形成されるまで何週間も待つことがあっても、自分を責めているときには自分のためにトレードをする意欲がわかないことに気づいた。さて、このことについて少し考えてみると、私が自分のトレードを中断するときには、私の頭の中で何かが起きていたはずだ。

私は良いブローカーであろうと誠実に働いていたが、それがメリルリンチで働こうと決めた理由ではない。私はトレードで成功するという夢を実現しやすくするためだけに、ブローカーになったのだ。要するに、自分の口座でトレードをすることが私の最優先事項だったはずだ。

当時、私はそれについて次のように信じていた。

A．トレードこそ、経済的に自立するという夢を実現する唯一の方法だ。

B．私の周りの人はみんな、私の選択が愚かだと考えていたが、トレードでそれは正当化できる。

C．保険業を辞める前の収入とブローカーとしての収入との差はトレードの利益で埋められる。

だから、自分の「最も良いトレード」を仕掛けない、あるいは仕掛けることができないのは大きな問題だった。特に、私は顧客のためにそれらのトレードをすでに執行していたので、自分のためにトレードをするにはもう一枚の注文書に記入するだけで済んだことを考えると、なおさらだった。そこで、どうして私はそうしようとしなかったのだろうか。

意欲がわかない原因は何だったのか

実際、私はすべてのトレードで利益が出るとは思わないように、と顧客を説得することに精一杯努めた。だが、彼らに話すときにはその言葉に真実味があったが、自分のことになると口先だけだった。

最も一般的なレベルでは、私にはトレードで成功するために必要な立ち直る力を欠いていたと言える。つまり、私は最も適切な考え方でトレードをしてはいなかった。すべてのトレードがうまくいくと期待するのは非現実的でバカげてさえいる、ということは頭の片隅で感じていた。

私はすべてのトレードがうまくいくわけではないことを理解していたかもしれない。だが、同時に、私は成功しなければならないというプレッシャーをとても強く感じていたので、例外もあると自分に言い聞かせていた。だから、私の理解は表面的な知識にすぎず、私の本心に対抗するだけの力はなかった。実は心の奥底では、すべてのトレードをうまくやる方法は何とか見つけられると信じていた。正しいことをすべて実行すれば、あるいはそのやり方を見つけるか理解すれば、毎回、間違えることはないので、損失のリスクも取り除けると信じていた。

すでに分かっているように、あるいは分かっているべきだが、毎回間違えずにいてリスクを取り除くことが可能だと思うことは、トレードの性質そのものに関する誤った信念の最たるものだ。それは誤った信念だ。値動きの方向を毎回、正しく予測できる分析法やシステムは存在しないからだ。

そんなものは存在しないのだ。

しかし、それが可能だと信じていると、現実はまったく期待外れになった。そのため、「最も良いトレード」のひとつがうまくいかないと、私は自分の分析に裏切られたと感じた。私はとにかくもっと慎重にやるべきだったし、そもそもトレードをすべきではなかったと結論づけた。

それで、損を出したあとに次のセットアップが現れたとき、私はそれを顧客に教えるのに何の問題もなかった。彼らに教えるときにはいつも、そのトレードはうまくいかないこともあるという免責事項も伝えていたからだ。しかし、自分に対して同じことをしようとすると、葛藤が非常に大きくなった。正確な言葉は覚えていないが、内なる声が聞こえてきて、「おまえはこの前のトレードで間違ったのだから、次の機会で利益を得るには値しない」と言われた。それはヘマをしたのだから罰を受ける必要がある、と頭の片隅で思っているせいで聞こえてきた声だったに違いない。もちろん、私はとにかくトレードをしたかった。だが、頭の中での闘いで生じた葛藤のせいで動けなくなり、何もしなくなってしまった。

やり過ごした次のトレードを実行していたら勝てたと分かったときの、心の痛みや苦悩は容易に想像できるだろう。そして、それらのトレードを実行していればたいてい勝てていたし、途方もない利益になっていたものもあった。そんなことを経験すると、私は耐えられないほど深い絶望感に打ちひしがれた。それは葛藤から抜け出すというプラスの効果をもたらした。二度と機会を逃す苦痛を味わいたくないので、次のトレード機会は逃さないと決心する。そして、実際にそうした。ただし、「最も良いトレード」のひとつで再び失敗するまではだ。そこで、同じことの繰り返しが始まるのだった。

それほど頼りないトレードスタイルでは、私がしばらくして破産したと知っても、読者はおそらく驚かないだろう。トレードで成功するという夢を実現するためにシカゴに行って一年もたたないうちに、私は自己破産を申請した。と言っても、読者が考えていそうな理由とは異なり、トレードで損をしたことが原因ではなかった。私はそこまで何度も損をしていなかったし、特に大損はしていなかった。原因は単純にお金に困るようになったからだった。そうなったのは、ぜいたくな生活をしていたからだ。私は当時、婚約者と彼女の娘が住んでいたミシガンの家を所有していた。ポルシェ九一一に乗り、シカゴ中心部の高層アパートに住んでいた。それらのために、お金がかかったのだ。当時、メリルリンチの一般投資家向けブローカーとしてもらっていた給料よりも多くのお金がかかっていた。要するに、そんな生活スタイルを維持できるほどの利益をトレードで出せると確信していたので、無一文になるまで散財を続けたのだ。

ところで、私の置かれていた状況がますます深刻になっていたのなら、支出を減らせば良かっただけだ、と思う人もいるだろう。それは確かにそのとおりだ。だが、そうするためには、私が「うまくいっていない」と認める必要があった。私がそれを家族や、ミシガンの私の家に住んでいる婚約者や彼女の娘にどうして言えるだろうか。あるいは、ポルシェのローンを組んでいる銀行に。自分に対してさえ、実は自分は破産しかけているのだと、どうして認められるだろう。明らかに、それを認めるのは簡単なことではない。しかし、私がうまくいっていないと認めるのをさらに難しくするもうひとつの理由があった。

私のトレード手法は本当にとても良かったのだ！

その手法の勝率は非常に高かったので、私の生活スタイルを維持するのに必要な利益は十分に出せた。だから、自分の置かれたひどい状況を認めるのはちょっと難しかったのだ。特に、「あと二～三回、トレードをし続けていたら、すべてがうまくいっていた」ように、いつも思えたからだ。だから、後悔せずに損切りできるような考え方をして、すぐに次のトレードのことに頭を切り替えて、自分の手法の勝率を十分に生かせていたら、問題はなかっただろう。

例えば、当時の私が現在と同じく次のように信じていたら、私の経験はどれほど異なっていたか想像してほしい。

●トレードでうまくいかないからといって、自分が「負け犬」であることを意味するわけではない。

●値動き方向の予測に使った分析が間違っていたからといって、自分に問題があるわけではない。

●トレードでの損失は仕事をするうえで必要不可欠な経費であり、それはほかのどんなビジネスでもかかる諸経費と何ら変わりない。

通常のビジネスにおいて、諸経費は利益を生み出す製品やサービスを売る機会を得るために支払う代償だ。トレーダーの場合、損失はトレードで勝つという経験をいつでもできるように準備しておくための諸経費だ。

損失や逆境からすぐに立ち直る力がレジリエンスと呼ぶスキルだとすれば、楽に立ち直ることを可能にする信念もスキルと考えなければならない。かつての私には、レジリエンスがまったくなかった。今では、この例を述べ始めたときに言ったように、直前のトレードがどんな結果であれ、私は次のトレードに何の苦労もなく移っていける。私がレジリエンスを身につけたのは、達成しようとしていたこととの関係で、負けたトレードの性質を定義し直したからだ。

私はもはや損失を失敗とは定義していないので、損を出しても感情的にマイナスの反応はしない。

私の考え方が変わったのは、トレードの性質についての信念が変わったからだ。私はレジリエンスを身につける方法を学んだ。あなたも身につけることができる。必要ならばだ。だが、もっと重要なことは、強く望んでいれば、だ。

第12章 着実に成果を上げるための精神的な基礎

初めに

おそらく、トレードで成功するためには、単に勝つ方法を学ぶよりもはるかに多くのことが必要だということに、もう疑問はないだろう。自分が間違える可能性にもけっして直面する必要がないほど、ほかのトレーダーの意図を正確に予測できる分析手法があれば、着実な成功に必要なものは常に正しくてけっして損をしないテクニックだけだ。

そんな分析手法は存在するだろうか。売買注文の流れを生む原動力という観点から値動きを理解すればするほど、値動き方向を常に正しく予測できる分析手法があると信じるのは難しくなる。売買注文の流れを生む力はあまりにも多様で、「常に正しい」テクニックなどあり得ないと悟れば、勝ち方を身につけるために分析スキルをいくら向上させても、自分の分析が間違っていて負けを認めるしかないときには、裏切られたとか負け犬だという感情や、自分は何か間違っているという気持ちから逃れられないことは容易に想像できる。

ほかのトレーダーの売買注文が値動きの方向に与える影響に賭けて利益を得ようとしている人にとって、間違えることや損をすること、利食いを早まるか遅らせて取れたはずの利益を取り損ねることは避けられない。予測に役立つ優れた分析テクニックはたくさんあるが、それらが常に正しいわけではない。しかし、良いものならば、着実に利益を積み上げられるほどには正しい。しかし、それらのテクニックで得られる利益を実際に手にするには、トレードを適切に執行できなければならない。適切に執行するためには、損切りをすることと、力の及ぶかぎり利益を伸ばすための心の準備が必要だ。この二つが効果的にできるようになるには、間違えることや損をすること、利食いを早まるか遅らせて取れたはずの利益を取り損ねることを、恐れも後悔も自責の念もなしにできるようにならなければならない。

どういう環境や状況に置かれると、間違えるのではないかという不安から恐れを抱き続けるかは、その人が何を信じているかによる。損をするわけにはいかないと考えたり、実際に損をしたときにどれくらい苦痛を感じるかは、その人が何を信じているかによるのだ。相場が自分のトレード方向に動き出す前に手仕舞って利益を取り損ねたときに、それがどういう意味を持ち、どれくらいの苦痛を味わうかは、その人が何を信じて行動しているかによる。

間違えたり、損をしたり、利食いを早まるか遅らせて取れたはずの利益を取り損ねたりしても落ち込まないでいられるのは、すべてトレードスキルのうちで信念にかかわる部分だ。それは最も優れたトレーダーとそれ以外のトレーダーを分かつスキルだ。また、多くの人は誤解しているが、それらはすべて学習できるものである。もっとも、トレードに対する自分の考え方の一部を変える気があればの話だ。あなたはトレーダーであることの意味や、どうすればトレードで成功できるかについて、長く抱いてきた思い込みを捨てなければならないかもしれない。例えば、第1章で、見えない壁の働きをする思い込みという概念を紹介したことを覚えているだろうか。いったんある信念を抱くと、世界が分かりきったものに見えて、そのように反応するようになる。そのため、その信念が本当に自分の目的に役立つのかどうかめったに疑わなくなる。信念は別の選択肢もあるという意識を妨げる効果もあるため、壁としても働く。特にその選択肢がすでに持っている信念と対立するものであればなおさらだ。

特にアメリカ文化で最も強く信じられていることのひとつは、「勝つことがすべて」というものだ。私は私たちの社会が勝つことに取り付かれていると言っても言いすぎだとは思わない。「勝つことがすべて」という考えを教え込まれ、負けるのは「負け犬」だけだと暗にほのめかされながら成長すれば、トレーダーになると決めたときに、望む成功を手にするためには負け方を学ぶのも、勝ち方を学ぶのに劣らず重要なトレードスキルだ、とどうして思いつけようか。勝ち方以外の何かを学ぶという考えは、「勝つことがすべて」という信念のせいで、意識に上りもしないだろう。

「勝つことがすべて」という考え方が持つ意味について、「すべて」を強調しながら考えてみよう。「すべて」は全部を含む。ということは、トレードで成功するために学ぶ必要があることとは、勝ち方を知ること以外にはない、と思って当然だ。すると、負け方を学ぶことは勝ち方を学ぶのと同じくらい重要だという考えに触れても、聞き流すだけだろう。勝つことがすべてという信念に加えて、注文の流れという視点から値動きを理解できないときには、成功するためには負け方も学ばなければならないという考えは相いれない矛盾としか思えない。表面的には相いれないように思えるかもしれない。だが、それは分析と値動きとの関係が確率的な性質だということを理解しないかぎりにおいてだ。確率という観点から見ると、判断を誤って負けても苦しまずに済む方法を学ぶことは、勝者となるために欠くことのできない。

私は着実な成果を生み出すために必要なスキルを大きく三つにまとめている。

第一のスキル

客観的な認識

恐れや盲信や幻想に影響されない見方で、マーケット情報をとらえる方法を学ぶこと。

第二のスキル

シグナルの確実な執行

心が傷ついて大損につながるような誤りを犯さずに、分析から得られたシグナルを執行できるように、自分に有利な確率の法則に任せられるようになること。

第三のスキル

冷静な資産の積み重ね

Ⓐ成功を自ら否定する信念や、Ⓑ浮かれ気分がもたらす悪影響を認識して、それを正す方法を学ぶこと。

客観的にマーケット情報を理解して、分析から得られる売買シグナルを確実に執行するためには、確率という観点から動く必要がある。しかし、そのためには通常、判断を誤って損をすることが意味することとは異なる見方が必要になる。見方を変えたら、トレード結果に対する感情的な反応もそれに応じて変えることができる。トレードに利用できる確率的な見方はすでにあり、スロットマシンでいつもプレーをしている世界中の何百万もの人が使っている。彼らは負けてもまったく不快に思わずにプレーができる。そこで、スロットマシンでプレーをする人から拝借して、「スロットマシンプレーヤーの見方」と呼ぶことにする。それはこの見方には、客観的に観察してそれを確実に執行するために必要な信念のすべてが偶然にも入っているからだ。

「冷静な資産の積み重ね」という第三のスキルは、自分の考えや精神状態を調べる方法を身につけて、自分を過小評価する信念にいつ、どういうときに影響されやすいかを判断する枠組みを作れるかどうかにかかっている。「冷静な資産の積み重ね」について理解するために必要なことは本書の最後に取り上げる。

見方

いかなるときでも、市場とやりとりをしているとき、私たちはある見方を取っている。私はマーケットにおける見方を、達成しようとしていることに対して何をすればうまくいくと考えているかについての信念と定義したい。これらの信念は次のことを決める大本の力となる。

A．相場をどう認識するか
B．どういう決定をするか
C．どういう行動をするか
D．どういう結果を期待するか

E．その結果についてどう感じるか

以下はそれぞれのカテゴリーについての簡単な説明だ。

認識

テクニカル分析を使ってトレードをしていれば、集合的な行動パターンから売買機会を見つけられるようになる。習得したこれらのパターンは、より豊かになるために利用できる機会についての信念という形で、トレードの見方の一部になる。これらの信念の力によって、習得したパターンに気づけるようになる。マーケットが生み出すそのほかのパターン、つまり、私たちがまだ学んでいないパターンはすべて、私たちのトレードの見方の一部にならないかぎり、トレード機会として見えることも気づくこともない。

決定

何をすべきか、すべきでないかの決定や実際に取る特定の行動は、目的のために利用できると気づいたことと一貫している。

期待

期待とは、自分の信じていることが将来のある時点についても当てはまると思うことだ。したがって、私たちは環境であれ人生であれ相場であれ、それらの見た目や音、味、におい、感じはこうあるはずだと信じていることといつでも矛盾しない形で現れるだろう、と当然ながら期待している。

行動

自分で判断をして期待していることについて、どのように自己表現をするか（何をして、それをいかにうまく行うか）は、いくつかの要素で決まる。

①意図が明快で、望むことを成し遂げようという決意が固いかどうか。

②どの瞬間にでも、どの程度の自信、あるいは不安を持っているか。
③気を散らせることも、両立しない課題に引き付けられることも、しようとしていることやそうする理由と矛盾する信念を持つこともないかどうか。
④つまり、自分が何を達成したいかが明白で意志が固く、ためらったり、まごついたりするほど矛盾した信念のせいで気が散る恐れもなければ、当然ながら最大の能力を発揮するだろう。

経験

分析で得たシグナルを適切に執行する際に働く心理的な力を理解するために、ここでは「経験」を、自分が努力した結果についての感じ方と定義しておく。ある結果が出たとき、自分の期待がどの程度達成されたかに応じて、肯定的な感情から否定的な感情までの範囲で何かを感じる。例えば、環境や特に市場で起きると積極的に期待していること（希望するか、必要であるか、強く求めること）が実現したら、当然ながらプラスの感情がわき起こるのを心でも身体でも感じる経験をする。これらの感情は、「気分は最高だ、素晴らしい、幸せだ、満足だ、自信がついた、わくわくしている」という言葉で表現されることもある。あるいは、人生が期待どおりになったので、ただ幸福感に圧倒される。

一方、積極的に期待していることがどれくらい実現しなかったかに応じて、マイナスの感情が心と身体の隅々にまで広がる経験をする。これらのマイナスの感情は一般に苦痛と呼ばれる。苦痛は恐れや裏切られたという気持ち、怒り、反発、失望、不満、ストレス、不安、混乱、不幸、あるいは単にひどい、という一般的な言葉で表されることがある。

苦痛を味わいそうだといった、悪いことが起きると予想していることが現実になったときには、少なくとも不快な感情が生じる。つまり、起きてほしくないことが実際に起きると、恐れていた感情を実際に経験する。一方、悪い予想が現実にならなければ、ほっとする。

何であれ、ある見方の核にある信念は、思考を堂々巡りに陥らせる。すると、認識から感情的な経験に至るまでの過程とその間に生じるすべてのことは、この過程のそもそもの始まりとなった信念と矛盾しなくなり、その信念はさらに強くなっていく。だから、信念がまったく機能せず、目的を達成する役に立たないときですら、その信念は自明なことだと思うし、疑いようのない真実だと思えてしまう。そこで、核となる信念をどうやって抱くようになるのかを簡単に見ておこう。

①尊敬と信頼をしている人に何かを話されて、彼らが話していることは真実だと単純に思う（彼らの言葉を真に受ける）。

②それまでに経験したことがなく、何が正しいのかの先入観もない分野について話を聞くか本を読み、単に真実味があるか理にかなっているとそのときに思った。それで、その新しい考えを核となる信念として取り入れる。

③自分が直接に経験して、真実だと思うようになる。

④自分の頭で理屈を考えて推論をして、核となる信念を文字どおり考え出すこともある。

正しいことを楽にできる見方を取り入れる

ここまで示してきたように、あなたの指標から得られる可能性がある利益を最大限引き出すためには、ためらいも疑いも恐れもなく、すべきことを正確にできる必要がある。

これから、あなたはその過程が簡単であることを望んでいると仮定する。そして、それが本当ならば、トレードについて次のような信念（見方）を持たなければならない。

●過程のどの部分も、恐ろしいとも苦痛を味わうかもしれないとも認識しないように、情報のとらえ方をコントロールする。
●第2章で述べたようなトレードにおける誤りに手を出そうとは考えもしないように、何をして何をしないと決めるかをコントロールする。
●注文の流れから見れば、「どんなことも起きる可能性がある」という事実を完全に受け入れて、その考えを反映するように、自分の期待をコントロールする。
●困った事態に陥りかねないと知りつつ動きたくなる衝動を抑えるためではなく、目的について適切なことをしなければと常に感じるように、自分の行動をコントロールする。
●勝てば素晴らしいと感じるが、同時に、判断を誤って負けても次のような感情を抱かないように、トレードの結果に対する受け止め方をコントロールする。
●自分が使っている指標に裏切られたという感情
●後悔
●雪辱を果たしたいという気持ち

●負け犬の気分
●知っていたら、結果を変えられたのにという感情

トレードがうまくいく方法について適切な信念を持っていれば、トレードの過程で判断を誤って損をするのではないかという不安感を取り除いて、自分の指標で点灯した売買シグナルを残らず執行する方法を楽に身につけられる。そうなると、まったく不快さを感じずに「損を切って」、効率的で計画的で秩序立ったやり方で「利を伸ばす」とは、どういうことなのかがすぐに分かるだろう。あなたは楽に成功する方法を身につけ始めているだろう。これは典型的な方法とは対照的だ。分析によって苦痛を味わう恐れを取り除こうとする典型的な方法がうまくいかないことはすでに理解していると思う。つまり、「プロトレーダーと同じように考える」方法を学び、その過程で、分析の堂々巡りや茫然自失に陥ることも、儲けては損するの繰り返しで何年も苦痛や欲求不満を味わうこともせずに済むようになる。

私たちはトレードの結果によって苦痛を感じないで済むように、売買注文の流れの無秩序な性質と分析との関係を正確に、つまり、幻想を持たずに正直に反映する信念を持とう

としている。

これは無理な注文だと思うかもしれない。しかし、トレードの性質についてのほぼすべてに言えるが、実際は見かけほど難しくはない。スロットマシンをある程度の時間をかけてプレーして、何回か連続で負けても、恐れや怒り、失望、不満、後悔、裏切られたという思いもなくプレーをし続けた経験があれば、分析から得られた売買シグナルを実行するのに必要な信念の多くをおそらくすでに持っているからだ。

実は、私がこれから示そうとしているのは、苦痛やいやな記憶もなく何時間も続けてスロットマシンでプレーをするときの信念と、苦痛や抵抗やためらいも、済んだことをくよくよ考えることもなく、分析で得られたシグナルを残らず執行するために必要な信念との間に違いはまったくないということだ。だから、損をしてもスロットマシンを楽しめるならば、その見方をトレードに当てはめる方法を習得すれば、その経験に違いがあるとは思わなくなるだろう。これまでにスロットマシンでプレーをした経験がなくても、それは問題ではない。これから私が最も理想的なトレードにおける見方をゼロから作り上げる手伝いをするからだ。

第13章

スロットマシンプレーヤーの視点

これから、スロットマシンでプレーをするときに人々が持つ典型的な見方を要素ごとに詳しく分析する。その後、この見方を、客観的で適切なトレードを実行するために必要な見方と比べる。この本を読んでいるか、ワークショップに出席している人はほとんどがスロットマシンの基本的な仕組みを知っていると思う。だが、知らない人がいるといけないので、簡単に説明しておこう。

当初、スロットマシンは少なくとも三つの独立して回転するリールを並べて収納した機械装置だった。各リールはいくつかのスロットに区分けされて、それぞれに異なるシンボルが描かれていた。

スロットマシンの外側に付いたレバーは、リールを収納した内部とつながっていた。レバーを引くと、三つのリールがすべて回り始める。それらが止まったとき、シンボルが特定のパターンで横一列に並ぶ。例えば、リールが止まったときに、左は星、真ん中はダイヤモンド、右は正方形ということもある。つまり、それぞれが異なるフルーツや形――メーカーが各スロットに描こうと決めた異なる絵やシンボル――を示すこともある。シンボルは当初、スロットマシンでプレーをする人に、三つのスロットに同時に同じシンボルが出て、勝ったかどうかを示していただけだった。

リールの数と、各リールに描かれたシンボルの数に応じて、シンボルの組み合わせは何十万通りとまではいかなくとも、何万通りものパターンができる。

プレーヤーは何らかの報酬かジャックポット（大当たり）が当たるシンボルが並ぶのを期待するだろう。例えば、ダイヤモンドが三つ並べば、一〇〇倍を払ってもらえるかもしれない。つまり、二五セントを入れていたら、二五ドルが戻ってくるというわけだ。これは良いと思うかもしれないが、ダイヤモンドが三つ並ぶ確率は一万分の一かもしれない。だから、スロットマシンはレバーを腕に例えて、「片腕の盗賊」という愛称で呼ばれたのだ。統計的な観点からは、負ける確率が大きいほど、つまり、出にくいパターンであるほど、報酬やジャックポットは大きくなる。もちろん、報酬が得られるパターンが現れなければ、何も戻ってこない。そのため、スロットマシンに入れたお金は消費されて「なくなる」。

今日、カジノで見るスロットマシンは当初のものと同じ原理で動くが、ほぼ完全にコンピューターで電子制御されている。グラフィックスソフトでリールが回転しているように見せかけていて、現れるパターンはランダムになるように、特別に設計されたコンピューターチップで決められる。スロットマシンによってはグラフィックソフトによるリールを回転させるために、まだレバーを付けているものもあるが、ほとんどの人はスロットマシンの前面にあるボタンを押すほうがはるかに楽だと思っている。

人々がスロットマシンのプレーの特徴について持っている主な信念は二つあると言ってさしつかえないだろう。ひとつはそれが純粋にギャンブルだという信念であり、もうひとつは毎回の結果がランダムだという信念だ。私はギャンブルを、何か価値があるものを手に入れる「チャンス」のために、通常は現金という形で資産の一部を「失うリスクを進んで取ること」と定義する。ここでカギとなる概念は「チャンス」だ。つまり、勝てる可能性があるということだ。ということは、スロットマシンでプレーするために入れたお金をいくらでも失う可能性があることも意味する。

私たちはどうして、何か価値があるものを手にする「チャンス」しかないと知っているのか。何度かスロットマシンでプレーをしさえすれば、ときどきは報酬が得られるが、ほとんどの場合、何も得られないと気づくからだ。そして、最も重要なのは、スロットマシンからいつ報酬が得られるかを前もって知る方法は何もないように見えることだ。つまり、報酬が得られるパターンはまったくランダムにしか現れない。私はランダムな結果を、ある出来事を動かしている力とその最終結果との間に因果関係が認められないこと、と定義する。

つまり、スロットマシンにお金を入れてボタンを押し、リールが回り始めたときに、ボタンを押す動作とリールが止まったときに現れるパターンとの間に合理的な因果関係を見つける方法はまったくない、ということだ。どこでリールが止まるかを当てようと試みることはできるし、勘が働くかもしれない。しかし、そうでなければ、今日のスロットマシンはシンボルの可能な組み合わせが非常に多く、間違いなくランダムにしか現れないので、ほとんどの人はボタンを押したあとに何が出るかを当てようとしても無意味だと思うだろう。だから、当てようとは思いもしないだろう。

さて、「スロットマシンはギャンブルだ」と思うことと、「スロットマシンではいつ勝つかがまったくランダムに決まる」と思うことで、私たちの見方がどのように左右されるかを検討しよう。

認識
ギャンブルが意味することと対立するか矛盾する信念を持っていないかぎり、ほとんどの人はスロットマシンでプレーをするのは楽しいと思う。もちろん、お金を儲けられるチャンスがあることはすぐに分かるので、その可能性を楽しむことができればの話だ。

決断
ほとんどの人はもっとお金が欲しいと思っているし、勝ったときに味わう気分も大好きだ。この両方の可能性をひとつの活動で追求するとき、プレーをしようという決断は、基本的に勝つかどうかを知るためにいくら損をするリスクを取る気があるか、と言い換えられる。

このリスクについて幻想は生じないということに気づいてほしい。プレーをしようと決めても、財布に手を伸ばしてお金をスロットマシンに入れなければ、実際にプレーはできない。また、ボタンを押す前に毎回、お金を使うかどうかを決めなければならない。いったんボタンを押してしまえば、勝たないかぎり、リスクを取ったお金は取り戻せないからだ。

期待

スロットマシンはまったくランダムに結果を出していると思っているのなら、私たちは毎回ボタンを押したあとに何を期待しているのだろうか。もちろん、勝ちたいし、勝つことを願っている。だが、必ずしもボタンを押すと決めるたびに、勝つと思っているわけではない。つまり、結果はランダムだと思っているので、ときどきは勝つと思っているのだ。そうでなければ、そもそもプレーをしようとは思わないだろう。一方、負けることは予想しているのだろうか。本気では思っていない。少なくとも、ボタンを押すたびには思っていない。だが同時に、勝つときよりも負けるときのほうが平均してはるかに多いということが分かっていなければ、プレーはできない。

行動

スロットマシンでプレーをするためには必要額のお金を入れて、レバーを引くかボタンを押さなければならない。前に述べたことを思い出してもらえば、私たちがしようと考えたことを実際にするかどうかは、どれくらい明確な意図を持っているか、どれほど強い欲求があるか、どの程度の自信や恐れがあるか、そして何か対立するか矛盾する信念を持っているために別のことに関心が向くかそちらのほうを実行したくなるかどうか、によって変わる。

明らかに、これらの要素がどの程度当てはまるかは人それぞれだ。しかし、だれにでも基本的に当てはまる一般化はできる。第一に、スロットマシンにお金を入れることに抵抗やためらいや罪悪感がなければ、自分がしていることと対立するか矛盾する信念はおそらく持っていないと問題なく言える。第二に、プレーを楽しんでいて、もっと重要なことはボタンを押すことに少しも恐れやためらいを感じていなければ、苦痛に遭うのではないかとは思わないはずだ。

さて、ここで考えてほしいことがある。どれくらいの割合かは分からないが、プレーをするうちの一部は負けると一般のプレーヤーが分かっているのならば、彼らが怖がらずにボタンを押せるのはなぜだろうか。なぜ怖さで気弱にならないのだろうか。一般的な状況では、何かを失うのは苦痛だ。それなのに、スロットマシンでいつもプレーをしている何百万もの人たちは、なぜ負けたあとでもボタンを押すことができるのか。そして、何回か続けて負けたあとでさえ、負け犬とか失敗者とか自分はどこかおかしいとも感じずに、なぜ何時間もボタンを押し続けることができるのか。

経験

これは人生で起きることに対する感情的な反応が、その人の見方にどれほど影響されるかの好例だ。負けると通常は苦痛を感じるが、スロットマシンが大好きな人々は負けてもそんな感情には陥らないと信じて、プレーをしているはずだ。そうでなければ、怖さで尻込みもしないでプレーを続けることはできないだろう。彼らの見方では「マイナスの感情から自由」だから、怖いと思わないのだ。それでは、彼らはこの精神状態にどうやって達するのだろうか。ほとんどの場合、スロットマシンの性質から、自然にそうなるのだ。

つまり、こういうことだ。

まず、スロットマシンの結果はまったくランダムなので、勝ちも負けもいつ、いかなる順序ででも現れる。そのため、私たちは毎回、勝つとは思わないようになる。そして、毎回勝つと思っていなければ、ほかに起きることは負けることだけだと間違いなく分かる。

第二に、たとえスロットマシンに組み込まれたコンピューターチップがランダムに結果を出すように設計されていると知っていても、チップにどういう力が働いて勝ち負けが決まるのかはまったく分からない。そのため、ボタンを押すかレバーを引いてマシンを動かしたあとに、どういう結果が出るかを絶えず正しく予測する合理的な方法はない。先ほど述べたように、結果がランダムなことははっきりしているので、結果を予測しようとするのは無意味だということはすぐに分かる。

第三に、プレーの過程で私たちが決める必要のあることは何もない。つまり、結果に影響を及ぼすためにできることは何もない。だから、結果をコントロールすることはできない。私たちが確実に勝つ方法はないし、プレーをしないこと以外に損を止める方法は絶対にない。

第四に、勝ち負けを支配する条件をコントロールすることはできないし、結果を予測するどんな方法もないと知っていれば、ほかの場合なら結果に対して感じる責任を感じないで済む。結果に対して責任がなければ、勝たなかったときに自分を負け犬や失敗者、あるいはどこかおかしいと考える理由はない。

負けたときに自分を責める理由がなければ、負けた経験によって、本当に負けているとは感じない。特に、勝ったときには、次のような感情的な報酬がいくつか得られることを考えるとなおさらだ。

①実際には結果に何の影響も及ぼしていなくても、ボタンを押すかレバーを引こうと決めたのは自分だということで、勝者の気分を味わう。

②勝つときはいつでも思いがけない。そして、お金を思いがけず得られるのが好きでない人がいるだろうか。

③スロットマシンで得られた金額によっては、かなりの時間、舞い上がって幸せな気分に浸ることができる。

スロットマシンで負けたときの最も一般的な反応は、「とにかく、もう一度やってみよう。次は勝つかもしれないから」だ。そして、感情的にはどういう経験をしているだろうか。楽しんでいる。起きることに責任を取らなくてよいのならば、スロットマシンで負けるのは、思いがけないことをまた期待する過程の単なる一部と言える。「勝たない」ことは実は負けることではなく、ボタンを押したあとにスロットマシンから報酬が得られるかどうかを知るために払う必要がある金額だ。

プレーを終えて財布のなかのお金が少なくなったあとでさえ、何かを失ったとは思っていない。

長くプレーをして楽しむために、お金を払ったと思っているだけだ。

したがって、プレー（勝ったり負けたりすること）の全過程が楽しいとも、「マイナスの感情から自由だ」とも思わなければ、ほとんどの人はプレーをしないだろう。

スロットマシンでプレーをするときに、このようにマイナスの感情から自由な見方ができる主な要因は、ボタンを押そうと決めるたびに、どんな結果が出ようと何の責任もないと考えるからだ。自分に責任がないと思うのは、スロットマシンは結果がランダムに生じるように意図的に設計されていると分かるからだ。スロットマシンをやっているうちに、私たちはある時点で次のことを完全に受け入れる。

①何が起きるか分からない。
②これから起きることを知る方法はない。
③起きることに何の影響も及ぼせない。

これはまったく不確かでランダムだ。**まったく不確実でコントロールできないものだ。**どういう結果が出ようと責任はないと分かっていれば、判断を誤って負けることが通常、意味することとは別の見方でスロットマシンのプレーをとらえることができる。理にかなった予測もコントロールもできないのだから、判断を誤りようがない。だから、先ほど述べたように、負けても今回は単にスロットマシンから何も得られなかったというだけで、次がどうなるかまたやってみよう、と考えるのだ。だから、ボタンを押した結果がどうであれ、負けても通常味わうマイナスの感情を持つことはなく、勝てば喜びでいっぱいになるのだ。

さて、結果がランダムであることを受け入れると、実は判断を誤っても負けてもいないと思うようになるのなら、苦痛を味わうのではないかと恐れることもなくなる。そして、苦痛を味わいそうだと思わなければ何も恐れなくなるし、恐れがなくなればそのときの目的に合わせて自由に振る舞える。スロットマシンでプレーをするときの、このマイナスの感情から自由な見方こそが、分析から得られた予測や指標を確実に実行するためにまさに必要なことなのだ。

そこで、自分で考えてみる必要がある。スロットマシンでプレーをするときの見方をトレードに当てはめられるほどに、スロットマシンの仕組みと分析手法を使って値動きに賭けることとの間に似た関係はあるだろうか、と。注文の流れの原因とテクニカル分析の指標がどう働くかとの関係について、私が説明してきたことすべてを考慮すれば、答えは明らかなはずだ。似た関係は確かにある。実際、二～三の違いを除けば、対応関係はほぼ一〇〇％だ。

では、似た点を比べよう。

スロットマシン

スロットマシンに組み込まれたコンピューターチップはシンボルをごちゃまぜに出すようにプログラムされている。そのため、ジャックポットだということを示す一列のパターンは完全にランダムに現れる。

トレード

売買注文の無秩序な流れから集合的な行動パターンが現れると、値動き方向についての予測ができる。スロットマシンの仕組みという点からパターンによる予測を見ると、それぞれの予測はトレードで勝つという意味でのジャックポットの可能性を示していると言える。ただし、重要な違いがひとつある。スロットマシンのシンボルが一列のあるパターンに並ぶと、次に何が起きるかはっきり分かる。スロットマシンでは支払いは保証されているので、お金が得られるのだ。一方、市場でパターンが現れても、スロットマシンとは異なり、パターンに基づく予測はトレードで勝つ可能性があるという意味で、ジャックポットが出る可能性があると示しているだけだ。

スロットマシン

スロットマシンで勝ったときの報酬は、プログラムされている確率に基づく。だが、スロットマシンはジャックポットが出る場合とそうでない場合の分布が完全にランダムになるようにもプログラムされている。プレーを数多くすればその結果から、カジノがスロットマシンにプログラムしたプレーヤーの勝率が何であれ、確率の法則によって一連のプレー全体に対する勝率が分かる。しかし、スロットマシンは個々の勝ち負けが完全にランダムな順序で出るようにも設計されているため、レバーを引くかボタンを押すと決めるたびに、個々の勝率を実際に判断する方法はない。

トレード

スロットマシンのボタンを押すかレバーを引くと決めたときに、どんなパターンが現れそうか、あるいはジャックポットのパターンが現れる確率が自分にとってどれくらい有利かはまったく分からない。同様に、分析から予測を引き出したとき、トレードを実際に仕掛けたあとに相場がどう動くかや、そのトレードで勝てる確率がどれくらいかを判断する方法はまったくない。

トレーダーはそれぞれ異なる目的を持って売買注文を出す。注文を出すときの根拠として使う理由はさまざまで、それらは矛盾し相いれない。そのため、それらは売買注文の流れをランダムにする効果を持つ。これはランダムな結果を生み出すようにプログラムされている、スロットマシン内のコンピューターチップの人間版と言える。スロットマシンと同様に、売買注文の無秩序な流れは、予測が結果的に正しい場合とそうでない場合の分布をランダムで予測不能なものにする。予測が正しいときと間違っているときの分布がランダムだという事実を、私たちはどうやって知るのだろうか。

第一に、注文の流れを予測する方法は何もないので、私たちの負けは常にランダムに生じる。市場参加者も彼らのさまざまな目的もあまりにも多様なため、売買比率は絶えず変わる。あるときは、大口注文が一度出されても、完全に吸収されて、値動きにまったく影響を及ぼさないこともある。一方、同じ注文が一～二分前か後に出されていたら、市場はパニック状態に陥っていたかもしれない。つまり、分析からどういう予測を導き出そうと、注文の流れによっていつ、何が引き起こされてもおかしくないのだ。

第二に、ほかのトレーダーは私たちのトレードを勝たせるために注文を出すわけではないので、勝ちは常にランダムに生じる。思い出してほしいが、大口注文を自ら出せなければ、勝つためにはほかのトレーダーを当てにするしかない。例えば、価格を一〇に上げて、九で買ったトレーダーすべてを手っ取り早く勝たせるために、九の売り気配値のすべてを買おうとはけっして思わないだろう。同様に、あなたが利益を得るのを助けるために注文を出そうと考えるトレーダーはだれもいないだろう。

したがって、私たちが分析から導き出した予測と同じ方向にたまたまトレードをする人は、彼ら自身の理由のためにそうしているだけだ。私たちが自分のトレードの根拠として用いた理由とそれらの理由が一致することはめったにない。そして、理由が一致しなければ、彼らが私たちに有利な注文の流れに貢献したのは、もちろん偶然の一致だ。自分が勝つために、注文の流れとの偶然の一致に頼るのであれば、トレード結果はランダムとしか考えようがない。

第三に、経験によって、勝ちと負けの分布はランダムだと分かる。このことをまだ信じられなければ、単純な実験をすれば自分で簡単に証明できる。

①紙に一から二〇まで番号を書く。
②自分の望むどんな手法でも使って、いつ、どこで、なぜトレードを仕掛けるかを決める自分のエッジ（優位性）に従い、次の二〇回のトレードで勝ちと負けを決めていく。例えば、自分のエッジによれば最初の結果は勝ちだと思えば、一番目の数字の横に「勝ち」と書く。
③同様に、二〇番目までのトレードで勝つと考えるか負けると考えるかをトレード前に書き入れておく。

あとは、各トレードの予測と実際の結果を比べればよい。間違いなく、結果の一部は正しいだろう。しかし、あなたが超能力者でないかぎり、二〇回のトレードすべての勝ち負けの正確な予測はまずできないだろう。自分のエッジを利用したどの一連のトレードでも、勝ちと負けがどんな順序で訪れるかを正確に予測する合理的な方法はない。そのことに気づくと、ほかのトレーダーの意図が予想できない以上、どんなエッジに頼っても勝ち負けはランダムに生じるという結論に至らざるを得ない。

スロットマシン

スロットでプレーをするとき、起きることに対して私たちはまったくコントロールができない。それは、スロットマシンの動きに影響することについて、私たちは何を決めることもすることもできないからだ。

トレード

予測をしてトレードを仕掛けたあとに、私たちが値動きについてコントロールできることは何もない。例外は、価格を実際に上げ下げできるくらい大口のトレードができる場合だけだ。そうでなければ、スロットマシンのときと同じく、売買注文の比率を自分の有利に片寄らせるために何かを決めることもすることとできない。

スロットマシン

パターンの出現は明らかにランダムなので、ボタンを押すかレバーを引いたあとに何が起きるかを予測しようと試みても無意味だ。

トレード

予測をしても無意味なスロットマシンとは異なり、売買注文の無秩序な流れから現れる値動きのパターンは間違いなく予測に使えるだけの価値がある。つまり、一連の予測全体に対する確率という意味で、だ。言い換えると、トレードで負け数よりも勝ち数のほうが多くなるだろうという、自分に有利な勝率がある状況でも、勝ちと負けの順序はランダムに現れる。一連のトレードの範囲内での個々の予測では、何が起きるか分からない。それは起きる可能性を示してくれるだけだ。

スロットマシン

スロットマシンのボタンを押すとき、コンピューターチップが勝敗をどうやって決めるかまったく分からない、ということを私たちは間違いなく知っている。少なくとも合理的な思考の水準では、スロットマシンをプレーしている人はまったく何も知らない状態で動いている。

トレード

起きそうなことについて実際に何を知ることができるかは、そのトレーダーがどういう種類の情報に接することができるかと、どういう種類のトレーダーかによる。トレーダーは次の二種類を両極端とした範囲内にある。一種類は、自分のトレードがほぼ確実にうまくいく情報に従って行動していることを知っている人だ。もう一種類は、トレードで勝てるかどうかまったく分からないので、スロットマシンでプレーをしているのと変わらないトレーダーだ。

第一点　インサイダー情報

相場の動きについて最もよく知っていて行動しているトレーダーは、インサイダー情報に接しているか、自分たちの望む方向に価格を動かせるほど大口のトレードをしているかだ。トレーダーがインサイダー情報を利用しているのならば、そのトレードでは確実かほぼ確実に勝てるかもしれないが、ばれれば刑務所行きになるリスクがある。「インサイダー」情報を利用したトレードに関する法が施行されて、すでに何十年もたつ。

基本的に、上場企業で働いているか、上場株式の株価に影響する情報に接して決定を下す立場にある政府機関の職員の場合、その情報が一般公開されるまで、その情報に基づくトレードをすることは許されていない。例えば、あなたが上場企業の役員で、自社の最大級の顧客を失いそうだと知った最初の人物だとする。市場がこの売り上げの減少を知れば、会社の株価に多大な悪影響が及ぶのは確実だ。情報を公開してすべての人に平等に株を売る機会を与える前に、インサイダーの地位にあるあなたが会社の株を売り始めるか、親戚か友人にそのことを伝えて、株を空売りするかプットオプションを買えるようにすれば、あなたとその関係者はすべてインサイダー取引法に違反するため、起訴される。

私の知るかぎり、インサイダー情報に基づくトレードをしても起訴されないグループがひとつだけある。それは連邦議会の議員だ。彼らは株式や商品やあらゆる金融証券の価格に重大な影響を及ぼす法律を可決し、規則を制定する。しかし、同時に、彼らの審議や決定が相場にどういう影響を及ぼしそうかに基づいて行動し、利益を得ても、起訴されないようになっている。彼らは関係者や世界中の伝えようと決めた人に伝える前に、トレードの仕掛けや手仕舞いをすることができる。彼らにはトレーダーとして実質的に無リスクとみなせるトレード機会がある。したがって、彼らはほぼ確実に勝てる状況で動いていると言える。

第二点　ニュースを基にトレードをしている人は何を知っているのか

インサイダー情報に接しない場合、ほかの合法的なトレード手法は情報に関してある程度、不確実になる。しかし、可能なかぎり確実に近いトレードもある。次は棒下げを引き起こしたニュースに基づくトレードの好例だ。

一九九一年の第一次湾岸戦争の直前に、私は三〇年物のＴボンドのプロトレーダーのコーチをしていた。当時は電子取引ツールが登場する前で、彼には世界で最高と私が思うものが備わっていた。ニュースに接した瞬間に、フロアトレーダーのときは即座に執行ができ、フロア外では一人で平静にトレードができた。彼は正会員でもあったＣＢＯＴ（シカゴ商品取引所）にオフィスを構えていたので、Ｔボンド先物のピットに隣接するフロアの電話を使うことが許されていた。

彼はフロアでトレードをする代わりに、オフィスに座って静かにチャートを調べたり、複数のオンラインニュースをよく見たりしていた。トレードをしたいときには、ピット横の電話に人を配置するために雇っていた従業員を使って、フロアに売買注文を直接に出していた。その従業員は前に解説したように、トレード用の決まった手サインを使い、その注文を執行するピットのブローカーに知らせた。この過程は少しわずらわしく見えるかもしれないが、一九九一年には電子取引所もコンピューター化された取引ツールもなかったのだ。

第一次湾岸戦争が実際に始まる前に、ブッシュ大統領はイラク軍をクウェートから撤退させる最終期限をサダム・フセインに突きつけた。ジェームズ・ベーカー国務長官はスイスのジュネーブで開戦を避けるための交渉をイラク側と行い、説得を試みた。それらの交渉が失敗すれば、大きな紛争が避けられないと広く思われていた。そのため、市場もトレーダー以外のほとんどの人も少し緊張していた。中東での大規模な戦争が世界経済、特に石油価格にどれくらいの影響を及ぼすかは極めて不確実だった。

正確にいつ交渉が終わるかは、だれにも分からなかった。それで、世界中のテレビリポーターが二四時間体制で報道をしながら、何が起きそうかについての新たな情報を待っていた。すると、アメリカの取引時間中にベーカー国務長官が記者会見をするために、メディアの前に現れた。彼はステージを横切り、その日のために用意された演壇の前で立ち止まって前を向くと、カメラに向かって、「遺憾ながら」という言葉で発表を始めた。先ほど述べたTボンドのプロトレーダーは、そのときオフィスに座ってCNNを見ていて、トレードをする根拠となるニュースをひたすら待っていた。彼は「遺憾ながら」という言葉を聞くとすぐに、三〇年物Tボンド先物のピット横にある電話に配置していた従業員に、成り行きで五〇枚の売りを指示した。

従業員はそのピットで注文を執行しているブローカーに手サインで注文を出した。ブローカーは手サインを出して直近の価格よりも一ティック安く五〇枚の買い気配値を出しているローカルズに目配せをして、その買いに応じると合図をした。ローカルズがそのトレードの約定を認めると、ブローカーは電話横の従業員に売り注文が約定したという合図を返した。

Tボンドのプロトレーダーによると、彼はベーカー国務長官が「遺憾ながら」と言って約三〇秒以内にTボンド先物を五〇枚売っていた。彼の注文が約定して一～二分以内に相場は一ポイント、つまり一枚当たり一〇〇〇ドル分、下げた。彼は一分ちょっとで五万ドルの利益を得て、そのトレードを引き受けたローカルズは五万ドルの損をした。もちろん、ローカルズが手仕舞うための五〇枚の売り注文を引き受ける買い手がその間に見つからなかったと仮定すればの話だ。

Tボンドのプロトレーダーは何を知っていたのか。彼はTボンドトレーダー、特にローカルズがどう考えるかや、彼らがある種のリポートやニュースにどう反応しそうかを知っていた。戦争が始まるという話が広まるとすぐに、Tボンド市場がそのような処分売りに見舞われると、彼がどうして考えたのか、今では覚えていない。しかし、交渉が決裂すれば、「ピット」にいるだれもが間違いなく売ろうとするだろう、と彼が言ったことは覚えている。

もちろん、そう考えたのは彼だけではなかった。だが、彼はほかのほとんどのトレーダー、特にフロアトレーダーよりも有利だった。彼はその瞬間のニュースを聞いて、即座に注文を執行させることが可能な場所にいた。また、彼には発言の続きを聞き終えるまで待たずに、「遺憾ながら」という言葉を聞くやいなや反応するほどの心理的な能力もあった。

フロアに売り注文が殺到し始めたら、ピットのトレーダーはすぐに何かが起きたと分かった。そして、そのときに買い気配値の手サインを出していれば、少なくともその手を引っ込めた。それから、戦争が始まると分かった途端、彼らはおそらくほかの皆と同じように売り注文を執行しようとし始めただろう。

ここで、自分に問わなければならない。そのTボンドのプロトレーダーは間違いなく確実だと思って動いていたのだろうか。

それは絶対にない！

たとえ、そのトレードで成功する確率がとても高いと思っていたとしても、「何が起きてもおかしくない」ことを十分に理解しているほどの経験があった。だから、彼は実際に起きたように相場が反応するのは当然だとは思っていなかった。思惑どおりの動きをしなかったら、できるだけ素早く損切りをする用意もできていた。

第三点　ファンダメンタルズに基づいてトレードをしているとき、何が分かっているのか

ファンダメンタルズ分析は価格予測の「合理的な」手法と言われる。それは将来のある時点の証券の価値に対して、現在の価値を判断するすべての要素を体系的かつ思慮深く分析しているからだ。ファンダメンタルズの観点から市場を分析するときには、その株式か金融証券か商品が現在、適正価格か割安か割高かを判断するのに関連するとみなされるすべての基準を検討する。

分析に基づいて今は割安だと判断すれば、価格が上がると「合理的に」予想できる。ただし、ほかのトレーダーも同様の考え方をするようになればだ。一方、割高だという結論

になれば、価格は下がると「合理的に」予想できる。もちろん、ほかのトレーダーも同様の考え方をするようになれば、だ。

あなたが売買注文の比率にかなりの影響を及ぼすほどの力がなければ、トレードをする根拠にファンダメンタルズ分析を使うとき、市場のほかの参加者があなたと同じくらい「合理的に」価値の評価をしているために、あなたと同じ方向にトレードをしたくなると基本的には期待しているか、それに賭けている。さらに、彼らのそうする熱意が強いために、あなたよりも高値で買うか安値で売ると思っている。そうでなければ、どうして価格があなたの有利な方向に動くだろう。

ファンダメンタルズ分析を主に使うトレーダーにおける最大の問題のひとつは、市場で多数決原理が働いていることを理解できていないことだ。つまり、その人の分析があらゆる測定基準に照らして、いかに合理的で論理的で完璧でさえあっても、価値を判断するファンダメンタルズのどんな要素とも無関係の理由で、トレードを仕掛けたり手仕舞ったりする市場参加者は常にかなりの数いるのだ。ということは、見えないか知られていない多くの理由のために、ファンダメンタルズ分析をした人が割高と判断したものをほかのトレーダーが買いたがるせいで、価格が上がることもある、ということを意味する。または、自分が割安と判断したものを売りたがる人がいるせいで、さまざまな期間にわたって価格が下げ続けることもある、ということだ。

ファンダメンタルズ分析に頼らないほかのトレーダーがどう考えるか理解できないか、注文の流れの原動力を十分に学んでいないファンダメンタルズ派のトレーダーにとって、そんな値動きはまったく不合理で起きるはずがないのだ！　ファンダメンタルズ分析に基づいてトレードをしている人は企業価値が分かっているかもしれない。しかし、彼らが知らないか、けっして理解できないかもしれないことがある。それはほかのトレーダーが同じように合理的で理にかなった結論に達して、価格が企業価値を正確に反映するほどの出来高でトレードをするまでにどれくらいの時間がかかるかという点だ。

市場の歴史をひもとくと、非常に堅実なファンダメンタルズ分析を使っていた多くのトレーダーが、市場のほかの参加者が「合理的になって」、正しいことをするのを待っているうちに破産している。

第四点　テクニカル分析に基づいてトレードをしているとき、何が分かっているのか

コンピューター画面に向かって限られた観点からトレードをしている純粋にテクニカル

派のトレーダーは、本当に何が起きているのかあまり知らない。彼らはだれが売買注文を出しているのかを知らないし、それらの注文が出される本当の理由はもっと知らない。それは彼らがトレードで利用するパターンが生じる本当の理由を知らないし、パターンから得た予測が結果的に正しくなるのかどうかも分からない、ということを意味する。

第14章

分析に基づいて値動きに賭けるトレーダーはギャンブルをしているのか

スロットマシンでのプレーが純粋なギャンブルだということは議論の余地がない。さて、トレードも純粋なギャンブルだと言うためには、値動きに賭けることとスロットマシンの仕組みとの間に十分な相似関係があるのか、と自分に問う必要がある。この質問に対するあなたの答えは極めて重要だ。なぜならば、トレードで成功するためにはマイナスの感情から自由で、恐れを感じない見方が必要になるが、その核にあるのは、トレーダーとして「自分はギャンブルをしている」という信念だからだ。

質問にどう答えるかを考えているときに、いくつかのポイントを確認しておこう。

●あなたがインサイダー情報に接することができず、

●価格を自分で動かせるほど大口のトレードをしてもいず、
●ほかのトレーダーが売買注文を出す動機となる本当の理由を知る方法をまったく持っていないのならば、
●あなたが彼らの理由と考えていることが正しいかどうかはけっして確かめられない。
●すると、あなたがどうやって自分の予測に至ったとしても、値動き方向についてのすべての予測が単なる推測であることは明白だ。

注文の流れ次第で、個々の予測は当たることも外れることもある。いずれにせよ、前もってそれを知る方法はないし、それについてできることは何もない。あなたの予測がすべて推測であり、その推測が誤っているときには損をするのなら、自分のしていることはけっしてギャンブルでないとどうして言えるだろう。

値動きに賭けている私たちトレーダーはギャンブルをしている。しかし、それは私たちが頼りになる利益を着実に生み出すことができないという意味ではない。トレーダーとしてギャンブルをしているときの方法と、カジノに行ってスロットマシンにお金をつぎ込み始める人では非常に大きな違いがある。スロットマシンで着実な成果が得られる確率は実質的にゼロだからだ。スロットをプレーしている人が着実に収入を生み出せない理由は、勝率がカジノ側に有利になるようにスロットマシンがプログラムされているからだ。

カジノが繁盛しているのは、常に自分たちの勝率のほうが良くなるように設定しているからだ。確率はカジノに有利なので、カジノが着実に収入を得るためにすべきことは、すべてのプレーに参加して、確率の法則が十分に働くようにするだけだ。すべてのプレーに参加すれば、負ける場合もあることはカジノ側も知っている。しかし、カジノ側の見方では、確率は自分たちに有利なので、それらの負けはより頻繁に出る勝ちを経験するために払う経費にすぎない。そのため、カジノは多くのプレー全体で見れば、常に勝つ。

あなたがスロットマシンの前に座っているときにだれかが近づいてきて、ギャンブルをしているのですかと尋ねられたとしよう。あなたはおそらく、「からかっているのか」という表情をしたあと、「もちろん、ギャンブルをしてますよ。ほかに、何と呼ぶのですか」と答えるだろう。典型的なトレーダーがコンピューターの前に座って、本物の分析法と信じているものを使って、値動き方向を予測しているときに、「ギャンブルをしているのですか」と、あなたが尋ねたとしよう。彼はおそらくあなたに、「からかっているのですか」という表情をしたあと、「いいえ、ギャンブルはしてません。私は分析が正しいと思わないかぎり、何もトレードをしませんから」と答えるだろう。

典型的トレーダーは判断を誤って損をするリスクを避けるために、次に何が起きるかを自分の分析から必死に知ろうとする。彼らは判断を誤ることも損をすることも避けられない。だが、それらを避けようとする過程で、トレードがうまくいっていないことを確認するために必要とする金額をはるかに超える大損をする。しかも、トレードでその種の誤りを繰り返すため、着実な成果はけっして生み出せない。彼らが理解していないのは、勝率が高くリスク・リワード・レシオが一以上の分析法があれば、着実に収入を積み重ねていくために次に何が起きるかを知る必要はないということだ。彼らはカジノの経営者と同じように、確率の法則が十分に効果を発揮するように、その法則に任せさえればよいのだ。

言い換えると、分析が良ければ、カジノでプレーをする人々のようなギャンブルをしているのではなく、カジノの経営者のようなギャンブルをしているのだ。

そのため、カジノと同じく典型的なトレーダーにも、結果がランダムなイベントから着実に利益を生み出す機会がある。一般の人が利用できる優れたテクニカル指標や手法、システムはすでにあり余るほどあり、実際に長く使われてきた。だから、トレードの分析に関して新たにツールを作り上げる必要はない。自分のトレード法に合ったものを見つけて、満足できる収入を得られる可能性があるかどうかを検証しさえすればいいのだ。そして、どれを使うかを決めたら、利益を上げ始められる。もしも――これは本当にもしもだ――、あなたがすべての予測に従い、もちろんトレードをひとつ残らず実行するだけの心理面の能力（スキル）があれば、だ。

誤りなく、分析から得られたすべての予測に従うためには、確率という観点から動く必要がある。確率の観点の核となるのは、「私はギャンブルをしている」というトレードでの信念だ。

世界中のすべての階層の何百万もの人々がスロットマシンでプレーをしている。彼らは負けても、苦痛で気弱になったり、プレーを続けるのを怖がったりしない。自分はギャンブルをしているという信念があれば、トレーダーも同じようにマイナスの感情から自由な精神状態になることができる。

「私はギャンブルをしている」という信念を採用する利点

第一　自分はギャンブルをしているという信念を採り入れたら、正しいか間違っている

かという観点からではなく、確率の観点から予測をとらえることが可能になる。

確率の観点からとらえると、私たちのすべての予測は正しいものと間違っているもののランダムで予測できない一連の並びを前提とした推測になる。一連の正しい予測と間違った予測の並びがランダムで予測できないと本当に思っているのなら、次に何が起きそうか分からないと思っているはずだ。何が起きそうか分からないと本当に思っているときに、自分はギャンブルをしているという信念があれば、予測が正しくなくても、それを間違いが通常意味することに結びつけて考えずに済む。

本当に分からないと思っていることは、間違えようがないからだ。

言い換えると、何が起きそうか分からないと思ってトレードを仕掛けるのなら、トレードがうまくいかなくても自分の分析が間違えているとは思いもしないだろう。これは矛盾していているように思うかもしれない。だが、自分はギャンブルをしているのであり、分析をするのはエッジ（優位性）を得るためにすぎないと考えているのなら、矛盾はしていない。

第二　自分はギャンブルをしているという信念があれば、トレードがうまくいかなくても、それを負けが通常、意味する観点からとらえることはない。

確率という観点でトレードをしていて、エッジが役に立たなかったときには、値動きに賭けるうえで避けられないことだとみなせる。確率の法則が働くためにはすべてのトレードを実行すべきであり、エッジが役に立たない場合もあるのならば、うまくいかないトレードで使うお金はカジノ経営の場合と同じく損失ではない。それどころか、トレードで利益を出すためには事前に計算していた金額を使う必要があるという意味で、それは経費だ。勝つために費やす金額はレストランの経営者が顧客に出す料理の材料を買うために必要な小切手と何ら変わりない。食材費はメニューとして出す料理から利益を生み出すために欠かせない通常の経費だ。確率の観点から行うトレードでも、まったく同じ理屈が当てはまる。役に立たないエッジは単に通常の事業経費だ。うまくいかないトレードに使うお金が通常の事業経費だと本当に思っているのならば、それらのお金を、損をすることや負けが通常意味することと結びつけて考えることはない。

第三　自分はギャンブルをしているという信念を採り入れたら、分析から導いた予測と相場の動きが異なっても、通常なら負う責任を負うことはない。

人生でしたくないことに対して責任を押しつけられると、自分の間違いを認めざるを得ないときと同じくらい苦痛を感じることもある。しかし、間違えることなど何もないという信念で動いているときには、何が起きそうかを予測したからといって責任を負う理由はない。値動き方向に影響を与える力は多種多様なことを考えると、何が起きてもおかしくないのだ。自分の予測に責任を負う必要はないと思っていれば、相場が予測どおりに動かなくても苦痛を感じる理由はない。

第四　自分はギャンブルをしているという信念を採り入れたら、仕掛けや手仕舞いをする「正しい」理由を見つける必要があるという観点からトレードを見ないようになる。

テクニカルトレーダーとして、私が売買注文を出す根拠として必要なものはひとつだけだ。それは常に同じで、「今、自分のエッジの条件を満たすパターンは存在するか」だ。注文の流れが変化しないままでいるか私には分からない、と本気で思っているのならば、私が自分に問うて正しくあるべきことは唯一、その質問だけだ。

第15章

復習

　トレードの目的が値動きから利益を生み出すことならば、ほかのトレーダーが仕掛けや手仕舞いをする理由が将来の値動き方向に及ぼす影響に対して、私たちは賭けていることになる。コンピューター画面を見ながらトレードをしている典型的なトレーダーにとって、彼らの注文理由や出すつもりの売買注文数は知りようがない。しかし、彼らの注文が取引所に出される過程で、買い注文と売り注文が付け合わされてトレードとなり、値動きを引き起こすと、注文の流れから集合的な行動パターンが現れてくる。

　これらの値動きのパターンはあらゆる時間枠で、絶えず繰り返し現れる。そのため、それらには予測としての価値がある。だが、それは通常、私たちが考える意味においてではない。パターンから得られる予測は、通常の分析と同じ意味で何が起きるかを伝えるのでははない。予測に対する結果は常に確率的だという意味で、起きる可能性があることを伝えるのだ。パターンから得るものは、一連のトレードに対して自分に有利な統計的エッジがある予測だ。一方、予測に対する結果は、ほかのトレーダーが自分の予測と同じ方向に十分な数の注文を出して私たちが勝つ場合と、彼らがそうしないために負ける場合があり。両者の分布はランダムで予測できない（知り得ない）。一連のトレードの予測で当たるときと外れるときの分布がランダムで予測不能ということは、一連の予測のなかでの個々の予測は推測以外の何ものでもないということを意味する。要するに、予測に使う分析がいかに洗練されていようと、推測をしているのだ。そして、推測をしているのならば、当然、ギャンブルをしていることになる。

しかし、成功の確率が常にプレーヤーに不利にもかかわらず、カジノに行く人たちのようなギャンブルはしていない。すでに述べたように、私たちはカジノ経営者のようなギャンブルをしているのであり、使う分析法の質次第では確率は確実に私たちに有利にできる。自分に有利な確率のときに、カジノ経営者のように確率の法則に任せればうまくいく。もちろん、私たちがすべての予測に加わり、誤りを犯すことなくトレードを実行できるだけの心理的なスキルがあればの話だ。誤りを犯すことなくトレードをするというのは、次のことを意味する。

●するべきことを、
●するべき正確なときに、
●自分の分析から予測が得られるたびに、実行できなければならない。

シグナルが点灯するたびに、するべきことを実行するための身体的スキルはとても単純で簡単だ。取引ツールの適切なところまでカーソルを動かしてマウスをクリックするか、キーボードをたたくか、スマートフォンの画面をタッチするだけだ。一方、大部分の人と同じく、適切な信念に基づいた心理的スキルを身につけていなければ、一連の予測に従ってすべてのトレードを残らず実行するのはけっして単純でも簡単でもない。実際、それはあなたがこれまでに試みたことで最も難しいことのひとつかもしれない。

どうしてそれほど難しいのだろうか。何に恐れを抱きやすいのだろう！　損をすることもトレーダーに付き物の特徴ならば、損をすることや負け犬になることを恐れている人は当然ながら適切に注文を執行できない。ほかのトレーダーの集団としての行動を分析から予測するとき、そのなかの何割かは間違いを避けられない。そのため、間違えることを心配しながら動いていると、シグナルに従って適切に注文を執行するのは難しい。

あなたは今、トレードをひとつ残らず一貫して、持続可能な形で執行できるだろうか、と考えているかもしれない。分析で点灯したシグナルを恐れることなく、マイナスの感情から自由な精神状態で執行することは可能だ。着実に成功してきた最高のトレーダーのほとんどは常にそうやっている。また、スロットマシンで毎日プレーをするあらゆる階層の何千万もの人たちも、負けても苦痛や不快さを少しも感じないでいられることを証明している。間違えて損をしても苦痛を感じないでいられるのは、彼らの考え方のせいだ。

最高のトレーダーが間違えても恐れないのは、個々のトレードで予測が当たることが成功のカギではない、という信念で動いているからだ。

最高のトレーダーは毎回、自分の予測が当たるとは思っていない。当たる予測と外れる予測がどういう順序で現れるかはランダムで予測できない、と純粋に信じているからだ。一連の予測の結果が本当にランダムで予測不能だと彼らが信じるようになったとき、相場が予測どおりの反応をしなくても間違えたと思う理由はもはやなかった。彼らはまた、損切りの逆指値に引っかかっても負けているとは思っていない。彼らはカジノ経営者と同じ信念で動いているからだ。トレードは経費を払う必要があるビジネスだ。トレードでの主な経費は、確実にトレードに加わって勝ちを経験するために必要な金額だ。トレードでの負けは着実な成果を生み出す過程で避けられない部分だと思っていれば、自分のエッジが役立たないときでも、「負けている」とか、「負け犬だ」とか思う理由はなくなる。

このマイナスの感情から自由な考え方ができるようになる最も簡単で効率的な方法は、値動きに賭けることがスロットマシンでプレーをするときの心理的な特徴とほぼ同じであり、いかに純粋なギャンブルかを理解して、「私はギャンブルをしている」という考えを採り入れることだ。そして、スロットマシンでプレーをしているときのように、値動きへの賭けを楽しむことだ！　自分に有利な確率をもたらす分析法を見つけるか開発する必要に加えて、「私はギャンブルをしている」という考えを採り入れることは成功に不可欠な要素だ。だから、私はこのように考えることを重要なトレードスキルに分類している。

自分はギャンブルをしていると思っているということは、次のことが分かっていることを意味する。

リスクは常に存在する。リスクがなくなることはけっしてない。このことに例外はない。

自分はギャンブルをしているという信念があれば、トレードがうまくいかないリスクを取り除けたという幻想にふけることもけっしてない。そのため、相場がどう動くべきかを判断して、自分のエッジの基準に沿った動きをしていないかどうかを確かめてからしか、けっしてトレードをしない。ギャンブルをしているという信念があると、損切りの手段として苦痛に頼る必要はなくなる。

うまくいかないトレードで支払うのは事業経費なのだ。

カジノと同じように確率の法則を生かすためには、ランダムに現れる勝ちトレードをつかめるように、精神的にも感情的にもすべてのシグナルを執行できなければならない。うまくいかないトレードのコストは、うまくいくトレードのために払う代償なのだ！　エッジが思惑どおりの働きをしなかったときのコストは通常の事業経費だと本当に思っていれば、うまくいかないトレードを、負けることや負け犬が意味することと結びつける理由はなくなる。

予測が当たる場合と外れる場合の分布はランダムで予測不能なため、個々の予測は推測でしかない。

値動き方向に影響を及ぼす注文が出される理由はたいてい非常に多様なため、売買注文の流れはランダムであり、その点では結果がランダムに出るように設計されたスロットマシン内のコンピューターチップと同様なのだ。ギャンブルをしていると思っているということは、これを理解していることを意味する。一連のトレードにおける勝ちと負けの並びがランダムだと本当に信じているときには、直前の予測の結果から次の予測を考える根拠はなくなる。現在のイベントを直前のイベントから切り離せば、目の前の機会の流れに集中できるという効果がある。「私はギャンブルをしている」という信念は心理的なスキルの働きをして、次のトレードに楽に移っていくために必要なレジリエンスを与えてくれる。

心理的な観点から、自分はギャンブルをしているという明白な考えを抵抗なく採り入れられたら、自分でできる何にもまして結果に対して好影響を及ぼせるだろう。

読者のなかには、値動きに賭けるのはギャンブルだという考えや、私があとで論じる信念に基づくほかのトレードスキルとは対立する非常に強力で伝統的な社会的・哲学的な考えか、ひょっとすると宗教的な信念を持っている人もいるかもしれない。そういう人にとって、「私はギャンブルをしている」という考えを主要な行動原則として採用するということは、自分の考えの一部を制御する方法を学ぶ必要があるということを意味する。

一見すると、これは気が重く、抽象的か複雑な仕事のように思うかもしれない。だが、そんなことはないと約束しよう。あなたが着実な成果を生み出そうと本当に決心して、その目的までの進路がはっきりと見えるならば、その正反対だ。あなたはトレードに関する新しい考えを身につける過程を見つけて、持っている役に立たない考えをかなり単純かつ簡単に解消できるだろう。一方、あなたがトレード一般の性質であるギャンブルに対立する深い宗教的・哲学的な考えか、自己評価が低いために大金を儲けることを嫌がる考えを持っているのなら、控え目に言っても、それらの対立を解消するのは少し難しいかもしれない。しかし、この過程がどのように働くかを知れば、もちろん対処できないことではない。この種の考えについて特に援助が欲しい人は、妻のポーラに連絡することを勧める。彼女はトレーダーが自分の能力を抑えるような信念に気づかせてくれるだけでなく、それらの信念を解消して、もっと生産的で、理想的にはトレードにふさわしい信念を身につける手助けするのが非常に得意だ。

第4部では、主要な行動原則として確率という観点を身につけるためのトレードの訓練法を教えるつもりだ。また、トレードにおける誤りをもたらしやすい不安の根本原因である、トレードで役立たない典型的な信念の多くを解消する。訓練をうまく終えられたら、頼りになる収入を得る明らかな道に踏み出せるだけでなく、あなたが取りつかれている考え一般をコントロールする能力も持てるようになるだろう。

あなたが次のことを経験したとしよう。

●わずかでも不快さを感じることなく損切りすること
●トレードを仕掛けて、間違えることを恐れないのがどんな気分なのか
●利食いを早まるか遅らせて取れたはずの利益を取り損ねるか失うのを恐れなければ、着実で冷静に利食いをするのがいかに簡単か

すると、あなたの問題処理能力が自分の目的や目標・夢・欲求と調和してないと気づいたときには、訓練で得た洞察を生活のほかの領域に当てはめて、必要に応じて考え方を変えることができるようになる。

さて、あなたは第3部で何を学んだだろうか。
次は自分が何を知っているかを確かめるための質問である。

①第3部を読んだあと、トレードで着実に成功するために身につけなければならない身体的スキルと精神的スキルの違いについて、あなたはどう定義するか。具体的に。

②バスケットボール選手が経験した「緊張のせいでミスをした」例について、あなたがトレードで負けたあと、例で示した考えのいくつかに同じように同意したか。正直に。

a．これらの考えの少なくともひとつに同意するなら、自分のトレードでの精神状態からその考えを取り除くにはどうすればよいと思うか。具体的に。

③あなたは「優勝する」トレーダーに必要なもの――「優勝者」の考え方や信念体系を身につけているプロのアスリートと同様のもの――を持っていると思うか。

a．持っていると思うなら、どういう点でそう思うのか。

b．思わないのなら、どういう点でそう思わないのか。

④ギャンブルのあなたの定義は何か。

a．ギャンブルは悪いことだと思うか。

b．そう思う理由、あるいは思わない理由。

⑤トレードは「ギャンブル」だと思うか。

a．思うなら、どうしてそう思うのか。

b．思わないのなら、どうしてそう思わないのか。

⑥トレードはギャンブルに似ているという考え方や信念を採用することの何が悪いのか。具体的に。だが、より重要なことは自分に正直に答えること。

⑦トレードにおけるあなたの目的は何か。

a．お金を稼ぐことか、それとも正しくあることか。

覚えておいてほしい。これらの質問はあなたのために、あなたについて行ったものであり、この答えをだれにも伝える必要はない。これらはあなたが何をどのように考えているか、そして現在のあなたが市場をどのように認識しているかをこれから記憶して、トレードについての時代遅れの考えや妨げとなる考えを調整するか更新する手助けとするためのものである。

第4部

第16章

確率に基づく考え方を身につける

第12章で、私はトレードで成功するために必要な心理的スキルを大きく三つにまとめた。

①客観的な認識
②シグナルの確実な執行
③冷静な資産の積み重ね

客観的に相場情報を認識するためには、リスクの性質について幻想を抱くことも、一定の相場の動きを期待することも許されない。シグナルをひとつ残らず執行するためには、判断を誤って損をしても苦痛を感じないでいられるだけの心理的なレジリエンスが必要になる。客観的に認識する能力も、シグナルをひとつ残らず執行する能力も、いかに確率という観点から動けるかで決まる。

冷静に資産を積み重ねていけるかどうかは、自分自身をどうやって理解するかを学び、自分の能力がいつ落ちているかに気づけるようになり、着実な成果を生み出すという目的に沿って判断できるようになれるかどうかにかかっている（自分の能力が落ちている状態とは、最高の能力を発揮できる状態ではない、ということ。この状態にいつ陥っているのかや、最高の能力を発揮できる状態にどうやって達するのか、あるいはそれがトレードで何を意味するのかが分からない人で、この時としてあいまいな分野についての手助けが欲しい人は妻のポーラに連絡をしてほしい）。そして、トレードを効果的にできる精神状態ではないと気づいたら、すぐにトレードを中断してしまうか、少なくともトレード額を減らす規律を持つことだ。精神状態が悪くなる典型的な原因は、トレーダーになって大金を稼ぎたいという願望と矛盾するさまざまな信念を持っているせいだ。また、ストレスの多い生活をしているか、自信過剰になって浮かれ気分になっているか、あるいはトレードで成功するために実際に必要な力学を理解し始めたせいかもしれない。冷静な資産の積み重ねについては、第18章で説明する。この章では確率に基づく（スロットマシンプレーヤーの）

考えを核となる行動原理として身につけるために、トレードの訓練をしながらトレードルールを作り上げることに集中する。

トレードが確率的な性質を持つという固い信念を作り上げる

第一段階　これから示すトレードの訓練をするのがなぜとても重要かをはっきりと理解すること

あなたの最終目標は自分のエッジ（優位性）から引き出せる最大限の利益を実現する（本当に利益を出して、それを維持する）力を身につけることだ。この目標を達成するためには、シグナルをひとつ残らず執行できなければならない。そのためには、すべきことをすべきときに、恐れや後悔、考え直し、抵抗、ためらいや心変わりが生じてはならない。確率に基づく（スロットマシンのプレーヤーのような）考え方で動けば、自分の期待をコントロールできる。そして、値動き方向の予測やトレードの結果を、判断を誤ることや損をすることが通常意味することと自動的に（つまり、考えることなく）切り離せるようになる。思い出そう。人々がスロットマシンでプレーをして負けても、まったく苦痛を感じないでいられるのは、報酬が得られないことを損失ととらえていないからだ。彼らはボタンを押したあとに何が起きるかを知るためにお金を使っているのだ。そして、スロットマシンが次にどういう動きをしそうか分かるとは思っていないので、間違えることもない。自分が本当に分からないと思っていることは間違えようがない。

彼らが勝てないリスク、あるいは勝つかどうかを知るのにかかるコストについて幻想を抱くのは非常に難しい。それは単に、プレーヤーがお金を使おうと意識的に決めて、実際にそれを実行に移さないかぎり、スロットマシンは動かないからだ。スロットマシンにお金を投入できるということは、プレーをするリスクを受け入れたことを意味する。

リスクを受け入れるということは、どんな結果が出てもそれを認めるか、大丈夫ということを意味する。

そうでなく、どんな結果も出る可能性もあると分かっていながら、現実に出た結果を必ずしも受け入れられなければ、プレーをするのは難しい。言い換えると、彼らが結果をどの程度認めないかと、スロットマシンにお金を投入するのにどの程度の抵抗を感じるかはぴったりと比例する。

次は私が言いたいことの好例だ。

一九八〇年代の初めごろ、ポーラはネバダ州のラスベガスで私と合流することになっていた。二人とも民間の投資グループが主催するトレードセミナーで講演をする予定だった。私のほうが最初に話すため、彼女よりも二日早く着いていた。彼女は一週間にわたるセミナーの半ばまで話す予定がなかったからだ。マッカラン国際空港を歩いていたとき、彼女は中年の男性がスロットマシンでプレーをしているのを見かけた。彼がちょっと興奮しているように見えたので、彼女は立ち止まって見ていた。彼がプレーをしていたスロットマシンは、一〇〇万ドルのジャックポットを当てるのに二五セント硬貨を四枚入れる必要があった。その男性は連勝しているようで、その賞金をさらにプレーにつぎ込み続けていた。

ほかの数人としばらく見ていると、明らかに連勝は止まった。彼はいっそう興奮して、それまでに得た賞金を使い続け、ついにそれを使い果たした。賞金がなくなると、彼はポケットに手を突っ込んだ。すると二五セント硬貨は一〇〇万ドルを当てるために必要な四枚ではなく、三枚しかなかった。彼はとてもいら立ち、しばらくためらったあと、三枚の硬貨をスロットマシンに入れてレバーを引くと、リールが回り始めた。

ポーラが言うには、リールはいつまでも回り続けるように見えたので、人だかりがして、みんなはその男性がジャックポットではなくても、少なくともかなりの金額を当てるのではないかと思っていた。

リールの回転スピードが落ちて、シンボルが並び始めると、ポーラは男性に大金が当たりますようにと祈った。「運」良く、ついにリールが止まって、シンボルは一〇〇万ドルのジャックポットを示す並びになった。残念ながら、そのジャックポットを獲得するためには硬貨が四枚必要だった。男性は手持ちの三枚しか入れていなかったので、負けた。彼は一〇〇万ドルのジャックポットだけでなく、そのスロットマシンで得ていたほかの少額の当たりもすべて失った。

ポーラによると、彼の周囲は世界が止まったかのように、静まりかえった。ほんのしばらくの間、スロットマシンのリールが回るのを見ていた人々、男性のプレーを見ていた人々のだれもが、まったく見知らぬ人のために息を殺して、大当たりを願っていた。しかし、そうはならなかったのだ。

次の瞬間に、プレーをしていた男性は一〇〇万ドルが当たっていたと気づいた――硬貨を四枚入れてプレーをしていさえすれば、だ。彼はいら立った。大声でわめいたり叫んだりして、スロットマシンを激しくたたき、揺り動かそうとした。その間ずっと、「信じられない……」といった言葉を叫んでいた。保安係が駆けつけて、その男性を押さえつけた。

そして、彼らの背後にいた白衣の男たちが男性を静めると、救急車で連れ去った。

この例は私が先ほど述べたことをよく示している。男性はスロットマシンでどんな結果が出ようと受け入れた――ただし、一〇〇万ドルのジャックポットを獲得できないという ひとつの結果を除けば、だ。それで、結果をどの程度受け入れられるかは場合によって変わるし、損が出てもかなり我慢できるトレーダーにはその程度が分からない場合もあるかもしれない。だが、彼らが我慢強く、すべての損を完全に受け入れたと仮定しよう。この例では、すでに分かったように、これは当てはまらなかった。

値動きに賭けるトレーダーはトレード前に何も支払う必要はないし、トレードがうまくいきそうかを確かめるためにリスクを取る必要もない。そのせいで、トレードで勝ったと分かったら、コストを支払うリスクはまったくなかったかのように思えることもある。だが、これは幻想だ。

注意　分析のおかげで勝てたというだけで、分析によってそのトレードのリスクが取り除かれたわけではない。

私たちが幸運にもトレードで成功した家庭に生まれた数少ないトレーダーの一人で、「リスクは常に存在する。たとえ何があろうと、リスクがなくなることはけっしてない」と、トレードを始めたときにはっきりと教えられていたら、うまくいかないトレードのリスクを受け入れるのは問題にすらならないだろう。

残念ながら、そのほかの人々は一般的にまったく正反対の影響を受けながらトレードを始める。私たちはさまざまな情報源から、「リスクは確かにある」が、適切な分析かブローカー、あるいは取引ツールがあれば、そのリスクを取り除いて確実に勝てる、という考えや情報の山にさらされる。すでに述べたように、これはまったく正しくない。そのため、リスクの性質について、初めから真実を聞かされていたおかげで現実的な期待しか持たないトレーダーと異なり、私たちは自分の期待のせいで次のような経験をする。

- トレードがうまくいかないかもしれない、と確信するか想像していても、実際にそうなりそうに見えたら不安を感じる。
- トレードがうまくいっていないことを認めない。
- トレードはうまくいかなかったと認めざるを得ないときに苦痛を感じる。

トレードの性質について確率に基づく信念を採り入れたら、現実的な期待しかしないようになり、不安や苦痛を経験する可能性はなくなる。

確率に基づく（スロットマシンのプレーヤーのような）トレードの考えの根底にある前提と信念は次のとおりだ。

①トレーダーが売買注文を出す動機となった理由は極めて多様であり、値動きに影響を及ぼして、次のような状況を作り出す

a．何が起きてもおかしくない、

b．エッジに基づいて行った一連の予測に対して、勝ちと負けが現れる順序はランダムである。

c．エッジがうまく働かないリスクは常に存在する。

②エッジに基づいてトレードを仕掛けたあとに、ほかのトレーダーが取引所に出すつもりの注文の理由や数量や種類について知ることはできない。そのため、次の状況が生まれる

a．これから何が、どうして起きるのかは分からない。

b．分析から得られる予測は推測にすぎない。

c．価格が特定方向に動いている理由が分かるという自分の主張は何であれ、こじつけだ。

d．自分は分からないのだから、間違えることは何もない。

③注文の流れに影響を及ぼす注文の種類や数量をコントロールする力は自分にはない。そのため、次の状況が生じる

a．自分のエッジに従ってトレードを仕掛けたあとは、値動き方向にはまったく責任がない。

④一連のトレードに対する勝率とリスク・リワード・レシオが良いかぎり、確率の法則によって次の状況が生じる

a．エッジに基づいて仕掛けた個々のトレードの結果を知ろうと努力しなくても、着実に利益を生み出せる。

⑤エッジがうまく機能するかどうかを確かめるために支払う金額は値動きに賭ける際の通常の事業経費であり、ほかのどのビジネスでも発生する必要経費とまったく同じだ。私がレストランのオーナーだったら、在庫用の食材の支払いに小切手を切る必要があるからといって、自分は負け犬だとはけっして思わない

ａ．エッジがうまく機能しないために支払うコストは損失ではない。それは勝ちトレードを経験するために支払う代価だ。

特に自分が真実だと思っているか少なくとも思いたいことと、新しい信念が対立する場合には、新しい信念を身につけるにはそれに完全に納得できなければならない。完全に納得するためには、議論の余地なく証明される必要がある。信念が役に立つことを証明するか反証を挙げる最も良い方法は直接、自分で経験することだ。訓練では、ある状況を設定して、トレードで勝つ方法としてすでに持っている確率に基づかない信念と、確率に基づく（スロットマシンのプレーヤーの）新しい信念とが直接ぶつかる経験をする。私はその対立を利用して、あなたの目的に役立っていない信念を解消し、エッジに基づくトレードをひとつ残らず執行できる信念を強化するつもりだ。

第二段階　銘柄選び

活発に取引されている銘柄なら、どんな株や先物、ＦＸでもよい。流動性があって証拠金を用意できるかぎり、どの銘柄をトレードするかは重要ではない。

第三段階　エッジを見つける

分析でのエッジを見つける方法はいくつかある。

①チャートの読み方を学んで、自分でパターンを特定して評価できるようにする。
②チャートの提供サービスや取引ツール、証券会社が提供する数多くの売買指標から、自分自身の組み合わせを考案する。
③すでに考案されていて、本で紹介されている売買指標を見つける。
④プロのシステム開発業者か販売業者から既製のトレードシステムを購入する。

訓練のために探すのは、仕掛けと手仕舞いの厳密なルールがあるエッジだ。厳密というのは、まさにその意味するとおりだ。エッジは、仕掛けのシグナルを点灯させるときの相場の条件や、トレードがうまくいってないときや利食いをすべき条件を正確に定義している必要がある。訓練から有益なものを得るには、いつ、何をすべきかを自分の主観で判断することは許されない。従うべき厳密なルールを持っておくことが訓練に欠かせないのだ。

第四段階　検証

満足できる勝率とリスク・リワード・レシオが得られそうな手法を見つけるか購入するか考案するかして、それに主観的でない仕掛けと手仕舞いの厳密なシグナルを用意できたら、それを検証する必要がある。過去データを使って検証を行うソフトウェアで、一定期間について検証することもできる。しかし、確率に基づいてトレードを考えることを身につけるという、ここで達成しようとしていることのためには、シミュレーション用の取引口座を使って生のデータで検証すれば、最も貴重な結果が得られる。

どれくらいの期間、検証をすべきか。少なくともサンプルサイズ二つ分だ。サンプルサイズとは一連の限られた数のトレードのことで、通常は二〇～二五回のトレードだ。サン

プルサイズは、一連のトレードに対するエッジの勝率とリスク・リワード・レシオが不変ではなく、時間の変化に応じて変動するという原則に基づいている。つまり、スロットマシン内のコンピューターチップのプログラムと異なり、勝率は一定ではない。どんなエッジの勝率とリスク・リワード・レシオでも、時間とともに変わることもあるし、たいていは変わるものだ。

相場は変動するイベントであり、値動き方向に働く力（仕掛けや手仕舞いの理由）は絶えず変動している。仕掛けと手仕舞いのルールが厳密なエッジは、これらの変動を補うことができない。つまり、エッジによって特定される行動パターンはまったく同じであっても、相場の性質は変わっていくため、勝率とリスク・リワード・レシオは変わることもあるのだ。勝率やリスク・リワード・レシオの変化を補うには、サンプルサイズと呼んだトレードグループでトレードを見ればよい。ここでの狙いは、エッジを公平に評価するために十分大きなサンプルサイズでありながら、勝率とリスク・リワード・レシオが受け入れがたい水準まで悪化しているかどうかが分かるほどの小ささにしておこうということだ。私が調べたところでは、エッジの効果を検証するには、二五回のトレードが理想的だった。

検証するエッジを決めたら、実際の勝率とリスク・リワード・レシオを知るために、シミ

ュレーション用の取引口座で二五回の予測に基づいてトレードを執行すればよい。あなたはどういう結果を望んでいるだろうか。確率に基づく考えを身につける訓練をするためには、最低でも五〇％の勝率と一対二のリスク・リワード・レシオが望ましい。つまり、二五回の予測のうちの半分近くは勝ち、それらの利益は損失の少なくとも二倍あってほしいのだ。二五回のサンプルトレードを終えたとき、検証したエッジが最低基準を満たしていれば、訓練を始める前に確認のために、もう一度、二五回のサンプルトレードでの検証をすることを勧める。

エッジが最低基準を満たしていない場合は、まず変数を分析して、調整をして結果が変わるかどうか確かめることを勧める。例えば、損切りの逆指値を仕掛け値に近づけても、エッジによって生み出される勝ちトレード数に変わりがないかもしれない。その場合には、損切りを早くすればリスクにさらす金額が減り、リスク・リワード・レシオと最終結果が良くなる。あるいは、これとは逆に、損切りの逆指値を仕掛け値から遠ざけることで、損切りの逆指値に引っかからずに勝てるようになるかもしれない。また、利益目標を調節するか、固定した利益目標に対してトレイリングストップを使って、結果が良くなるかを確かめることもできる。いずれにせよ、最低基準を満たすまで、調整・確認・考案・検証を

し続けることだ。結果に不安がなくなるまで、自分の基準を満たす結果を求め続けること。これがトレーダーであるということの意味だ。

仕掛けと手仕舞いのシグナルとまったく同じとおりに、サンプルトレードの二五回の予測をすべて執行しなければならない、ということをはっきりと理解してほしい！　どの予測を実際にトレードするかをえり好みしてはならない。また、サンプルの検証をいったん始めたら、どこでいつ仕掛けるかや損切りの逆指値をどこに置くかや利益目標を定義する変数は何も変えてはならない。

二五回ずつのトレードサンプルがそれぞれひとつのトレードであるかのように、意図したとおりに最後までやり通す必要がある。二五回のトレードサンプルが展開するのに任せることだ。

また、最低基準よりもはるかに良い結果が出るまで検証を続けたくなる人も間違いなくいるだろう。だが、それはやめてもらいたい！　確率に基づく考えを身につける過程で、平凡なエッジ以上のものは必要ない。実は、最低基準を少し上回るくらいのトレード手法で、確率に基づく考えを身につける訓練をしてほしいのだ。そうすれば、トレード数の半分でしか勝てなくても、一連のトレード全体では利益を出せるという経験ができるからだ。最

後に、適切なエッジを見つけるために多くの時間と労力を費やさなくてはならないことになっても、驚いてはならない。トレードの性質についてほかのことでも言えるが、たとえ平凡なエッジでも、完全に主観を排除したエッジを見つけたり考案したりするのは、見かけほど簡単とは限らない。

しかし、どれほど時間がかかっても、その過程でトレードシステムについて多くのことを学ぶので、間違いなくそれだけの価値がある。最低基準を満たすエッジを見つけたと確信できたらすぐに、確率に基づく考えを身につける訓練を始めることができる。

第五段階　確率に基づく考えを身につける過程

確率に基づく考えを身につける過程は、コンピューターのマザーボードにOS（オペレーティングシステム）をインストールすることに相当する。だが、これはプログラムをウェブサイトからダウンロードするか、DVDからコピーするようにはいかない。あなたは自分のエッジに基づいてトレードを執行する経験から得た力だけでなく、不安を感じることなくトレードをしたいという欲求の力も使って、確率に基づく（スロットマシンのプレーヤーの）思考法を主要な行動原理として身につけることになる。言い換えると、確率に基づく考えを身につけるには、トレードについての自分の考え方を変えたいという欲求が必要だ。確率に基づく新しい信念が有効で、それとは異なる現在の信念は有効でないと証明される経験をすれば、その欲求が強まるだろう。

確率に基づく考えを身につける訓練で初めにすべきことは、シミュレーション用の口座から本当に資金を使う口座に移って、トレードをすることだ。そのためにはポジションサイズを決める必要がある。シミュレーション用の口座でエッジを検証しているときには、サンプルサイズ全体を通して一貫しているかぎり、株式を何株トレードしようと、先物を何枚トレードしようと大して重要ではない。しかし、今度は本物の取引口座に変えたのだから、ポジションサイズが重要になる。判断を誤って損をする可能性があるという不安は、トレードをする株数や先物の枚数によってさらに大きくなる。だから、確率に基づく考えを身につける過程は、可能なかぎり小さいポジションサイズから始めるべきだ。例えば、株式をトレードするつもりならば、最初のサンプルでは一株のポジションサイズで始めてほしい。先物でトレードをするつもりならば、ミニ先物一枚で始めてほしい。

どうして、これほど小さくすべきなのか。リスクはできるだけ小さくすると同時に、実際にトレードをしてほしいからだ。シミュレーション用の口座で検証をしているときにはお金を損することがないので、何も失うものはなかった。また、検証をするのは、分からないと思っていることを見つけるためだとすると、何かが分からないということは何も間違えようがないことを意味する。何も間違えようがなければ、恐れる理由もない。しかし、いったん本物の口座に移れば、サンプル内の個々のトレードの結果を、判断を誤って損をすることが自分にとって持つ意味に自動的に結びつけて考えかねない。これは、確率に基づかない信念が解消されるまでは経験した不安や自分の間違いに影響されやすいということを意味する。

ポジションサイズをできるだけ小さくしておくという原則は、確率に基づく考えを効果的に身につける過程をできるだけ楽にするためのものだ。さて、自分を「大物」と自認していて、最低限のポジションサイズでトレードをするのは屈辱的であり、私がそう提案するのさえ侮辱だと思う人は頭に入れておいてほしい。これは不安を感じずにトレードをして、着実で持続可能な成果を生み出せるようにするために必要な、心理的スキルを身につける訓練なのだ。スキルをうまく身につけられたら、自分の目的や資金力に合ったどんな方法やポジションサイズでトレードをしても問題ない。

また、確率の性質は理解したし、検証の過程でそれがトレードにどう当てはまるのかも観察できたので、確率に基づく考えはすでに身についた、と思いたくなる人もいるかもしれない。検証を進めるうちに、一連のトレードでの勝ちと負けが現れる順序は確かにランダムだ、という明確で断固たる結論に至ったかもしれない。そして、もう確率に基づく考えに従ってうまくやれるようになったので、訓練はもはや不要だと思うかもしれない。どうか、こうした思い違いはしないように願いたい。

私たちが信念として採り入れる新しい考えや概念は、それまで本当だと思っていた考えや概念のうちで、新しいものと対立や矛盾をするもののエネルギーが減った程度に応じてしか、機能しない。

確率に基づく考え方をうまく身につけるには、採り入れようとしている新しい考えや概念にエネルギーを与えるだけでは不十分だ。トレードの結果を、判断を誤ることや損をすることに結びつけて考える信念を持っているのなら、それらからエネルギーを奪う必要もある。新しい考えにエネルギーを与えるには、理にかなっているか真実と思える情報に接するだけでも十分かもしれない。また、創造力に任せて今まで持っていた知識からは思いつかないアイデアを考えつくことで、新しい考えにエネルギーを与えることもできる。私たちは通常、新しい考えがあると知って、それが何らかの形で自分の生活に役立つと理解できたら、それを信念として採り入れるのに苦労しない。

一方、新しい信念と対立する従来の信念から影響を受けないようにすることは、大部分の人にとってなじみがなく、それが必要だとすら感じない。採り入れようとしている新しい信念が十分に機能するためには、それと対立している信念が完全に働かなくなる必要がある。それがまったく機能しないと確信するためには、エネルギーがすべて放出されて、その信念が崩れる必要がある。私が話していることを分かりやすく説明するために、薪で考えよう。薪は木という物質を構成する原子や分子から成り立っている。これを原子以下のレベルで見ると、木はエネルギーとして存在する。薪に火をつけたら、木のエネルギーは放出されて、薪は灰と化す。木は灰になったが、いまだに存在する。しかし、灰となってしまっては、薪のようなエネルギーはもはやない。

私たちがもう自分の目的には役立たないと考えた信念を打ち壊す場合も、まったく同じことが当てはまる。信念からエネルギーが放出されても、まるでそれがけっして存在しなかったかのようには消え去らない。しかし、自分の生活に影響を及ぼすほどのエネルギーはもはやない。例えば、私は子供のときにサンタクロースは本当にいて、クリスマスにプレゼントを持ってきてくれると信じていた。両親にサンタクロースは本当はいないと言われたとき、初めは信じられなかった。私は両親がウソをついていると言い張った。だが、最終的には、サンタクロースは実際にはいないことを納得させられた。納得させられる過程で、私は「サンタクロースは実際にはいない」という信念を採り入れて、その信念にエネルギーを与えた。それと同時に、「サンタクロースは本当にいる」という信念からエネルギーを放出させて、最終的にその信念を打ち壊して機能しないようにした。

そうしたからと言って、「サンタクロースは本当にいる」という私の信念が最初から信じていなかったかのように消えたわけではない。それは今日に至るまで、まだ私の頭の中に残っている。しかし、それはもはや機能せず、崩れた信念として残っているだけで、プラスにせよマイナスにせよ、信念を主張するエネルギーはもはやない。例えば、サンタクロースが存在すると信じ切っている五歳のときに、サンタが玄関にいるとだれかに言われたとする。その情報を受け取ると、私はサンタについて持っているプラスのエネルギーを引き出されて、すべてを中断して玄関に飛んでいっただろう。私を止められるものは何もなかっただろう。大人になった今では、「サンタクロースは本当はいない」という信念が完全に機能している。だから今、サンタクロースが玄関にいると言われても、私はまったく反応しないだろう。おそらく笑って、何かおかしなことが起きているのかなと思うだけだ。

私たちは信念を初めから存在しなかったかのように消し去ることはできない。だが、情報の受け止め方や行動の仕方に何の影響も及ぼさないように、信念から十分なエネルギーを奪い取ることはできる。つまり、信念のエネルギーが非常に小さくなれば、事実上、存在しないのと同じになる。

サンタクロースの説明は、それまで持っていた信念とは正反対の新しい信念を採り入れることに成功した例だ。それが成功したのは、二つの信念がまったく対立していたにもかかわらず、新しい信念にしか出現するエネルギーがなかったので、私が対立を経験しなかったからだ。新しい信念をうまく身につけるには、取り除こうとしている信念から「すべての」エネルギーを抜き取る必要がある。そうでないと、これまで持っていた信念に残っているエネルギーによって、「強い対立」状況が生じる。

「強い対立」を私は、頭の中に二つの正反対の信念が存在していて、両方の信念ともエネルギーがある状態、と定義している。取り除こうとしている信念が完全に崩れていなければ、その信念は次の状態を引き起こす可能性がある。

A．気が散る考えとして現れて、集中力を失わせる。

B．心の葛藤を生み、混乱するか優柔不断になる。

C．自分の意図や、これが本当の自分だろうと思っていることと矛盾する行動を取ってしまう。

D．新しい信念が何も恐れることはないと告げているのに、不安になる。

トレードについて確率に基づく新しい信念をきちんと身につけるためには、取り除こうとしている確率に基づかない信念が自らエネルギーを失うことはない、ということを理解しておくことが重要だ。つまり、ある信念が自らほかの信念と入れ代わることはないのだ。いったん、あるアイデアや信念がエネルギーを持ったら、次のようなことが起きないかぎり、一生、エネルギーを失わない。

A．苦痛を味わって、自分の考え方を変えざるを得ないと気づかされる経験をする。
B．啓示を受けるほどの深い自覚で、考え方を変えさせられる。
C．断固として揺るぎない信念で、考え方を変えようと決心する。
①苦痛を味わいながらの気づきや、啓示という形の深い自覚、断固とした決心のすべては、ある信念を即座に、そして完全に打ち壊す可能性がある。

これ以外の場合、それまでに持っていた信念の矛盾したエネルギーを瞬間的かつ完全に放出できなければ、それを「ほったらかしにする」作業に取り組む必要がある。打ち壊したい信念の持つエネルギーの大きさ次第では、明白で矛盾しない信念を身につけるまでには、かなりの期間にわたって相当の努力をする必要がある。この点をもっと分かりやすく説明するために、例を二つ示しておこう。

二冊目の著書『ゾーン』（パンローリング）で、私は幼い子が犬と初めて出合って、ひどくかまれた経験について詳しく説明した。私はその本やポーラの主催するワークショップで、この例を数え切れないほど取り上げてきた。くどいようだが、それでもこの例はここでの良い出発点となる。その子は、「すべての犬は危険だ」という信念を作り上げている。彼はどんな犬に出合っても、そのたびに恐怖を感じたので、その信念が正しいと思い込んで生きていた。しかし、少年時代のあるときに、同じ年ごろの子供たちが犬ととても楽しそうに遊んでいるという、予想もしていなかった光景を見た。ほかの子供が犬と楽しく過ごしているのを見た経験は、「すべての犬は危険だ」という彼の信念を打ち壊し（エネルギーを消し）始めるのに十分だ。そして、彼が「犬は親しみやすくて、一緒にいて楽しいこともある」という信念にエネルギーを与え始めると同時に、犬と一緒に遊ぶという考えに魅力を感じる。彼は、「すべての犬は危険だ」というのは本当ではなく、ほかの子供たちがとても楽しんでいるとはっきり分かる。そして、自分もいつの間にか犬と遊んでみたくなっている。

犬と遊ぶのがどんな気分かをその子が実際に経験するかどうかは、単純にどれくらいのエネルギーがあるかによる。今から私は、その子が犬を見るかそういう光景を想像するだけでもぞっとしながら、長年過ごしたと仮定する。彼は間違いなく、「すべての犬は危険だ」という信念に、大きなマイナスエネルギーを蓄えているだろう。しかし、まったく疑いないと信じていたことが真実でないことを明らかに示す経験もしていた。すべての犬が危険というわけではないのだ。だが、ほかの子供たちが犬と楽しく過ごしているのを見た経験が「すべての犬は危険だ」という信念の全エネルギーを失わせるほど大きくなければ、相反する情報に接したときに、「強い対立」を生み出すだろう。そして、この対立は、「すべての犬は危険だ」という昔から持っている信念のほうにおそらく大きく傾くだろう。その場合には、「犬は人なつっこくて楽しいこともある」という信念と、「すべての犬は危険だ」という支配的な信念との間にエネルギーの極端な不均衡があるかぎり、たとえ犬の良い性質を一時的に理解しても、支配的な信念のマイナスエネルギーのせいで、犬と交わるのは事実上、不可能になるだろう。

さて、これは彼が一生、犬と交わるのがどんなものかを経験しないで終わることを意味するのだろうか。そうなるかどうかは、彼がどの程度強く望んでいるかによる。犬と遊ぶのは本当にやりたいことだと心を決めて、ねばり強ければ、彼は間違いなくその方法を見つけるだろう。おそらく、彼はできるかぎりとても人なつっこいか、よくじゃれる犬に近づくだろう。だが、「すべての犬は危険だ」という信念のせいで、彼はとても怖くなり、犬に近づこうとするのは不可能ではないにしても、とても苦労するだろう。だが、それで構わないのだ。犬からどれほど離れていようと、近づこうとするたびに、「すべての犬は危険だ」という信念の持つエネルギーを弱めて、「犬は人なつっこくて、楽しいこともある」という信念のエネルギーを増やすというプラスの効果があるからだ。犬に近づこうとするたびに、二つの相反する信念はぶつかる。結果が良ければ、次に犬と出合ったときに、もっと近づけるようになるだろう。出合うたびに、前よりも近づけるようになれば、二つの信念が持つエネルギーの不均衡はやがて新しい信念のほうに傾く。いったんそれが起きたら、彼は実際に犬に触れることができる。そして、犬に触れてじゃれ合うという物理的接触を経験すれば、彼の「すべての犬は危険だ」という信念に残っているエネルギーは即座に消える。

しばらく時間がかかるかもしれないが、彼は「犬は人なつっこくて、楽しいこともある」という信念をうまく身につける。ただし、信念の連続性を維持するために、その子が身につけた「犬は人なつっこくて、楽しいこともある」という信念には、犬が人なつっこくも楽しくもない場合もあるという信念も含まれる。犬はとても人なつっこくて優しいものから、狂暴で意地悪なものまで幅が広い。「すべての犬は危険だ」という信念が崩れたときに機能しなくなるのは、その信念の「すべての」の部分だった。子供が犬との初めての出合いで経験した痛みは本物だった。以前の信念が崩れても、その経験は記憶に残る。ただし、「すべての犬が危険というわけではないが、気むずかしくて意地悪な犬もいる」という見方に変わる。そのため、彼は用心深くなるだろうが、彼を喜ばせてくれる犬とは自由にふれあえる。その子が大人になって、犬を怖がっている子供に出会ったら、彼はおそらく、「私も犬が怖かった時期があったのを覚えている。でも、今は怖くなくなったよ」といった反応をするだろう。

次の例は私の最初の著書、『**規律とトレーダー**』（パンローリング）を読んだあと、一九九〇年代の初期に私のコーチを受けに来たジェリーという名の中年男性の話だ。彼はダラスで大成功している二社の建設会社のオーナーだった。彼は、CBOT（シカゴ商品取引所）の会員権を買って、三〇年物のTボンドを取引所のフロアでトレードしようと決めた。初めは、一般客相手のブローカーを通してトレードをしていたが、とてもいらいらさせられたからだ。非常に大きな損失を何度か出したあとは。特にそう感じた。それで、彼は会社の経営を任せられる人を雇ってシカゴに引っ越した。若くて昔のことを知らない読者のために、電子取引所ができる前のトレードがどんな様子だったかを簡単に説明しておこう。そうすれば、彼が不満を覚えてダラスからシカゴに引っ越した理由も分かるだろう。

ブローカーを通してのトレードは、瞬間的に執行できる電子トレードとはまったく異なる経験だ。現在の価格を知り、仕掛けや手仕舞いの注文を出して、指値注文が約定したかどうかを確認するためには、ブローカーに電話をする必要があった。それには時間がかかる。ブローカーがほかの顧客の相手で忙しくて、すぐに電話に出てくれないときは特にだった。電子取引ツールのポイント・アンド・クリック機能と比べると、ブローカーとのやりとりの過程のすべてに時間がかかった。商いが活発なときには特にすべてにおいて非常に時間がかかることも多かった。次の点を考えてもらいたい。

●電話をかけるのに時間がかかる。
●電話が接続されて、ブローカーが受話器を取るまで待っているのに時間がかかる。そして、特に忙しい時間帯には話し中の信号音しか聞こえないか、何も返事がないことも珍しくない。ここでも時間がかかる。
●ようやく、ブローカーと話していると、すでに自分で決めていることについて、頼んでもいないコメントや判断を聞かされることがある。ここでも時間がかかる。

●ブローカーは注文票に記入して、時刻印を押して、それを取引所のフロアに送らなければならない。ここでも時間がかかる。

●注文がフロアに届いたら、注文票にまた時刻印を押して、執行を担当するフロアブローカーに渡さなければならない。ここでも時間がかかる。

●注文が約定したら、ブローカーは注文票を証券会社の従業員に送り返さなければならない。これを受け取った従業員は、オフィスのブローカーにあなたの約定価格を電話で伝えるか送信しなければならない。それも時間がかかる。

●そして、あなたが重要な顧客であれば、ブローカーから約定価格を電話で伝えてくる。そうでなければ、あなたが彼に電話をしなければならない。それも時間がかかる。

●そして、ブローカーに対して取引所からの約定通知がなければ、彼は確認が取れるまで電話をし続けなければならない。

あなたがしたい注文や注文の変更はすべて、この同じ時間がかかる手続きを踏まなければならない。だが、ここまで説明してきたことは最悪なことではない。あなたが指値注文をしたあとに、その価格に達しても、相場がその価格を超えてさらに動かないと、確実に約定したかどうかが分からないのだ。これは変な言い方だと思うかもしれない。電子プラットフォームでトレードをするときには、注文が約定して自分がポジションを取れたのかどうかはすぐに分かるからだ。だから、確実に約定しているかどうかは問題とならない。だが、昔はそうではなかった。指値注文を出して、相場がその価格に達しても、そこを超えずに自分のトレード方向に反転したときには、フロアで注文を執行しているブローカーが約定したという報告を返してくるまで、自分がポジションを取れたのかどうか分からない。彼が忙しければ、返事にかなりの時間がかかることもある。相場は自分の注文方向に動いているので、一部を利食いしたいと思うかもしれない。価格はあなたの利益目標に達してさえいるかもしれない。だが、注文が約定したかどうか分かるまで何もできない。こういう状況だったので、トレードに非常に興味を持っていた人がいら立って、現場に行きたいと思うのも無理はないと思えるだろう。

ジェリーが私のところに助けを求めてきたときには、すでにTボンドのピットでしばらくトレードをしていた。だから、注文はすぐに執行されるようになっていた。だが、ピットでのトレードは、ダラスでブローカーを通してトレードをしていたときよりもとは言わないが、同じくらいいら立つものだった。彼はまったく利益を出せていなかった。彼がスキャルパーとして成功するためには、ピット内のトレーダーと関係を深める必要があったのだが、それが難しかったからだ。つまり、彼は新顔であり、多くの業界でもあるように、先輩トレーダーから良いトレードの機会を与えてもらい、板を任されているブローカーに素早く注文を執行してもらう前に、いわゆる「下積みの苦労をする」必要があったのだ。また、彼のチャート分析のスキルは初歩的なレベルだった。それで、彼は相場方向に関するエッジを特定するのがあまり得意ではなかった。基本的には、彼は価格がどの方向に動きそうかを、ピットのほかのみんながその瞬間に見せる仕草や出す声から判断しようとしていた。だが、それはうまくいかなかった。

何らかのシステムが彼に必要なことは明らかだった。それで、私たちが最初にしたことは、トレードプランを立てることだった。私はポイント・アンド・フィギュアのチャートを使って、彼が日中の短期支持線と抵抗線を七～一〇ティックの範囲内で特定する方法を身につける手伝いをした。このプランは、価格が目標の支持線か抵抗線に達したら一枚で仕掛けて、通常は七～一〇ティック離れた利益目標まで上げるか下げるかするまで待つ。相場が支持線か抵抗線で持ちこたえられずに仕掛け値から逆行したら、反転して利益目標に達しそうにないと判断するまでに逆行を許すのは三ティック（一枚当たり九八・二五ドル）までと決めた。それは単純なプランだった。彼はフロアでトレードをしていたので、トレードはすぐに執行できる場所にいた。彼の手法のリスク・リワード・レシオは三に近く、非常に限られた検証に基づけば、そのプランの勝率はほぼ六〇％だった。

彼のパフォーマンスはどうだっただろうか。その説明はすぐにする。だが、その前に、彼についてもう少し話しておきたいことがある。

二社の建設会社のオーナーである彼は、本物の鬼監督だった。従業員に指示をすると、そこから外れることは許さなかった。何かを実行したいときには、文字どおり彼が言ったとおりにすることを要求した。弁解は通じなかった。少なくとも、彼は私にそう話した。また、彼の純資産は何千万ドルもあったので、何のためらいもなく夕食で数本のワインに三〇〇ドル以上を使い、キューバ産の葉巻に一〇〇ドル紙幣で火をつけさえするような人だった。大げさだと思うかもしれないが、これは冗談ではない。彼のお気に入りのレストランのひとつであるモートンズ・ステーキ・ハウスで夕食をしようと誘われたとき、ポーラもそんな光景を何度か目にしている。

彼はプランを実行できただろうか。いや、プランとはほど遠かった。最初に仕掛ける機会があったのは、相場が支持線まで下げたときだった。だが、価格が仕掛ける目標に達したときには、彼は支持線を下にブレイクして、さらに下げ続けると確信していたため、仕掛けなかった。彼は間違っていた。価格は支持線で下げ止まって、二～三ティック上げた。そこで、彼は仕掛けの目標価格よりも三ティック高値で一枚を買った。忘れないでほしいのだが、相場が仕掛けの目標価格で下げ止まって反転するかどうかを確認するために必要だったのは九八・二五ドル（三ティック）を費やしたということだ。

トレードプランでは、彼はトレードを続けて、相場が抵抗線に達して反転するまで待つことになっていた。この抵抗線は仕掛けの目標価格から一〇ティック上だった。彼はプランよりも三ティック上で仕掛けたので、手仕舞いの目標価格まで七ティックしかなかった。しかし、どれくらい離れているかはまったく重要ではなかった。仕掛けてから一ティック上げたところで早々と利食いをして手仕舞ったからだ。その後まもなく、価格は抵抗線まで上昇した。彼はそこで最初のトレードの利食いをしたあと、ドテンして売りポジションを取ることになっていた。

しかし、相場が仕掛けの目標価格に近づくと、彼はまた上昇が続くと確信して仕掛けなかった。そして、最初のトレードと同じように、相場の動きを読み誤った。相場は目標価格で上げ止まり、二ティック下げた。そのため、彼は一枚を売った。一枚の売りポジションを取ったので、支持線まで下げるのを待つことになっていた。しかし、一ティックの含み益になると、またすぐに手仕舞った。彼はその日の大引け後に、私のオフィスにやって来た。何が起きたかを話しているとき、彼は明らかに動揺していた。久しぶりに利益が出た日だったが、二つのことで本当に悩んでいた。自分がルールに従えなかったことと、多くの利益を取り損ねたことだ。彼はそれまでに、たびたび手痛い目に遭っていたので、相場が反転するまで持ちこたえられないのだ、と言った。そして、これは少なくとも彼の建設業での意思決定においては、感情的・心理的に慣れていないことだった。

次の三～四日間、彼の支持線と抵抗線は非常によく機能した。彼は数回のトレードで勝った。そして、目標価格で仕掛けるのもうまくなった。だが、一～二ティック以上の利益が出るまで持ちこたえることは依然としてできなかった。彼がさらにいら立ったのは、抵抗線の水準で売ったら結局、そこがその日の高値で、支持線の水準で買ったら結局、そこがその日の安値だったことが二～三回あったことだった。もちろん、その日の安値で買ったのかや、その日の高値で売ったのかは、その時点では分からない。それでも、そのときに自分が一ティックの利益しか取れていなかったことが不満だった。四日目以後になると、彼は経過報告の電話をかけてこなくなった。私が思うに、やるべきことができなかった理由の言い訳をしている自分に我慢できなかったからだろう。特に、彼は建設業では他人の言い訳を許さなかったからだ。

再び彼から連絡があったのは、二週間後だった。支持線と抵抗線はものの見事に当たり、彼は多くのトレードで勝った。しかし、それらの大部分は一ティックの利益しかなく、二ティックの利益が二～三回あったが、それ以上の利益を取れたことは一回もなかった。彼は今や勝ちトレードをかなりの割合で特定できる自信を持っていたが、反転するポイントまでポジションを維持することはできなかった。そのため、利益を十分に取るにはほど遠かった。彼が電話をしてきたのは、アドバイスを望んだからではなかった。単に何が起きていて、トレードサイズを一枚から二〇枚に増やすと決めたことを伝えたかったのだ。勝ちトレードを維持して利を伸ばすことができないのを、ポジションサイズを大きくすることで解決しようとしていたことは明らかだった。彼に頼まれもしなかったが、私はお節介にも言った。「トレードサイズをそこまで大幅に増やすだけの心理的スキルもトレードスキルもまだ身についていないことを考えると、それは慎重さを欠いているように思う」と。彼はブツブツ言って、電話を切った。

だが、翌日の大引け後に、彼は電話をしてきた。明らかに彼は必死の思いだった。それはとてもあせっていて、新しい考えを本気で受け入れて、うまくいきそうなことなら何でも試してみようという人の態度だった。二〇枚のポジションでの試みは悲惨なものだった。過去二週間のトレードで得たすべての利益を失ったという。しかし、彼がひどく感情的だった様子からすると、損失はもっと大きかったのではないかと思われた。一枚から二〇枚のトレードには、どんなトレーダーでも自動的には移れない。先物のピットでトレードをしている場合はなおさらだ。彼の解決法は極めて単純だったが、それを実行するのは必ずしも簡単ではなかった。彼はそもそもピットでのトレードを実は楽しんでいなかったので、一枚から二〇枚に増やしてトレードをする方法を学ぶ必要はなかった。彼は四〇代後半で、大半がまだ二〇代の極めて競争的な連中と競うことに疲れていた。彼に必要だったのは、利を伸ばせないことに対処することだった。

男の子と犬の例と同じく、ジェリーは「強い対立」を抱きながら動いていた。

彼は相反する信念を持っていて、そのどちらにもエネルギーがあった。そして、不安を生み出す信念のほうが支配的だった。支持線と抵抗線を特定するという経験によって、「トレードがうまくいくかどうかを確かめるために取るリスクに対して、それよりも大きな利益を得られそうなトレードをかなりの割合で選び出せる」という信念が生まれ、さらにその信念に対するエネルギーが増した。しかし、この可能性に気づいても、「いったん含み益になっても、相場はすぐにそれを奪いに来る」という従来の信念が持つマイナスエネルギーをすべて消すには不十分だった。この信念の言い回しは私の推測だ。彼のそれまでのトレード経験について、私たちは徹底的に話し合ったことは一度もなかったからだ。だが、その信念が働かないようにするために、信念の正確な言い回しを知ることも、それを言えることも必要ない。

問題を解決するために、私は彼にとても単純な訓練をしてもらった。考え方としては、読者にしてもらおうと思っている訓練と同じで、不安や誤りなくトレードをするうえで必要な確率に基づく考えを、ほかの信念と対立することなく身につけるためのものだ。私は彼に説明した。彼がうろたえて、すぐに手仕舞う原因になっている信念を崩すために、心理的な訓練をする気があれば、いったん含み益になったものが含み損になるという不安は解消できる、と。彼は一瞬のためらいもなく、「必要なことは何でもする」と、喜んで答えた。

不安を取り除くために取り組む必要がある、と私が彼に言ったのは次のことだ。

まず、あなたは今、自分の有利な方向に動きそうなトレードに一ティックしか乗れない人としか、自分を表現できない。そこで、含み益になった銘柄をすぐに手仕舞わずに、利を伸ばす人間に変わりたい。あなたの場合、利益目標で相場が反転するまで、含み益になったトレードに乗り続けたい。

そうなれるかどうかは、自分が何をしたいかがどれほど明白で、その欲求がどれほど強いかにかかっている。

つまり、どの程度まで新しい自分になれるかは、どう変わりたいかが明らかで、そう望むエネルギーがどれほど大きいかによる。それが明らかで、意志が揺るぎなく固ければ、変化をすぐに起こすことも可能だ。

十分に正当化できる根拠があれば、何らかの見解か考えか信念を即座に大きく変えた経験はおそらくだれにでもある。私はそのことを一例として指摘した。何をもって十分な正当化とするかは、人によって異なる。もっと大きなポイントは、私たちが気づいて、引き付けられて、望むことは、以前から真実だと思っていたことに必ずしも制限されるわけではない、ということだ。自分の欲求や固い意志で「決心する」という行為が持つエネルギーには、信念のような別のエネルギーを一瞬で動かす力がある。ただし、自分が今何をしていて、なぜそれをしたいかを完全にはっきりと理解していればだ。

二つの矛盾した信念が持つエネルギーの比率を変えられるかどうかは、時間の問題ではない。それは、何を変えたいのかをどれほど明確に理解しているかや、その欲求のエネルギーがどれほど強いかによるのだ。固い決意で何かを「決心する」とき、対立は即座に消える。即座に変わるほどの明快さや強いエネルギーがどの程度欠けているかに応じて、時間をかけながら、何らかのテクニックで補う必要がある。

ジェリーは啓示を得たか、一九八〇年代の「ニュー・エイジ・ムーブメント」の支持者のように、「あっ、そうか」とひらめいたときのような体験をしたとも言えるだろう。それによって、彼の精神や思考過程のなかで十分なエネルギーが動いて、現状から抜け出すアイデアならどんなものにも耳を貸そうという気になったのだ。そうでなかったら、彼は不安を解消するためにかなりの期間、何らかのテクニックに頼ることになっていただろう。どれくらいの時間が必要かは、訓練にどれほどプラスのエネルギーをつぎ込んだかによる。

私が彼にする必要があると言ったことは、次のとおりだ。

●過去二週間していたのとまったく同じように、支持線と抵抗線を特定する。
●価格が仕掛けポイントのひとつに達したら、一枚でトレードをする。

●価格が自分のトレード方向に反転しなければ、仕掛け値から三ティック逆行したところで手仕舞う。
●仕掛け後に約定したと確認できたらすぐに、トレードをする唯一の目的を思い出す。含み益になっても一ティック以上の利益が取れない原因は不安であり、その不安を取り除く方法を身につけることが唯一の目的なのだ。
●手仕舞うしかない場合を除き、一〇分間は絶対に何もしないと固く決心する。
●何もしないと固く決意した象徴として、ポケットに両手を突っ込んで時計をじっと見つめながら、一〇分たつか価格が利益目標で反転するまで待つ。

両手をポケットに突っ込んで時計をじっと見つめるのは、単純な行為に思えるかもしれない。だが、ジェリーはそれを達成するのがいかに難しいことになりそうかについて、甘い期待は何も抱かなかった。彼は相場が逆行し始めるのに気づいた途端に、利益目標の水準で反転するまで待たずに手仕舞えと命令する心の声にさらされると分かっていた。この心の声の元にある信念からエネルギーを奪うために、彼は意図的にその信念を崩す経験をする必要があった。つまり、不安から自分を解放するテクニックとして、トレードを使うのだ。これは少年が犬に近づこうと試みる例とまったく同じだ。少年の場合は、「すべての犬は危険だ」という信念が働かないようにする経験を意図的に作り出す必要があった。

私はジェリーが時計をじっと見つめている間、何を考えているかに注意を払って、不安からくる考えを、自分を励ますプラスの考えで可能なかぎりさえぎるようにと指示した。「私はこれができる」や、「このトレードに絶対にとどまる」といった単純な確約を絶えず繰り返せば、対立する信念のエネルギーを減らせる。そう言っている間に、相場がトレード方向に一ティック以上動けば特にだ。

訓練を始めて最初の二回は、彼はあまりうまくいっていると思っていなかった。だが、彼の不安からくるエネルギーの強さを考えると、私は彼がうまくやっていると思った。両方の場合とも、彼は丸一〇分間もトレードを続けられなかった。しかし、一～二ティック以上の利益はどうにか取ることができた。彼は時計をじっと見つめているときには、一秒が一分、一分が一時間のように感じると言った。彼がトレードを実際には三分続けているとき、彼には三時間もトレードを続けているのに等しかったのだ。彼は自分で自分を励ますのは本当に役立ったと言った。そして、長く時計を見つめて不愉快さを我慢できるほど、次のトレードを維持し続けるのがいっそう楽になることに気づいた。彼が不安に対処するために、正確に何日かかったかは覚えていないが、それほど長くはなかった。含み益になったトレードに乗り続けられるようになってまもなく、彼はピットでのトレードをやめた。もともと、彼はそれが本当は好きではなかったのだ。そして、ＣＢＯＴでオフィス用のスペースを確保して、フロアの外で彼なりに「長期」のＴボンドトレーダーとして大成功を収めた。

以前に、確率に基づく信念はもう完璧に身につけたとは思ってほしくないと言った理由は、あなたが「強い対立」をした信念を持っていて、それが確率に基づく考えで動く妨げとなるかもしれないからだ。ジェリーの例で、その点を明らかにできたと思う。自分は確率の性質を完全に理解していて、自分のすべてのトレードの結果は確率に基づいている、と思うことはできる。しかし、たとえトレードを始めてそれほど長くなくても、市場の性質やトレードの成功法について、確率に基づく考え方の原則と対立する考え方には間違いなくすでにさらされているだろう。例えば、ここまで読んできたことすべてによって、値動きに賭けるトレードではリスクはけっしてなくならないし、そのことに例外はないと非常に説得力を持って示されたとしよう。これは、「何があってもリスクは常に存在する」という信念にまとめることができる。一方で、トレードについて考える前から、「時間と労力とお金を使って何かの特徴を分析したら、分析から導き出した結論や予測は、何が起きそうかを示すはずだ」という信念を身につけているとしよう。

あなたは二つの相反する信念を持ち、両方とも自己主張をするエネルギーがあるために、「強い対立」が生じる。「リスクは常に存在する」といった信念を持っていれば、集団としての人間行動を分析して得た予測はどれも、起きる可能性を示す推測にすぎないと考える。自分が推測をしていると理解していれば、何かが起きる「可能性」が分かるだけで、実際に何が起きるかは「分からない」ということも理解できる。何が起きるか分からないと考えているときには、良い期待も悪い期待もしないため、思い違いは何もしない。一方、「自分の分析から得られた予測で、何が起きるか分かる」といった信念を持っていれば、特定の結果を期待するようになる。すると、ほかのトレーダーたちが期待どおりの動きをしないときには、間違えることが自分にとって持つ意味の大きさに比例して苦痛を感じる。

値動きの性質を考えると、「リスクは常に存在する」「私たちは推測をしている」「何が起きるか分からない」と考えるのは完全に筋が通っている。その結果、これらの概念を信念として採り入れることに決める。しかし、そう決めたあと、間違える不安から完全に自由になっていないことに気づく。なりたいと思っていた、客観的で心配事がない精神状態にはまだ達していない。買いポジションを取っているときに、価格が下がっていくと不安になるし、売りポジションを取っているときに、価格が上がっていくと不安になる。そして、うまくいかなかったトレードの手仕舞いも、依然として問題だ。おそらく、先ほど述べた確率に基づく信念を採り入れると決める前ほどではない。だが、不快な感情はまだ残る。

私たちの不安や相反する考えには原因がある。ここの例では、それは、「分析から導き出した結論や予測によって、何が起きるか分かる」という信念から生じる期待だ。ある信念にエネルギーがあるかぎり、情報をどう解釈して、何をして、結果をどう感じるかについて、その信念に支配される可能性がある。

新しく採り入れた信念で動いていると意識していても、潜在意識では、いつ身につけたか、覚えていない信念や持っていると気づいてさえいない信念の影響も受けている。

信念が自分の一部だと意識しているかどうかにかかわらず、信念には影響される。

また、信念が自らエネルギーを失うことはない、という点も頭に入れておこう。集団としての人間行動を予測するために分析を使うときには、一般的にうまくいくと考えられる分析手順を踏んでもうまくいかない。本書で示した考えに触れたら、エネルギーという観点でも、このことを十分に納得することはもちろん可能だ。しかし、読んだことに完全に納得していなければ、「自分の分析から得た結論や予測によって、何が起きるか分かる」といった信念は「強い対立」を生じかねない一例にすぎなくなる。そうした信念の対立があると、客観的で不安を完全にぬぐい去った精神状態に達することは難しい。

さて、確率に基づく信念をしっかり身につけるためには、確率に基づく新しい信念で、「強い対立」を作り出す可能性がある信念をすべて、ひとつずつ取り除いていかなければならない、と考えて圧倒されるかもしれない。だが、けっしてそういうわけでない。私がこれからしてもらおうと考えている訓練のルールに従おうとするときに、対立する信念を持っていると、それらは不安・抵抗・ためらい・考え直し・葛藤、あるいはもっと分析をしたくなる説得力ある理由として現れてくる。訓練をうまくやるために、これらの対立する信念を特定したり、それらの構造を的確に説明できたりする必要はない。必要なのは、なぜ訓練をしているのかをはっきりと頭に入れておき、対立するエネルギーがすべて完全に消え去るまで訓練を真剣に続けることだ。

訓練を始めるためには、検証済みのエッジがすでにあり、仕掛けの条件を定める厳密で主観的でないルールを持っていなければならない。また、仕掛け値から正確にどれだけ逆行すれば損切りをするかや、どこで、どうやって利食いをするかを定める厳密で客観的なルールも持っておく必要がある。訓練は単純だ。自分のエッジを定義する仕掛けと手仕舞いのルールに基づいて、二五回のトレードを続けて実行することだ。つまり、次のトレードをしようと思うのではなく、何としても次の二五回のトレードをやろうと思うのだ。「何としても」と確約することは、一連のトレードそれぞれで、するべきことを、するべきときに、正確にすることによって、自分のエッジを定義するルールに全力で従うことを意味する。

仮に、特定の株式でのエッジを検証して、勝率が五五％だったとしよう。すると、相場のヒストリカルな動きが再現されれば、次の二五回のトレードでは、一四回勝ち、九回のトレードではうまくいかないはずだ。また、検証の過程で、仕掛け値から一ドル五〇セント逆行したら、勝てる見込みが非常に薄いため、それ以上のお金を使って様子を見る値打ちはないと分かったとする。株でトレードをしているのなら、訓練では一株という最小限のポジションを取ることを要求しているので、二五回のトレードすべてがうまくいかないという最悪のシナリオで費やされるのは、三七ドル五〇セントに手数料を加えた金額だ。二五回のトレードのすべてで負ける可能性は非常に低い。利益が出る場合では、自分のエッジを当てはめている時間枠で、仕掛け値方向に逆行する前に、平均五五％のトレードで少なくとも三ドル動くことが分かったとしよう。それで、検証と同じトレード比率で相場が動き、二五回のトレードすべてを残らず執行したとすれば、二八ドル五〇セントから手数料を引いた金額の純利益になるはずだ。二五回のトレードすべてで利益が出る可能性もあるが、二五回のトレードすべてで負ける場合と同じく、その可能性は非常に低い。

とにかく、この訓練の目的は、エッジがどれほど良いかを確かめることではない。一連のトレードすべてで、エッジに基づいて点灯する仕掛けと手仕舞いのシグナルをひとつ残らず執行するのがどれほど簡単か難しいかを確かめることだ。確率に基づく（スロットマシンプレーヤーの）考えで動いていて、それが十分に機能している（つまり、対立する信念を持っていない）のであれば、シグナルをすべて執行するのは簡単であり、途切れなくトレードができるだろう。それが簡単なのは、現実に沿った期待しかしないからだ。エッジが買いを指示すれば、もちろん価格が上昇するのを望むだろう。だが、「何が起きてもおかしくない」と信じているので、価格が自分のトレード方向に動く「かもしれない」し、動かない「かもしれない」ことが分かっている。だから、「何かが起きる」（その点では間違えようがない）とは思っているが、その何かが何なのか、あるいはなぜそれが起きるのかは「分からない」（そこに幻想は抱かない）としか思っていない。そして、トレードがうまくいくかどうかを確かめるためのコストとしてお金を支払う気があれば、エッジに従って個々の仕掛けと手仕舞いのシグナルをひとつ残らず執行するのに少しも苦労しないだろう。

確率に基づく考えをしていて、それに対立する信念を持っていなければ、エッジが指示することをゆがめて、せっかくのエッジをランダムなトレードシステムに変えてしまうという、典型的なトレードの誤りを犯したくなることはない。例えば、シグナルに従って執行するのをためらうのは典型的なトレードの誤りだ。私たちがためらうのは、待つことやトレードをまったくしないのがなぜ悪いのかに納得できず、考え直そうとするからだ。「トレードを仕掛けたあとに何がどうして起きるのかは分からない」という確率に基づく考えと対立しない信念で動いていれば、ためらいたくなることは何もない。動かないことを支持する考えや情報に肩入れするのは、「自分には分からない」という信念とは矛盾する。信念というものは当然ながら、反論されるのを好まない。「自分には分からない」という確率に基づく考えと対立しない信念は、待つか何もしないことを示唆する情報や考えを自動的にしりぞけるはずだ。自分がためらっているか、トレードをしないという考えを抱いていることに気づいたら、それは解消すべき強い対立を自分が持っていることを意味する。

損切りの逆指値を動かすかキャンセルする場合にも、同じ力が働いている。「一連のトレードの勝ちと負けの並びはランダムだ」や、「思惑どおりに動かないトレードで支払うお金は、思惑どおりに動くトレードに確実に参加するためのコストだ」という確率に基づく考えと対立しない信念があれば、損切りの逆指値を仕掛け値から遠ざけるか外してしまいたいと思うことはない。カジノ経営者のように、自分のエッジに組み込まれている確率に任せるだけだ。勝てば、もちろん素晴らしいと思う。だが、損切りの逆指値に引っかかっても、負け犬と思うことはなく、次のトレードに移るだけだ。そうではなく、損切りの逆指値を動かすか外したくなるのであれば、思惑どおりに動かないトレードを受け入れないと主張する、対立的な信念が働いているはずだ。つまり、「負けるのはまずい」という対立する信念から自由になっていないのだ。

確率に基づく考えと対立しない考えを持っていれば、何回か続けてエッジがうまく機能しなくても、次のトレードをするのに何の問題もない。一方、確率に基づく考えを身につけていないトレーダーは三回続けて負けると、たいてい自分のエッジを捨てて新しいエッジを探す。三回連続での負けは、ほとんどのトレーダーが自分のエッジに裏切られたとよく感じる境界線だ。彼らが裏切られたという思いを持つのは、単に三回続けて負ける可能性がないエッジを期待しているからだ。だから、三回続けて負けたあとに次のシグナルが点灯したらたいてい、恐怖心や、「トレードをするな。きっと負けるぞ」という心の叫びで動けなくなる。実際には、彼らに次のトレードの結果は分からない。きっと負けると思うのは、彼らが次のシグナルを直近三回のトレードと結びつけて考えるからにすぎない。そうでなければ、実際には何も関係がない。次のトレードの結果はそれ以前のトレードの結果とまったく無関係な独自のイベントだ。たとえ、そのトレードの仕掛けのシグナルが同一のパターンで点灯したとしてもだ。

確率に基づく考えを身につけたトレーダーは裏切られたとは思わない。彼らの信念では、次のトレードの仕掛けのシグナルを前のトレードの結果に結びつけて考えることはないからだ。そのため、確率で考える人は次のトレードをしないでおこうとは思いもしない。それはスロットマシンでプレーをしている人が、数回続けて負けたからといって、二度とボタンを押さないでおこうとは思わないのと同じだ。彼らがまたボタンを押すのは、結果がランダムで、ある結果と次の結果との間に明白な関係がないと分かっているからだ。

関係があるとどの程度信じているかに応じて、二～三回続けて負けたあとの仕掛けにも苦労する。自分のエッジに基づく仕掛けと手仕舞いのシグナルをすべて執行すると決めても、自分の意図と相反する信念やアイデアを持っていれば、それらと自分の意図は真っ向から対立する。訓練は、これらの対立を表面化させて、次に挙げた機会が得られるように特に考えたものだ。

●対立のエネルギーを解消する。
●新たに採り入れようとしている確率に基づく信念のエネルギーを高める。

思惑どおりに動いているトレードに乗り続けるために、自分を変える過程を経ないといけなかったジェリーや、犬と遊ぶのがどんな気分か経験したがった男の子と同様に、あなたも自分を変える過程を経ることになるだろう。

ジェリーや男の子は自分を変えたいという願いをかなえるために、不安や相反する考えが浮かんでも、それに立ち向かおうとする意欲を見せて、自分が変わったことを証明できる経験を意識的にしなければならなかった。

人なつっこくてじゃれる犬に少しずつ近づくことを選んだ男の子は、すべての犬が危険なわけではないことを証明するプラスの経験をした。ジェリーが時計をじっと見つめながら、マイナス思考の流れを、新しい信念を認める言葉や肯定的なつぶやきで置き換えるたびに、プラスの経験（瞬間）を作り出した。それによって、価格が目標価格に達する前に手仕舞いたくなるエネルギーに対抗できた。彼は何が起きるか分からないし、成功するためにそれを分かる必要はないし、それを確認するために取るリスク額を引き受けることができるかぎり、何が起きても重要ではないと、自分に言い聞かせようとした。自分がどう感じようと、それは違うと思うときでさえもだ。訓練をすることで、ジェリーは確率に基づく考え方を身につけた。それによって、彼は相場の動きを客観的に（起きていることや起きていないことに不安を感じないで）観察できるようになり、エッジに従ってシグナルをひとつ残らず執行できるほどまでレジリエンスが身についた。

非常に重要なポイントをいくつか頭に入れておけば、訓練によっていつも同じ結果が得られる。

第一のポイント

自分のエッジが出すシグナルに従えないか、従うためには強い意志を持って意識的に努力する必要があるのなら、あなたは確率に基づく考えを身につけていない。そのため、シグナルを執行する意図と、それとは異なることを支持する考えや感情とがぶつかり合うたびに、相反する考えや感情の源を打ち壊す機会が得られる。

私が「ジェリーが信念の対立を経験した瞬間」と呼んでいる、あなたにとって最も生産的なときは次に示すとおりだ。

- 何らかの理由で、エッジから得られたシグナルは正しくなく、うまくいかないと「確信した」が、そのシグナルに従っていたら利益が出ていたと分かったとき。
- 何らかの理由で、損切りの逆指値に引っかかると「確信した」がそうならなかったとき。
- 何らかの理由で、その銘柄は利益目標に達しないと「確信した」がそこに達したとき。
- 何らかの理由で、エッジから得たシグナルは正しいと「確信した」がそのトレードがうまくいかなかったとき。

●何らかの理由で、その銘柄は利益目標に達すると「確信した」が達しなかったとき。

最終的に、これらの「ジェリーが信念の対立を経験した瞬間」を十分に経験して、エネルギーという観点で完全に確信する。ほかのトレーダーが何をするつもりで何をしないつもりかについて、分析から得た「明確な」結論は、実際には危険な幻想だ、と。ほかのトレーダーの行動が値動きにどういう影響を与えるかに賭ける世界では、「明確なことは何もない」。コンピューター画面に向かってトレードを行っているスペキュレーターである私たちは、推測にすぎない予測をしながら、「たぶん」という世界で動いている。このことをはっきりと確信しているかどうかを確かめるために訓練をすれば、相場をどう見てそれにどう反応するかについて、劇的な変化を経験するだろう。

第二のポイント

訓練がうまくいくために、対立の大本にある信念を特定して、それを明確に表現できる必要はない。単にそれがあることを知っていればよい。それにエネルギーがなければ、自分のエッジが要求すること以外は何をしようとも思わないだろう。

第三のポイント

対立する信念からエネルギーを奪うためには、トレードのやり方を変えたいと心から願っている必要がある。つまり、自分を本当に変えたいという欲求は百パーセント自分に正直な気持ちでなければならない。そして、その欲求が対立する考えや感情を意図的にさえぎりたいという意欲になって、確率に基づく考え方で動くことの意味を表すアイデアや確約と置き換えなければならない。そのため、不安を感じている自分や、エッジが要求していることをするかどうか考えている自分がいることに気づいたらすぐに、可能なかぎりその思考過程をさえぎって、新しい考え方として採り入れた確率に基づくプラスの原則に意識的に集中することだ。

次の確率に基づく考えや原則を記憶するか、簡単に見ることができるところに書いておいて、信念が対立していると感じたときに、確約や自分へのつぶやきとして繰り返そう。

●私は次のトレードで勝てるかどうかを知るために、自分のエッジで必要とされる金額を費やすことを完全に受け入れる。

●一連のトレード内での個々のエッジに対する結果は独自のイベントであり、それらはそれ以前や以降の結果と明らかな関係はない。
●売買注文を出そうとしているほかのトレーダーの意図は多様なので、それらが何を引き起こしても不思議ではない。私には何が起きるか分からないので、自分のエッジが要求するシグナルをすべて執行して、勝って利益を得るかコストを支払えるようにするつもりだ。どちらの結果が出ても、「私は受け入れる！」
●値動きへの賭けで確実なことは何もない。
●エッジがうまく働かないリスクは常に存在する。
●私の分析から得られるそれぞれの予測は推測にすぎない。
●一連のトレードに対する私のエッジの確率が良いときに、それを個々のトレードで実現しようとすることは判断の誤りや負けとは無関係だ。

自分で作った言葉で、ふさわしいと信じているものがあれば、それらをこのリストに加えよう。

第四のポイント

自分のエッジが要求すること以外に何かをしようとは思いもしないで、二五回のトレードのサンプルを一つ残らず執行できたら、対立する見方とぶつかることなく確率に基づく考え方ができるようになったと分かる。つまり、確率に基づかない信念から新しい考え方にエネルギーが完全に移ったせいで、相反する考えや感情に対処する必要がなくなったのだ。客観的に観察して、不安なくシグナルを一つ残らず執行するスキルを身につけていないトレーダーは、変身したあなたを見て、とても自制心が強いトレーダーだと言うだろう。しかし、それは正確な評価ではない。私たちは「自分の本性」に沿った行動を取るときには、自制心など必要としないからだ。

自制心を必要とするということは、心の中に「強い対立」があり、自分の意図とそれに対立する信念が持つエネルギーの不均衡を正すために、さらなる力を意識的に使う必要があることを意味する。

そうでない場合、私たちは無意識のうちに自分の信念と一致した行動を取る。ありのままの自分でいるために、自制心という形の特別な努力は必要ないのだ。

第五のポイント

多くの人は確率に基づく考えを完全に身につけるために、二五回のトレードを終えるまでにどれくらいの時間がかかるだろうかとか、このサンプルサイズで何度この訓練を繰り返さなければならないのだろうかとか思っているだろう。

私であれ、だれであれ、どんなトレーダーやトレードコーチ、トレード指導者、チャットルーム仲裁者、メディア解説者であれ、この質問には答えようがない。私がジェリーについて説明したように、この考えを身につける過程は時間とは関係ない。それは「自分の意図の明確さ」と、別の人間――ここでは確率に基づく考えで動くことができる人間――に変わりたいと願うエネルギーの強さ（断固とした信念）に応じて決まるのだ。変わるために、あなたはひとつのエネルギー（願望）を使って、別のエネルギー（自分の目的には役立たない信念）を取り除こうとしている。つまり、意識的に願うエネルギーを使って、これまでに真実だと受け入れて身につけてきたが、自分の願望とはぶつかるあらゆる考えや感情のエネルギーを取り除こうとしているのだ。

私が変化は時間をどれだけかけるかとは無関係だと言うのは、エネルギーの伝わり方は非常に速いので、ある一点から別の一点まで移動する時間は私たちには認識できないからだ。

例えば、明かりをつけると、部屋は一瞬で照らされる。電球から発したエネルギーが部屋の壁に達するまでどれだけの時間がかかっただろうか。それはあまりにも速いので、私たちの感覚で計ることはできない。以前に示したように、何かについての「決心」が極めて固く揺るぎないときには、対立する信念のエネルギーを一瞬か、光の速さで奪うことも可能だ。

だから、瞬間的に変化することはもちろん可能だが、そうならなくても驚くことはない。トレード経験が浅い人は特にそうだ。確率に基づかない信念のなかにはとても根が深く、心に深く刻み込まれているために、それらからエネルギーを奪うためには、非常に明確な目的とかなりのエネルギー（揺るぎない願望）を必要とするものもある。目的をはっきり意識していても、その願望は十分に強くないかもしれない。あるいは、願望は強いが、目的は明確でないかもしれない。いずれにせよ、確率に基づかない自分の信念がいかに大きなエネルギーを持っているかや、何を達成しようとしているかがいかに不明確であるかを理解していないと、瞬間的に変わるのは期待薄だ。瞬間的に変わらなくても、訓練をすれば、単純なテクニックで自分に必要な明確さを、段階を踏んで身につける経験ができる。そして、必要な明確さに近づいているときには、確率に基づかない信念から確率に基づく考え

に エネルギーを移動させる必要があるという確信も同時に深めていける。

一回のサイクルが二五回のトレードの訓練を何度繰り返す必要があるかは分からない。だから、悪いことは言わない。いつ完全に身につくかという期待は持たないほうがよい。たとえ対立する考えや相いれない考えもなく、二五回のトレードでシグナルを一つ残らず執行できても、それで終わりではないのだ。思い出してほしいが、あなたは最小限のポジションサイズでトレードの訓練を始めることになっている。それがうまくいったら、次はトレードをする株数や枚数を妥当なところまで引き上げて、そこでも対立する考えや相いれない考えを持たずに、トレードを一つ残らず執行できるか確かめる必要がある。それができたら、少しずつ段階的にポジションサイズを増やしていき、これ以上増やすのは落ち着かないと感じるか、資金管理の観点から慎重さを欠くと考えるところでやめることになる。

さて、これは大変な作業になりそうだと考えている人もいるだろう。あなたは正しい。そのとおりなのだ！　だが、あなたがプロゴルファーになりたいか、非常にうまくなりたいと思ったときに、プロゴルファーがあなたを練習場に連れて行き、クラブの正しいスイング法を教え、それを体に覚え込ませるには二～三〇〇〇回は練習が必要かもしれないと言ったら、それは大変だと思うだろうか。おそらく、思わないだろう。あなたは本当にゴルフがうまくなりたいと本気で思っているので、必要なことは何でもしようと思っているはずだ。それがあなたの意図だからだ。

訓練が大変だと言ったからといって、トレード自体が大変な仕事だと言いたいのではない。最も難しいのは、成功法やそれを維持する方法について私たちがよく触れる誤ったアイデアや誤解をすべて取り除くことだ。私たちのほぼすべてはあるアイデアを持ってトレードを始める。それはやがて非常に強力な固定観念になるが、楽に成功する役には立たずに、欲求不満が高まる。良い分析が成功のカギだと信じるのは誤りだろうか。答えはイエスでもあり、ノーでもある。それは分析をどう使うかによる。確率に基づく考えで分析を行うことを学んでいるのならイエスで、良い分析は成功に貢献する主要な要素だ。ただし、自分が浮かれ気分や、自らを否定する信念に陥っていないかを見守る能力があると仮定すればだ。

一方、自分が仕掛けると決めたすべてのトレードで、判断が正しいことを確かめるために分析を使うのならば、答えはノーで、良い分析は成功に貢献する主要な要素ではない。確率に基づく考え方を先に身につけているときに限って、良い分析は長期的な成功に中心的な役割を果たすのだ。残念ながら、分析が成功へのカギだという信念を採り入れる前に確率に基づく考え方を身につける人はほとんどいない。そのため、値動きの確率的な性質を理解せずに、相場分析に没頭して、その過程で対立するエネルギーを大量に蓄えてしまうのだ。本当にトレードで成功したければ、このエネルギーは最終的には打ち壊す必要があるのだ。

第17章

メカニカルトレード

はじめに

分析という観点では、値動き方向を予測するために使える分析は基本的に三種類ある。テクニカル分析、ファンダメンタルズ分析、時事問題（ニュースやメディア）の分析だ。心理という観点では、私たちの動きを決める思考方法は明確に区別できるもので三つある。分析でどれだけの情報に接するかはそれらの思考方法に縛られるし、それらによってトレードの判断を下す際の発展段階も分かる。

発展段階の最初の思考方法はトレードを機械的に行う手法だ。このメカニカル手法の特徴を一言で言えば、制約が多く柔軟性がない、ということになる。この手法では、どんなパターンやエッジが一貫してどの程度うまく機能するかを知るために、分析で扱う要素を意図的に制限する。仕掛けと手仕舞いの判断は事前にしておくし、トレードプランから外れることは許されない。その意味で、この手法には柔軟性がない。メカニカル手法でトレードをするときにトレードプランから外れたくなるとすれば、それは次の発展段階から見て、成功のために必要な心理的スキルを身につけていないことを示している。

発展段階の次の思考方法は、裁量、すなわち主観に基づくトレード手法だ。メカニカル手法とは異なり、主観に基づく手法はまったく柔軟だ。トレードの判断は事前にしてもよいし、その場でしてもよい。また、その瞬間の相場の動きを見て、それに基づいて何をすべきかすべきでないかについて考えを変えてもよい。分析面でも心理面でも（特に心理面で）、主観に基づく手法で着実な成果を生み出せるようになる前に、しっかりと身につけておくべきスキルがいくつかある。主観に基づくトレードで成功するために必要なスキルは、メカニカル手法でトレードをする過程で身につく。

発展段階の三番目の思考方法は、直観に基づくトレード法だ。私は直観を、予感という形の「導き」、あるいは合理的・論理的・分析的な思考過程を超えたところで何をすべきで何をすべきでないかが分かる感覚と定義する。合理的か論理的か分析的な思考過程を経て行動を決めるとき、私たちはすでに持っている知識に基づいて結論を出す。一方、直観の性質は創造的だ。創造力は定義からして、それまでに存在しなかったものを生み出す。そのため、相場の動きや自分がすべきことが分かるという直観的な衝動か予感、あるいは感覚を持つとき、それは合理的な思考過程や既存の知識からくるのではないため、すでに知っていることで正当化することはできない。

メカニカル手法は「厳密」、裁量手法は「柔軟」、直観的手法は「創造的か非合理的」だ。

メカニカル手法

メカニカル手法でトレードをする目的は次のとおりだ。

- 何が着実に機能するのかを判断するために、変数を一定数に制限して分析をする。
- 相場の読み方を身につけるために、とらえ方の基本的枠組みを作る。
- 着実な成果を生み出すために必要な心理的スキルを身につける。

第一　何がうまくいくかを学ぶ

パターンやエッジがどの程度良い働きをするのかを判断するためには、厳密に定義できるいくつかの変数を使ってパターンやエッジを定義し、それを比較的大きなサンプルに当てはめる必要がある。メカニカル手法では、トレードを執行するために相場にどういう条件が必要かを私たちは正確に知っている。また、トレードを始める前に、執行しようとするサンプル全体に対して、どの程度の勝率とリスク・リワード・レシオになる可能性があるかも知っていなければならない。メカニカル手法では、確率の法則に任せる必要がある。そのため、サンプル内の個々のトレードでは分析や判断・比較をしないし、考えることさえ何もない。ひとつのサンプルを終わりまでやり通したあとで、結果を向上させる方法について分析をして疑問点を調べるのだ。

さて、分析で使う変数はすべて、サンプル全体を通じて決まっているので、何が、どういう条件で、どの程度うまくいくのかを判断して、必要に応じて結果を向上させるための調整をするのは比較的やさしい。そうでなく、トレードごとに絶えず手当たり次第に別の変数を加えていたら、何を変える必要があるのかを特定できなくなる。一方、結果に満足できれば、別のサンプルでトレードを始めて、同じ過程を繰り返す。

一貫していて秩序立った手法を用いると、着実で信頼できる結果が得られる。無計画で無秩序な手法に頼れば、結果は一貫性がなく、頼りにならない。

第二　相場の読み方を学ぶ

取引所に出される買い注文数と売り注文数の流れは不均一なため、価格はいつまでも動き続ける。もちろん、時にその値動きも止まるが、ほとんどは絶えず変わっている。訓練されていない人の目には、値動きはまったく混沌としていてランダムに見えることもある。特定方向に相場が動く可能性を値動きから読んで解釈する方法は高度なトレードスキルであり、通常は身につけるのに何年もかかる。しかし、表面上はあまり論理的に見えないような方法で取り組む気があるのならば、それほど時間をかけずに済む。

ほかのトレーダーたちのそれまでの動きから生じた価格パターンに基づいて、彼らが次にどう動きそうかを予測するために、相場の読み方を学んでいるのなら、評価する情報量が多いほど正確な予測ができそうだと思うのは理にかなっているだろう。私はこの理屈にまったく価値がないと示唆しているのではない。しかし、分析で使える情報は大量にあり、何百もの分析ツールが利用できて、それらのツールの使い方も無数にある。それらはまったく同じ価格データに対して矛盾する予測を出す可能性があるだけでなく、実際にもそういうことはよくある。このことを考えると、値動きのどんなパターンや種類が現れると値動き方向にかなりの変化がありそうかを判断する方法を学ぶのに、何年もかかる理由も容易に分かるだろう。

相場の読み方を学ぼうとしているときには、多いほど良いということはない。

矛盾した情報はつじつまの合わない分析結果をもたらす。矛盾する度合いが増えるほど、それらの情報に圧倒されて混乱する可能性も大きくなる。長年にわたって続く混乱を避けるために、ひとつの決まった参照ポイントから値動きを観察することで、分析に使う情報を大幅に減らすほうがよい。次はその良い例だ。

妻のポーラは「儲けては損をする」を繰り返している、ある平均的なトレーダーのコーチを始めた。彼によると、どうして利益を出したあとにその利益を減らし続けるのか自分で理解できていなかった。いくらか話し合ったあと、このトレーダーはポーラに認めた。彼はテレビでMSNBCやCNBCのようなあらゆるニュース番組を見ていた。さらに、取引時間中にインターネットで流れるどんなニュースも読んでいた。また、彼は少なくとも四つか五つのトレードのチャットルームに申し込んでいて、そこでは主催者が最新のマーケットニュースについて意見を述べていた。

このトレーダーはモニターを七台とコンピューターを三台も持っていて、五つの異なるプロバイダーから絶えず流れてくる相場データをそれぞれ分析して、市場を「完全に把握できる」ようにしていた。また、一一銘柄をトレードしていて、一部は海外の銘柄のため、深夜に起きられるように目覚ましを設定しておく必要があった。しかし、勝敗を追跡するために取引日に個人的な日記かトレード日誌を付けることはまったくなかった。ほかの日にはなおさらだった。つまり、彼はあらゆる銘柄に手を出していて、方向性もパターンもなかった。①トレードの損益がどうなっているか、②どの銘柄をトレードすれば実際に勝てる確率が高いか――を知るために従うべきトレードルールは言うまでもなく持っていなかった。

コーチをしている最中にこれを知ったポーラは、トレード対象をほんの数銘柄に絞り込むようにと提案した。チャットルームの進行役たちの話を聞くのはやめて、ニュースに関してもモニターのうちの二台は消すようにと言った。「成功したトレーダーの思考法」を身につけるまでは、少なくとも最初のうちは「少ないほうがよい」理由を彼に説明した。成功したトレーダーが絶えずニュースや解説に接することはないし、もちろん、一一銘柄もトレードをするために真夜中に起きることもない、と。また、お金を稼ぐために四六時中、「市場に参加」しなければ、と思い込み続ける必要はないことも教えた。残念ながら、そのトレーダーは「多い」よりも「少ない」ほうが良い理由を理解できずに、ポーラの賢明なアドバイスに逆らい、あふれる情報に接しながら、多くの銘柄をトレードし続けた。そして、数週間後には取引口座の資金をすべて失った。

これは私たちがトレーダーのコーチをしているときに起きることとしては、別に珍しいことではない。

話を元に戻すと、固定した参照ポイントは、それを定義する変数が厳密で一定であるかぎり、どんなテクニカルツールでも構わない。例えば、五分足チャートに三期間か四期間の移動平均線を当てはめることから始めることもできる。この設定をしているときに、取引ツールは移動平均の計算に何期間を使いたいのかや、単純平均にしたいのか指数平均にしたいのか、例えば、「(高値＋安値＋終値)÷三」のように計算で使いたいデータは何か、チャートのどの位置に書き入れてほしいかについて指示を求めるだろう。移動平均線は現在の足の位置に書き加えていくこともできるし、そこよりも前でも後ろでも指定できる。

パラメータを設定したら、移動平均線がチャートに表示されて、移動平均線に対する相場の動きを観察して評価するための固定した参照ポイントにすることができる。ここで探すのは、移動平均線と比べたときに繰り返し現れるパターンで、それまでの値動きと同じ方向に大きく動くか、方向が転換しそうかを、かなりの確率で伝えるパターンだ。移動平均線と比較して、因果関係があるかどうかを確認できるデータポイントはいくつかある。

①価格足の値幅（高値から安値まで）のどの位置に移動平均線があるか。値幅の中央なのか、上端なのか下端なのか。

②価格足は移動平均線よりも完全に上にあり、足の安値と移動平均線の間にギャップがあるか。そうであれば、ギャップはどれくらい大きいか。ギャップの大きさと次の一本か二本の足の方向とに何らかの関係があるか。

③価格足は移動平均線よりも完全に下にあり、足の高値と平均線の間にギャップがあるか。そうであれば、ギャップはどれくらい大きいか。ギャップの大きさと次の一本か二本の

バーとの方向に何らかの関係があるか。
④価格足に対して移動平均線はどれくらいの傾きか。
⑤価格足の値幅の大きさに対して各足の価格が上げているときと下げているときで出来高に変化があるかや、値幅のどの位置に終値があるか、移動平均線に対して足がどの位置にあるか。
⑥前の高値か安値の支持線や抵抗線のような重要な参照ポイントに価格が近づいているとき、繰り返し現れる目立った足のパターンがあるか。

複数の価格足で見たときの足同士や移動平均線との関係まで含めると、問える質問や移動平均線と比較できるデータはほかにもたくさんある。好奇心や想像力を働かせれば、だれも知らないか考えつかなかった重要な関係を発見できるかもしれない。

固定した参照ポイントを設定する主な目的は、段階を踏みながら、ランダムではなく体系的な相場の読み方を学んで、混乱の可能性をなくすことにある。参照ポイントを固定せずに、変数を絶えず足したり引いたりしながら値動きを観察すれば、何が重要で何が重要でないかを学ぶことは、少なくともそれほど素早く効率的にはできない。

一つの時間枠で一銘柄に限定して、一つの特定のパターンか課題の研究に専念すれば、やがては自分で選んだ固定した参照ポイントに対して相場がどう動くかに精通できる。表面的には重要に見えるが、本質的には業界で言うバックグラウンドノイズと区別して、何が重要かについての感覚が身につくだろう。私は「バックグラウンドノイズ」をトレンドが継続するか転換する可能性についてほとんど何も伝えない値動き、と定義している。すべての値動きが等しく重要なわけではない。一銘柄の一つの参照ポイントに精通すれば、ほかのトレーダーには見えないことが見えるようになり、彼らが気づかないことを感じ始める。知識のしっかりした基盤を作ったら、複数の時間枠でほかの銘柄やほかの指標を含めて見ることで、その基盤を簡単に拡大できる。

第三　着実な成果を生み出すために必要な心理的スキルを学ぶ

分析がどれほど良くても、着実な成果を生み出すためには、不安感を持たずにトレードができなければならない。それができるためには、自分を信頼しなければならない。自分を信頼するためには、自分はいつでも自分の利益のために行動するし、そのためにまず苦痛を味わう必要はない、と一片の疑いもなく分かっている必要がある。苦痛を経験せずにトレードをするためには、相場情報を分析して、客観的に値動きを観察できる必要がある。そのためには、現実に基づいた期待をする必要がある。相場の現実は確率的だ。期待を相場の現実に合わせるためには、判断を誤ってお金を失うリスクがあることを心の底から完全に受け入れる必要がある。そうすれば、起きていることや、これから起きることについてもっともらしいことを考え出して、合理化や正当化や証明をするか、幻想を抱くべき理由もなくなる。本当にトレードに関するリスクを受け入れるためには、確率に基づく見方を生み出す信念を採り入れて、確率で考えられるようになると同時に、その信念が確率に基づかない別の見方と対立しないように訓練する必要がある。

確率で考えるための最短で最も効果的な方法は私が知るかぎり、限られたサンプルサイズで分析の変数を固定したメカニカル手法でトレードをすることだ。機械的にトレードを行えば期待をコントロールできる。この手法では「一連のトレード」に取り組み、個々のトレードの結果には焦点を当てないように強いられるからだ。「一連のトレード」という手法では、どのトレードはうまくいきそうで、どのトレードはうまくいきそうにないという考えや希望や期待に合わせて、個々のトレードを選別することは許されない。そうではなく、一連のトレード内の個々のトレードの結果はどうなるか分からないという信念で動くのだ。そのため、相場が生み出す今後の動きについての情報で、不安を感じるものは何もない。不安を感じていなければ、避けたり、ねじ曲げたり、無視したりすることは何もないし、何も目に入らなくなることもない。そうなれたら、今後の方向性を示唆すると学んだ相場の動きの違いをすべて区別できるようになるだろう。そうなれなければ、不安の程度に応じて客観的に見る能力も落ちるか、最悪の場合には、「何も目に入らない」経験をするだろう。

「何も目に入らない状態」とは、否定の極端な形だ。これは心理的な現象で、相場の動きが自分の望みや期待に一致しているときには見えるのに、一致しないときには意識に上らなくなり、文字どおり見えなくなる状態のことだ。「何も目に入らない」状態が持つ致命的な影響をいかに受けやすいかを説明するために、仮定の例を挙げておきたい。

確率で考える訓練をしていないせいで、判断を誤って損をしないかと恐れながらトレードしている典型的なトレーダーがいるとしよう。彼が相場を見ていると、価格足は高値も安値も切り下げ続けている。これは下降トレンドと定義される動きだと、彼は学んでいる。現在、価格は前の天井と底の間を動いている。チャートを見ると、価格は過去二回でその底で反転して、最終的に前の天井まで上昇していた。彼は前の二つの底を重要な参照ポイントと考えた。何らかの理由で、ほかのトレーダーが十分な買い注文を出してその価格水準を「支持する」気があることを示していて、売買注文の比率を買い方に有利な方向に大きく片寄らせると考えたのだ。彼はテクニカル分析で支持線をエッジとみなしていたので、相場が再び支持線（前回の底）まで下げたら買おうと決める。まさにそれが起きて、価格はやがて支持線の水準まで下げた。そこで、彼は買い注文を出して約定する。

ここで、問わなければならない。彼は判断を誤って損をするのではないかと恐れながらトレードしている。それを考えると、自分を勝たせてくれるほどの出来高を伴った買いは入ってきそうにないと判断できるまで、仕掛け値を割る下げを許す可能性はどれくらいあるだろうか。彼が典型的なトレーダーならば、まったく逆行を許さないか、せいぜい「口先」程度、つまり、本気でリスクを受け入れる水準を超えることはないだろう。もっとも、彼の視点からすると、この問いには何の意味もない。そもそも、自分の分析が正しいと完全に確信しないかぎり、彼はトレードをしなかったので、自分のトレードはうまくいくと考えているからだ。

彼はトレードがうまくいくと確信していて、うまくいかないときにどこで手仕舞うかも分からずに仕掛けていることを考えると、彼が客観的に値動きを観察できるだろうか。あまりない！　このトレードがうまくいくと確信しているか予想している程度に応じて、値動きを客観的に理解できなくなる。最悪の場合には、「何も目に入らない」経験をする。そうなると、自分が負けている値動きだと学んだことが見えないか、それに気づかなくなる。

　自分の期待が状況に見合っていないときに、重要な情報が意識に上らなくなる理由はここにある。

　最も基本的な認識レベルでは、相場は評価すべき両極の情報を伝える。それは価格の上昇と下落だ。客観的には、価格の上昇や下落は売買注文の比率の不均衡を伝える情報にすぎない、という意味で中立的だ。中立的という意味は、上昇や下落はプラスの幸せな情報でも、マイナスの恐れを抱かせるか苦痛な情報でもない、ということだ。一方、客観性がない見方、すなわち、確率に基づかない考えや、「何が起きてもおかしくない」という信念に根ざさない考えに立つと、価格の上昇や下落は中立的で感情を伴わない情報とは受け止められない。上昇や下落は買い方か売り方かによって、喜びか苦痛をもたらす可能性がある情報を表す。

　ここの例では、このトレーダーは買い方なので、価格の上昇は勝つことを表すため、うれしいというプラスの精神状態を引き起こす。うれしさが度を超して、浮かれ気分に陥らないかぎり、このことに問題はない。トレーダーにとって、浮かれ気分は非常に危険な精神状態だ。それは全能の感覚を生み出して、すべてがうまくいくと思えてくるからだ。すべてがうまくいくのであれば、トレードに関するリスクは何もない。リスクがないと感じれば、これ以上は利を伸ばせないから利食いすべきときだ、と示唆する情報を客観的に検討することもできなくなる。一方、価格の下落はまったく別の話だ。彼は判断を誤って損をするのではないかと心配しながら動いているので、判断を誤ったと認めて損切りをしないとならなくなれば、下落は不安であり、苦痛をもたらしかねないものとみなされるだろう。

そこで、彼が仕掛けたらすぐに、価格が彼の有利な方向に動き始めたとしよう。相場は下への動きよりも上への動きのほうが多く、彼はかなり気分が良い。だが、価格は彼が実際に利食いをしようと考えているところまでは上げない。今や、上昇の動きは勢いを失い、ちょっとした急落が起きる。そして、前の天井まで反発すると再び急落が起きる。だが、今度は下げ止まらない。

価格は今や仕掛け値を下回り、下げ足を速めている。下落と戻りが生み出す形は非常に対称的で秩序だった下降トレンドを形成している。下げの途中で、小幅な上昇が何度か起きるが、これらの戻りは彼に不利な下降トレンドラインを上にブレイクしない。もちろん、彼はトレンドが形成されている相場を認識できる。また、すでに含み損になっているポジションに逆行したトレンドが形成されているのが悪い意味を持つことも理解している。しかし、判断を誤って損をするのではないかと極度に恐れながら動いているのなら、彼がトレンドを理解していて、それに気づけても、行動を起こすことはできない。恐れは上昇や下落の認識に影響を及ぼして、彼の望みや期待と正反対の結果を生み出す。

客観性がない彼の考えでは、相場は考慮すべき情報として、上昇は楽しく下落は苦痛という両極端の情報を伝えてくる。もちろん、彼には精神的に異常なところが何もないと考えるなら、選択肢があれば、彼は苦痛を避けて楽しい経験をするほうを選ぶだろう。そのためには、価格の下落よりも上昇を特に重視すればよい。つまり、上昇すればまさに望むものを得られるだけでなく、下げ続けるたびに耐えるしかない苦痛から解放もされる。そのため、上昇がとても大切になるので、それを特に重視するのだ。彼は下落に比べて上昇に大きな価値を置いているため、上げ一回に対して下げが平均して三～四回と多くても、そのことの重大さを否定するか無視することができる。そのため、チャートを見ると相場がポジションに明らかに逆行するトレンドを形成しているのに、彼はそれを認めようとしない。

彼がそうなったのは、一時的に何も目に入らない精神状態に陥ったせいかもしれない。だが、含み損が増えつつある事態にいつまでも目をつぶってはいられない。含み損が拡大していくと、ある時点で、これ以上は一ドルでも失うのが受け入れられないか耐えがたくなって手仕舞うだろう。そして、その瞬間に目からウロコが落ちたかのように、それまで目に入らなかったことが見えるようになる。上げと下げの不均衡がいかに大きいかにすぐに気づき、平手打ちを食らったような衝撃を受けて、「どうして、すぐに売らなかったんだ」と思うのだ。

何も目に入らない状態に陥るのは、相場が自分のポジションに逆行しているときだけではない。自分の有利な方向に動いているときにも陥ることがある。ここで挙げた例では、支持線で買った途端に、相場は下降トレンドを示し始めた。彼は判断を誤って損をするのではないかと恐れながら動いていたので、上げると自分は正しかったと思えると同時に、下げ続けているときの苦痛から解放されてほっとした。それで、彼は下げに比べて上げを過度に重視していたため、ポジションに逆行するトレンドが目に入らなくなった。

では、逆のケースを見よう。彼が支持線で買うと、ポジションに逆行する代わりに、上げと下げは秩序正しく上昇トレンドを形成していく。この状況では、彼はまさに自分が望み、期待していたものを得ている。だから、彼はまったく問題ないはずだろう。ところが、実はそうでもないのだ！　残念ながら、彼が典型的なトレーダーならば、判断を誤って損をするのではないかと恐れながら動いているだけでなく、利食いの機会を逃して、取れたはずの利益を取り損ねることも恐れているだろう。値動きに賭けていれば、相場が自分の有利な方向に動いたあと反転して、結局は利益がなくなるか、さらに悪いことに損をする経験も必ず何度かはするものだ。そのため、「利食いを早まって大きな利益を取り損ねる」か、相場が逆行する前に利食いをしていたら得られたはずの利益を得る「機会を逃す」のではないかと心配せずにはいられない。

私たちは苦痛を本能的に避ける。そして、その過程で結局は、まさに避けようとしていたことを経験する。

相場はまさに彼の望みどおりのものを与えているかもしれない。だが、下げはどれも利益を奪う可能性を表している。彼は相場からすでに得たものを失いたくないと思っている。そして、彼はそれが起きるのではないかと恐れているので、上げよりも下げを過度に重視している。相場が自分のポジション方向にトレンドを形成していて、何度か押すほかはトレンドが終わる兆候は何もないが、それは重要ではない。利食いの機会を逃して、取れたはずの利益を取り損ねるのではないかと恐れているために、下げを重視しすぎているので、自分に有利な上昇トレンドが目に入らなくなり、トレンドが終わるずっと前に手仕舞ってしまう。つまり、彼がまさに避けようとしていたことを経験するはめに陥ったのは、自分の恐れのせいだった。彼は利食いの機会を逃して、取れるはずの利益を取り損ねるのではないかと恐れていた。そして、まさにその恐れのせいで、彼は次のような失敗をしたのだ。

- 相場が逆行すると、判断を誤って損をするのではないかと恐れるせいで、含み損が逆に膨らんでいく。
- 相場が順行すると、機会を逃して取れるはずの大きな利益を取り損ねるのではないかと恐れるせいで、早く利食ってしまう。

客観的であるためには、今後は幻想を抱くことも、現実をねじ曲げることや否定することも、現実に目をつぶることもないように、相場情報を恐れない心を作る必要がある。予測をして仕掛けたあとは、相場の動きが分からなくても、私たちにその責任はない。どれだけのトレーダーが、どれだけの数量の注文を取引所に出すのか、それは買いなのか売りなのかが分かる情報に接していないのに、相場で何が起きるかをどうして「知る」ことができるだろうか。しかし、私たちは次のことには責任がある。

- ●接する相場情報のうちのいくつを特定するか
- ●特定するそれらの情報の質
- ●特定するそれらの情報をどこまで客観的に見ることができるか

つまり、価格の上げ下げや全般的な相場情報が不安を引き起こすような性質のものであるとき、不安の原因は私たちの期待にある。

期待とは、将来のある時点でこうなると信じていることだ。本当に確率で考えられるようになるまでメカニカル手法でトレードをし続けたら、どんな結果が出そうでも、それを受け入れることができる。期待は中立的で何の相場観も持たずに、すべてのトレードを仕掛けるようになるからだ。確率に基づく見方では、「何が起きても不思議ではないし、起きそうなことが何なのかも分からない」と思いながら動いている。そう思っていると、先入観を持たずにいられるし、相場の動きが示すどんな結果でも見て、それを受け入れる用意がある。何でも見る用意ができているときには、相場が動きそうな方向について、幻想を抱いたり、ねじ曲げたり、否定したりする必要はないし、苦痛が増すこともない。

客観的な見方に基づいて動いているトレーダーは、結果にどんな愛着も持たずに値動き方向の予測をすることができる。

確率に基づいて考えられるようになれば、ほかの立場では値動き方向についての議論の余地ある相場観でも、ひとつのエッジととらえることができる。思い出そう。エッジとは単なる推測だ。高度な分析に基づくエッジでさえ、推測以外の何ものでもない。一方、私たちが相場観を持つとき、それは通常、自分が理解できる事実に基づいている。そうでなければ、議論の余地もないだろう。コンピューター画面を見ながらトレードを行っている私たちは、ほかのトレーダーが取引所に出すつもりの注文について、どんな事実も知ることができない。これは、私たちが考え出す議論の余地ある相場観は事実に基づくのではなく、証明できない思い込みか幻想か、自分のこじつけに基づくものだということを意味する。

エッジがうまく機能しないせいで、損失が生じるのは避けようがない。しかし、客観的に物事をとらえられない精神状態で相場情報を理解するせいで、損失を被ったり機会を逃したりすることは間違いなく避けられる。

メカニカル手法はトレードで成功するために問題なく実行できる方法だが、この手法でトレードをする主な目的は次のとおりだ。

①扱いやすく、計画的で体系的に相場の動きを特定できるようにするために、分析で使う変数の数を限定する。

②信念に基づくスキルの基礎を作り、特定すべき違いが客観的に分かるようになったという自信を持てるようにする。
③エッジがうまく機能しないせいで被る損失はトレードにおける通常の経費であり、避けようがないことを理解する。
④考え方を変える過程を経る気があれば、期待を相場の動きにきちんと合わせないために生じる損失や、利を伸ばす機会を逃す事態は避けられるということを知る。
⑤トレードでシグナルをひとつ残らず執行する方法を学ぶ。

メカニカル手法のルールや制限や厳密さゆえに、それを順守するのは簡単なことではない。メカニカル手法を身につけるためにすべき努力のせいで、トレードは「楽なお金儲けのなかで最も難しい」ものになる。お金儲けが楽になるのは適切なスキルを身につけたあとの話だ。トレーダーになろうと決める前に身についた信念や、持って生まれたリスク許容度によっては、適切なスキルを身につけるのは、これまでに経験したなかで最も厳しい教育過程のひとつになる可能性もある。

無理もない話だが、大部分の人々はメカニカル手法を飛ばして、すぐに裁量手法で動きたがる。この手法では、したいことをしたいときに、どんな理由でしてもよい自由がある。自由と規制を選べるなら、私たちはもちろん自由を選ぶ。しかし、トレードの世界では、不安があるせいで相場情報の見方が変わることはないという強い自信がなければ、その自由は非常に高くつくし、相場が本当はどう動いているのかを直視して自分にとって最善の行動を取ることを強いられるため、その自由には苦痛も伴う。

メカニカルトレードから裁量トレードに移る用意ができたときを、どうやって判断するのか。次の三つの質問に答えてほしい。

①相場の動きの違いを見極めて、確率が高いエッジを着実に特定できるようになったか。
②相場観を持ったり、具体的に何が起きるかについて期待をしたりすることなく、値動き方向の分析と予測ができるか。
③否定的な感情や不快感を少しも抱くことなく、仕掛けや手仕舞いができるか。

これら三つの質問すべてに、「はい」と答えられないのならば、それができるまで、メカニカル手法でトレードを続けることを強く勧める。

第18章

裁量トレード

裁量手法

メカニカル手法では、事前に設定した仕掛けと手仕舞いの決まったルールに相場の動きが合ったときしか、トレードができない。ルールから外れることは何であれ、トレードの誤りとみなされる。ルールに従わないでおこうと考えるだけでも、トレードの誤りだ。一方、裁量手法、つまり主観に基づく手法に移ると決めたら、これらのルールにはもう縛られない。メカニカル手法では、「その場での」分析・評価・決定は許されず、融通が利かない。だが、裁量手法では、「その場での」状況分析によって、自分の目的に合う結果が出る「かもしれない」と分かったことは裁量で判断して実行してよい。

メカニカル手法はトレードで成功するための完全に実行可能な方法だ。それにもかかわらず、裁量手法に移るのは、トレンドの継続か転換の可能性を示して仕掛けや手仕舞いのシグナルになると学んできた知識をすべて使える、という利点があるからだ。そして、その知識を、「その場での」状況の評価に利用するのだ。裁量トレードでは、メカニカル手法でエッジ（優位性）として定義した厳密な変数に相場が合うまで待つ必要はない。事前にトレードを計画したあとで、相場の動きを「その場で」分析して考え直し、計画を実行しないか、まったく違うことをしようと決めても構わない。トレードを仕掛けて、損切りの逆指値と利食い目標の指値を置いたあと、「その場での」状況評価に基づいて、それらの逆指値か指値、あるいは両方の位置を変えようと決めてもよい。

例えば、私がエッジと定義しているパターンが相場に現れたので、トレードをしようと決める。リスクを測るため、私は自分に問う。「相場がどこまで逆行すれば、このエッジがうまくいかないと判断するか。どの水準でリスク・リワード・レシオが下がりすぎて、トレードがうまくいくかどうかを判断するのにこれ以上のお金を使う価値はないと考えるか」と。そして、現在の相場を見たうえでこれらの質問に答えて、損切りの逆指値を置く。トレードを続けてしばらくの間、相場は自分のポジションをはさんで上下するが、利食い目標に達するか損切りの逆指値に引っかかるほど大きくは動かない。一方、相場は私の損切りの逆指値がおそらく仕掛け値に近すぎると示唆する動きをしていて、少し離したほうがよいと伝えている。つまり、相場のそのときの動きは、トレードがうまくいくかどうかを判断するために、初めに考えていたときよりも価格が動く余地をもう少し与える必要があることを示している。損切りの逆指値を仕掛け値から遠ざけようと決めたら、私はトレードの誤りを犯していることになるだろうか。私が確率に基づく信念に完全に従って動いているのであれば、答えはノーだ。その場合には、起きていることや起きていないことが怖いから逆指値を動かしているのではない。状況を客観的に評価し直して、逆指値を動かしているのだ。そして、そのことによって、私はエッジのパラメータを定義し直すように促される。

損切りの逆指値を動かしたほうが、結果が良くなるという保証はない。しかし、確率に基づく信念を身につけて、相当数のパターン（エッジ）を特定できるようになり、重要な相場の動きとそうでない動きの違いを区別できる感覚を身につけた者にとっては、「その場で」評価をして決断を下すことは、事前に設定した仕掛けと手仕舞いの厳密なルールに相場が合うまで待つしかない場合よりも、全体として見ればはるかに良い結果を「生み出すことができる」。私は「できる」という言葉を強調するつもりだ。「その場での」評価はより良い結果を生み出す可能性があるが、それらの結果を着実に生み出すには、メカニカル手法で成功するときには不要な、非常に洗練された自己観察のスキルを身につけている必要があるからだ。

自己観察のスキルとは何か

自己観察というスキルについて説明する前に、指摘しておきたいことがある。メカニカル手法で着実な成果を生み出す力をいったん身につけたら、その着実な成果を裁量手法で生み出すことも比較的簡単で、無理なくその手法に移行できると思っても無理はない。だが、そういう思い込みはしないでほしい。それは事実に反するからだ。すぐに分かるが、相場情報を評価して、「その場で」トレードの判断を下しながら着実な成果を生み出すのはけっして楽な仕事ではない。事前に分析をして判断を下すトレードから、「その場での」観察に基づいて相場を評価してトレードの判断を下すというトレードに移ると、着実な成果を生み出すときの根底にある心理が劇的に変わり、桁違いに難しくなる。

メカニカル手法では簡単に分かる具体的な変数を扱うので、着実な成果を生み出すためには明快で厳密な過程を踏めば良かった。事前に決めた一定数のトレードに対する勝率とリスク・リワード・レシオが良いエッジを見つけて、それを検証したときの意図どおりに正確に執行できる考え方を身につけたら、トレードではエッジの程度に応じた一貫性が得られるだろう。実に単純だ。だが、裁量手法でのトレードはそれほど簡単ではない。というよりも、その正反対なのだ。

分析についての認識がしっかりしていて、確率に基づく信念できちんと動くことができて初めて、裁量手法でのトレードを始めるとする。そうすれば、判断を誤って損をすることや、利食いを早まるか遅らせて取れたはずの利益を取り損ねることを恐れることなく、見えた機会を利用することができる。この場合、着実な成果を生み出せるかどうかは自分の「精神状態」にかかってくる。つまり、「その場で」相場の動きを観察して、値動き方向やどこで仕掛けるか、リスク、ポジションサイズ、利益目標について分析をして決断を下すとき、意識に流れているエネルギーがどれくらいプラスかマイナスかといったことだ。例えば、自信と不安は両極端な「精神状態」だ。自信に満ちた精神状態のときにはプラスのエネルギーで満たされていて、何らかの経験に踏み出すときに幸福感や自由を感じる。一方、不安な精神状態のときにはマイナスのエネルギーで満たされているので、何らかの経験に手を出そうとはしないか、していることをやめるか、そこから逃げ出すという特徴がある。

「その場」の判断でトレードをしているときには、自分の「精神状態」を観察する方法を学ぶ必要がある。客観的に観察して、自分にできる最高の選択や決定を楽にするために情報を処理するときには、どんな精神状態でも望ましいというわけではないからだ。どの相場情報を捨てて、どの相場情報を考慮するかについて最善の選択をすることや、その情報の評価、つまり、評価すると決めた情報の重要性を比較検討するために最も良い推論をすることや、最も良い決定を下すことはすべて、プラスの精神状態から生まれる。プラスの精神状態とは自信があり、幸せで、熱心で、穏やかで、柔軟で、自分を信用しているときだ。一方、不安、怒り、動揺、失望、不満、腹立ち、悔しさ、裏切られた思い、後ろめたさ、落胆、落ち込み、絶望を感じているときには、どの情報を検討するかや情報をどうやって検討するかについて最も客観性を欠きやすい。そのため、評価に偏見が入り、結局は何をして何をしないかについて最も効果的でない決断を下してしまう。

あなたのトレード仲間に数年間成功していたが、私生活で非常に難しい問題に直面しているために、精神的に傷つきやすいか突然怒り出す人がいるとしよう。あなたはトレードをこれまでどおり続けるように勧めるだろうか、それとも、問題が解決して気分が良くなるまでトレードをやめたほうがよいと言うだろうか。答えは明らかで、トレードを中断するほうを勧めるだろう。なぜならば、彼は相場情報の客観的な評価や、何をして何をしないかについて最善の決定ができる精神状態にはないからだ。アドバイスをしても、とにかくトレードを続けるとその人が言い張るとき、かなり深刻な損失を被るのではないかと心配になるだろうか。この答えもイエスだろう。そうでなければ、そもそもトレードを中断したほうがよいとは勧めなかっただろう。

第11章で、大学のバスケットボール選手がフリースローを二回成功させたら、全国大会で優勝できるという例を出したことを思い出してほしい。そこで、彼の意識にマイナスか過度にプラスの舞い上がった考えが浮かぶと、シュートを少なくとも一回は外すこともあり得ると説明した。身体的には、彼は二回とも完璧に成功できる状態だった。練習では、正確に同じシュートを二五回続けてよく成功させていたからだ。だから、彼は身体的には試合で勝つ力があった。しかし、全国大会の決勝で、身体能力を発揮して二回ともシュートを成功させるかどうかは、身体的スキルだけで決まるわけではなかった。それに加えて、冷静で自信に満ち、プラス面に集中した精神状態にある必要もあった。

彼が自信を持っていて、優勝がかかった瞬間にいることを楽しんでいると同時に、フリースローの準備段階でいつもする手順を踏むことだけに集中していれば、二回ともシュートを決めて試合に勝つだろう。一方、緊張するかもしれないとか、シュートを失敗したらあとでいやな目に遭いそうだといったことを考え始めたら、否定的なことばかり考え出して、不安な「精神状態」に陥る。そうなると、勝つために必要な手順に集中するのではなく、シュートを外さないことや試合に負けないことに集中するだろう。結果として、身体能力がたとえ優れていても、彼は少なくとも一回はシュートを外すだろう。

また、実際にシュートをする前から優勝したかのように喜び始めても、シュートを少なくとも一回は外す可能性がある。彼はシュートを絶対に決められると思っているので、きっと英雄扱いされると考え始める。そして、チームの連中やファンから褒めちぎられるところを想像しているため、浮かれ気分に陥ってしまう。浮かれ気分とは、失敗するリスクもあるということを認識できない精神状態を指す。この例では、興奮して高まったエネルギーが心身、特に手に伝わるために、指先からボールを離すときに狂いが生じて、起きるはずのないこと、つまりシュートを外すことが現実になる可能性がある。いずれにせよ、彼がシュートを外して試合に勝てないとすれば、それは身体能力のせいではない。彼の「その場での精神状態」が影響して、身体能力を最大限に発揮できなくなるせいだ。言い換えると、勝つためには最高の「精神状態」でなければならない。

身体的な活動に影響しかねないこうした心理的要素は、精神的な活動にも影響を及ぼす可能性がある。私たちはそれぞれが相場の動きの違いを特定するための分析技術をある程度は身につけている。そして、それを、値動き方向を予測する際のエッジとするだけでなく、リスク評価や利食い目標の見極めにも使う。利益になりそうなトレード機会を特定する能力の最大限度は、相場の動きを特定できる数と質で決まると言える。バスケットボール選手が良い「精神状態」であれば、ボールが指先から離れる瞬間に百パーセントの身体能力を発揮して、試合に勝つだろう。相場情報を評価してトレードの判断をしているときに、良い「精神状態」であれば、分析や意思決定の能力をそれがどういうものであれ、百パーセント発揮できるだろう。

私は分析や意思決定の能力を百パーセント発揮すれば、トレードで確実に勝てると言いたいのではない。読者はすでに分かっているように、トレード結果はすべて確率的だからだ。私が言いたいのは、客観的に情報を集める方法や、何をすべきかの結論に至るまでにどういう推論をするかと、「精神状態」には相関関係があるということだ。精神状態が良いほど、つまり自信にあふれているが、浮かれ気分にはならない状態であるほど、値動きの性質や特徴について蓄積してきた知識や洞察を十分に意識できる。すると、否定的な感情に妨げられないので、推論をするときに十分に力を発揮しやすくなる。そして、最終的には特定のトレード状況で最も良い決定や選択ができるようになる。

一方、「精神状態」からプラスのエネルギーが減るほど、学んだことを適切に当てはめて理解する能力も落ちる。冷静で、偏見がなく、柔軟である代わりに、マイナスの精神状態に陥ると、心を閉じて柔軟性を失う。いつもなら利用できる情報や洞察力が意識に上らなくなると、状況を客観的に評価する能力も落ちる。結局は、いつもならできる決定や選択がうまくできなくなる。

私たちはあとになって初めて、自分はもっとうまくできたと分かる。振り返って見ると、値動き方向や、損切りの逆指値を置く位置や利食いの位置について、理想的な選択をするために必要な分析は現在の自分の能力でも十分に可能だったと分かるからだ。つまり、振り返ると、「その場で」はっきりと分かったはずのことが、一見すると不可解な理由で分からなかったということが、痛々しいほど明らかになるのだ。「その場で」は、何が最も良い選択や決定がはっきりと分からなかった。それは私の言う心理的な「資産つぶし」が自分の「精神状態」に影響して、観察や評価、決定のスキルがいくらか落ちたからだ。

資産つぶし

「資産つぶし」とは、パフォーマンスにマイナスの影響を及ぼす可能性がある心理的な要素のことだ。これがあると、着実に利益を積み上げることが難しいか、人によっては不可能になる。心理的な「資産つぶし」は大きく、次の四つに分類できる。

一．悩みが多い生活環境
二．自分の価値を自ら否定する信念
三．客観的に見る力を妨げる個人的な問題
四．浮かれ気分

一．悩みが多い生活環境

一九八〇年代後半に、私はトレードコーチとしてCME（シカゴ・マーカンタイル取引所）で清算および仲介業務をしている著名な企業に雇われた。依頼内容は、儲けては損するの繰り返しから抜け出せないフロアトレーダー（ローカルズ）の問題を解決する手伝いをしてほしいということだった。ある日の大引け後に、ジムという名のフロアトレーダーが私のオフィスに入ってきて、話ができるかと私に尋ねた。彼は儲けては損することを繰り返していて、大引け後によく顔を出す常連の一人ではなかった。それで、私は彼のことをよく知らなかった。知っていたことは、彼がフロアトレーダーとしてかなり稼いでいて、年収はいつも二五万ドルぐらいだったということだ。

彼は座るとすぐに、これまでトレーダーとしてやってきたなかで最悪の日だったことや、トレード口座の資金を吹き飛ばしたので、資金を入れるために貯蓄を取り崩さないとならないという話をした。それから、その日にS＆Pがどういう動きをしたかや、どこが大口の売買をしたか、そして彼がどこで仕掛けて手仕舞おうと決めたかを説明した。彼がさらにしばらく話を続けたところで、私は話をさえぎって、家で何かあったのかと尋ねた。彼は私がそこに話を持っていったことにちょっと驚いたように見えた。そして、それはどういう意味かと聞き返した。私はもう少し詳しく、「私生活で、いつもと違うことが何かありませんか？」と尋ねた。彼は、「うーん」とうなるような声を出したあと、前の晩に妻と激しい口論をしたと言った。

ここで、二人の口論について詳しく話すつもりはない。ただ、口論は終わらなかった。彼らは腹立ちが収まらないまま床につき、目覚めたときも変わらなかった。取引所に出かける用意をしているときも、怒鳴り合っていた。家を出るころには、いらいらが募って子供に怒鳴り始めて、揚げ句の果てには、玄関に行く途中で犬をけった、と言う。私はすぐに、いつもなら並外れたトレードができる彼が、なぜ最悪の取引日を過ごしたか分かった。彼は、妻に怒鳴ったのはすべて相手のせいだと思っていたかもしれない。だが、五歳と七歳の子供に当たり散らしたことや、特にしっぽを振りながら大好きな主人が仕事に出かけるのを玄関まで見送る以外、何も悪いことをしていない犬を蹴飛ばしたことは言い訳のしようがなかった。

ここで読者に尋ねたい。ジムは取引所に出かける途中で間違いなく、起きたことをすべて頭の中で繰り返していたはずだ。そのとき、彼は少なくとも子供と犬に取った行動をひどく後悔していると思うだろうか。そう思うならば、彼は取引所に着くころには自分の行動を非常に後ろめたく思っていた可能性があると思うだろうか。ほとんどの人の信念体系では、後ろめたいと思うときには、何か受け入れがたいことか間違ったことをしたことを意味する。そして、したことのひどさに応じて、何らかの罰を加えることがたいていは正当化される。

彼と私との会話が深まると、彼は子供と犬に取った行動についてとても気がとがめると認めた。私は彼に説明した。後ろめたさが自分の正義感と結びつくと、自分は罰を受けるに値すると思うのだ、と。そして、それがまさに彼が自分自身にしたことだった。ピットに入ったとき、彼はそのことを自覚してはいなかったかもしれない。だが、その日の彼の課題はお金を儲けることではなかった。まったく、それとは逆で、自分の「悪い」行いを、トレードを使って罰することが課題だったのだ。自分を罰するために、どのようにトレードを使うのだろうか。単純だ。スキャルパーである彼が成功するためには、トレード機会と見たものをとらえる反応の速さが極めて重要だった。だが、その日は自分のエッジとみなしていたものに気づくまでの反応時間がとても遅かった。ほかのスキャルパーたちに負け続けて、彼が「最高の」トレードとみなすものができなかった。

トレードをしないことがトレードで勝つことに等しい場合もある。妻のポーラの言う「三人の味方」がそろわなければ、その日はトレードをすべきでない。それだけのことだ。

それで、今日はピットにいるにはおそらく向いてないから、やめようと考えるのではなく、いつもなら避けたはずのトレードをし始めた。質が悪くて、せいぜい利益がぎりぎり出る程度だと、彼がみなしていたトレードをしたのだった。だが、それだけではない。彼はいつもよりも大きなポジションでトレードをしたいという欲求に駆られ、その欲求にほとんど抵抗できなかったと言う。私は彼が意識的に負けるつもりでピットに入ったと言いたいのではない。彼は罪の意識で判断が狂い、なぜか自分で分からないうちに、ほとんど利益が出ないトレードや悲惨な資金管理をし続けたのだ。そのことは最初の会話で明らかだった。それがまさに彼のしたことで、彼の性格にはまったく似つかわしくないことだった。それは、子供と犬に対する行為が彼に似つかわしくないのと同じに違いない。

私生活で理性を失ったために、トレードでも理性を失ったのだ。

ほとんどすべての人は意識のどこかで、自分の考えや精神状態が分析や意思決定に影響を及ぼすことが分かっている。だが、最も優秀で経験豊かなトレーダーしか、この知識をトレードで生かすことはできない。「その場での」観察や評価や判断をしているときに、私生活で気がかりなことがあるか、何らかの理由で気分が良くなければ、ポーラがトレーダーに教えているように、「トレードをしないことは銀行に預金をしていることに等しい」。判断を誤る可能性が高くなるほど、経験しているマイナスエネルギーも比例して大きくなるからだ。あなたがプロのサッカーかバスケットボールか野球の選手で、ふくらはぎの肉離れのために歩くのがやっとで、走るのは論外という状態だったら、コーチのところに行って、プレーをさせてほしいと頼み込むだろうか。もちろん、そんなことはないはずだ。裁量トレードの世界では、私生活ですぐに解決できない気がかりなことは、プロスポーツ選手が肉離れを起こして良くなるまでプレーできない状態に相当する。

裁量トレードでは、今は最も良い分析や意思決定を行える精神状態ではない、と気づく方法を学ばなければならない。少し抽象的に聞こえるかもしれないが、それほど難しいことではない。ひとつのテクニックは、その日のトレードを始める前に、利益を受け取る用意があるかとただ自問することだ。この質問に対して、絶対に「もちろんだ」とすぐさま思わないか、思い浮かぶ答えがまぎれもなく断固とした「もちろん」に聞こえなければ、トレードをしないか、少なくとも通常よりもトレード額を減らして、最も良いセットアップだけでトレードをすべきだ。

いずれにせよ、自分の精神状態と結果の関係がはっきりしないうちは、トレードをしないか、トレード額を減らすのは難しいだろう。機会を逃しているような気がするからだ。しかし、実際は逆だ。自分の可能性を最大限に発揮できない精神状態で観察・評価・決定をするつもりならば、何の機会も逃してはいない。

二．自分の価値を自ら否定する信念

パフォーマンスを下げる可能性がある信念は大きく三つに分類できる。①労働に対する倫理観、②宗教的な信念、③どこまで自己を評価するかを決める信念——だ。ポーラはトレーダーがこれらの信念を認識して受け入れて再定義する手助けをして、最も良い結果を出せるようにするのが得意だ。

①労働に対する倫理観

子供には強い勤労意識を植え付けるべきだと考える家庭で育った人がトレードで生計を立てる場合には、スペキュレーターとしてどういう稼ぎ方をするかについて相反する労働観を持ちかねない。値動きに賭けるのは、生活費を稼ぐための労働の伝統的な定義には収まらない。例えば、自分にとって最高のトレードで最大級の利益を何の苦もなく得たこともあるとする。チャートを見ると、トレード機会があると気づいたので仕掛けると、想像できないほどの利益がすぐに手に入ったとしよう。その人には、それはあぶく銭だと感じるだろう。言い換えると、自分の労働倫理の信念から見て、お金を稼ぐために本当に働いたと思えるかだ。そして、そうは「感じない」のであれば、自分がそのお金を得るに値すると思うかだ。意識的にはトレードで生活費を稼ぐつもりなら、「もちろん」ときっぱり答えるだろう。だが、お金を稼ぐには働かなければならないと教わって身につけた信念は同じように答えるだろうか。おそらく、違う！　そのため、相反するエネルギーが何らかの形でパフォーマンスを下げるだろう。

②宗教的な信念

多くの宗教は信者に適切なお金の稼ぎ方や、もっと重要なことだが不適切な稼ぎ方についての極めて具体的な信念を教え込む。何らかの価値ある労働をしないでお金を受け取ることは、ほとんどの宗教で適切な仕事とはみなされない。お返しに価値ある仕事をしないでお金を受け取るのは間違ったことだとか、ギャンブルは悪いことだとか、お金は諸悪の根源だ（文脈とは異なる、誤った引用）と教えられて、大人になったとしよう。すると、値動きに賭けるのは仕事もしないで他人の取引口座からお金を引き出すことだと考えていれば、大きな矛盾を抱えている可能性が非常に高い。

③どこまで自己を評価するかを決める信念

頭の中で実際に働いている信念の目録を作れたら、自分は生まれつき幸せや繁栄や成功に値する立派な人間だという信念が見つかるだろう。そして、おそらく、何があろうと自分は幸せや繁栄や成功に値しないという信念や、特定の道徳律か価値体系の原則を破ったら、幸せや繁栄や成功に値しないという信念も見つかるだろう。

自分は本来的に価値のない人間だと言い切る信念を持っていないかぎり、自分を否定する可能性がある要素は絶えず変わり、それによって生き方も左右される。ジムの経験は私が話していることの完璧な例だ。彼は幸せや繁栄や成功に値しないという信念はまったく持っていなかった。彼は自分と家族が満足できる収入を確実に得られるほどの働きをすることにまったく問題なかったからだ。しかし、子供に怒鳴り散らし、犬を蹴飛ばして、自分が正しいと信じている行動に反する行いをしたとき、彼はもはや幸せや繁栄や成功には値しなかった。彼はどれくらいそれらに値しないかを、トレーダーとして最悪の日となるパフォーマンスを経験することで示した。

三．客観的に見る力を妨げる理由で行うトレード

相場がどの方向に動きそうかを、「その場で」客観的に観察し評価をするためには、認識できるすべてのことを本当に受け止めることや、予測に対する結果がどんなものでも、まったく動じないでいる必要がある。言い換えると、認識のフィルターは大きく開かれている必要がある。また、予測をして仕掛けたあとは、相場がどう動こうと心配してはならない、ということだ。私生活での気がかりなことや、自分を否定する信念に妨げられていなくても、大部分の人はここまで客観的にはなれない。私たちのほとんどは観察や分析をす

るときに、仕掛けや手仕舞いとは無関係な理由や課題を考慮する傾向があるからだ。それらの理由や課題は、相場が動きそうだと私たちに伝えていることとはほとんど関係ないことだ。

相場の観察や評価で私たちがよく考慮しがちな、無関係な課題をいくつか次に挙げておこう。それらが客観的に見る能力に貢献しているのか、それを損なっているのかを自分で判断してほしい。

●私は相場で大勝するか大儲けをしたい。
●私はこれができると、自分自身か家族か友人に証明したい。
●私はリスクを引き受ける人間だということを人々に示したい。
●私はあこがれの的になりたい。
●私はお金を取り返す必要がある。
●私はこれ以上、機会を逃すわけにはいかない。
●私は自分がいかに頭が良いかを他人に示したい。

客観的であるためには、相場が動くさまざまな可能性を先入観なしにとらえる必要がある。言い換えると、相場の振る舞いの可能性はどんなときであれ、それは大儲けをしたいとか、何かを証明したい、あこがれの的になりたい、お金を取り返したい、機会はもう逃したくない、頭の良さを示したいといった個人的欲求とは無関係だ。個人的な思惑は心理的な資産つぶしの原因になる。思惑を多かれ少なかれ優先する形で相場情報の観察や評価をするように、認識にフィルターをかけるからだ。

相場が動きそうな気配と個人の思惑に何の関係もないのなら、観察や評価をするときに思惑を考慮すればするほど、「相場が伝えていることがよく理解できない」程度がひどくなる。相場の動きがよく理解できないからといって、必ずしも勝てないわけではない。仕掛けた方法や理由に関係なく勝つことはできるからだ。しかし、相場の動きをよく理解できなければ、勝てる根拠にならない情報を過大評価して、勝てる根拠になる情報を過小評価する可能性はまず間違いなく高まる。そして、理想的でないトレードを仕掛けるか、損切りの逆指値や利食いの指値を理想的ではない場所に置いてしまう。最終的には、トレードで考慮した個人的な課題は最終結果に悪影響を及ぼす。トレードで考慮すべき唯一の思惑は、結果にできるだけ動じないようにすることだ。そうすれば、自分にとって最も的確な観察や評価ができるようになるだろう。

四．浮かれ気分

浮かれ気分は心理的な資産つぶしの原因になる。この精神状態にあるときには、自分の欲することや期待することは認識できても、起きていることにどれくらいのリスクがあるかは認識できないからだ。本書を通じて繰り返し言ってきたように、値動きに賭けているトレーダーにとって、相場の観点からは、リスクは常に存在し、それがなくなることはけっしてない。一方、それぞれの人から見ると、いったん浮かれ気分になってしまうと、「すべてがうまくいく」。明らかに、「すべてがうまくいく」と「何が起きてもおかしくない」との間には、現実の認識に大きな開きがある。そのため、相場に取り組んでいるときに浮かれ気分でいるのはとても危険だ。

浮かれ気分の問題は、その気分のときにトレードをやめて何か別のことをして、この特別な「精神状態」を楽しもうとは一番思いそうにないからだ。通常の自信を超えて浮かれ気分に陥ったことに気づいて、その状態から抜け出すために必要な意識や規律は、非常に洗練されたスキルであり、たいていは人それぞれで異なるものだ。つまり、いつ浮かれ気分に陥っているかを認識する方法をトレーダーに教えるための一般的で、だれにも通用するテクニックを私は持っていないということだ。まして、トレードを中断する規律を身につけるテクニックはなおさら持っていない。これらは人それぞれに特有の精神状態に合わせて作り上げる必要があるスキルだ。ポーラはトレーダーのコーチングで、この点の手助けをするのが非常に得意だ。

まとめ

先に進む前に、メカニカルトレードと裁量トレードについて確実に理解してもらいたい、カギとなるポイントや重要な洞察がいくつかある。

第一点

裁量手法には、「その場で」分析能力を最大限に利用できる柔軟性がある。しかし、実際に能力を最大限に発揮できるかどうかは、そのときの「精神状態」、つまり、相場情報を評価しているときやトレードの決断を下しているときに、どれくらい気分が良いと感じるかで決まる。気がとがめたり、自分は勝つに値しないと感じる理由もなく、精神状態が良ければ、銘柄選別、注文と損切りの逆指値を置く位置、ポジションサイズの大きさ、利食いの時期とその位置について、可能なかぎり最も良い選択をしているだろう。つまり、生活が順調ならば、その幸福感は相場にかかわるなかで行う選択の質に反映されるだろう。一方、自分について良い気分ではなく、気がとがめたり、自分は勝つに値しないと感じる理由があるか、ほかに観察や評価や意思決定の過程に影響する資産つぶしの心理が働いていれば、精神状態がどれほど悪いかに比例して、おそらくパフォーマンスも落ちるだろう。振り返ると、自分がした選択は能力を最大限に発揮したものでなかったと気づくものだ。

第二点

①自分の精神状態と「その場での」選択の質との間に相関関係があることに気づいていない。

②自分の精神状態がいつ悪化した状態なのか、あるいは悪化しかけているかに気づくための自己認識スキルを身につけていない。

③相場にかかわるのに最もふさわしい精神状態ではないと気づいていても、トレードを中

断できない。

こういう状態、つまり、「三人の味方」がそろっていないときには、自分の分析能力では考えられないほどの損失やドローダウン（資産の最大下落）を被りやすい。言い換えると、私たちはある状況や条件下でほかのトレーダーがどう考えて、どういう動きをしそうかについて、多大なエッジや洞察を蓄えているだけでなく、何の不安もなくトレードを仕掛けることができる並外れた分析家になれる。しかし、裁量トレードの要素である精神状態をうまくコントロールできないと、着実な成果を生み出すか、少なくとも分析能力を一貫して反映する成果を生み出すのは非常に難しいかもしれない。

第三点

プロのトレーダーが裁量、すなわち主観によるトレードを「最大の精神的スポーツ」と呼ぶのを読んだか聞いたことがあるが、それがどういう意味か分からなかったとしても、今はそれが分かるはずだ！　また、プロのトレーダーが自分の考えを日誌に付けることや瞑想法を学ぶという話を読んだか聞いたかしたと思うが、それらとトレードの関係が理解できなかったとしても、今はそれが理解できるだろう。だが、理解していない人がいるといけないので、念のために説明しておこう。自分の考えを日誌に付けると、自分の精神状態と自分が行った選択の質との関係がより具体的になり、判断しやすくなるのだ。また、ある種の瞑想をすると、考えているときに思考の流れを意識することを可能にする基盤が作られる。これらを行う目的は、最終的に自分の考えを客観的に観察できるようになり、自分の意図を実現しやすくしない考えを手放して、実現しやすくする考えを意識的に選べるようにするためだ。つまり、瞑想法と自分の考えを日誌に付ける方法を学べば、自分の目的だけに精神を集中させやすくなるのだ。この点について詳しくは、ポーラが書いた第20章を読んでほしい。

第四点

裁量手法でのトレードで着実な成果を生み出すのは気が遠くなりそうな仕事だという印象を受けたら、その印象はまったく正しい。どの瞬間にでも、分析をするときに考慮して、何をどういう方法ですべきかを決めるために選べる要素の組み合わせは無限にある。それに加えて、資産つぶしをする心理的要素もいくらでもあり、それらは選んだものをトレードの判断でどう使うかに悪影響を及ぼす可能性がある。そうなると、それらを一貫してうまく管理するのは、最も熟練したトレーダー以外には、能力をはるかに超える状況になる。

これまでに私とポーラは数え切れないほどのプロトレーダー、特に裁量型のヘッジファンドマネジャーにコーチングを行ってきた。彼らは業界の基準では成功したトレーダーと考えられていたが、同時に、彼らの分析能力にはまったく見合わない成果しか出せていなかった。なぜか。彼らは資産つぶしの心理によるドローダウンをいまだに被りやすかったからだ。また、自分の「精神状態」に応じて、「トレードをすべきでないとき」や、トレード数を減らしてポジションサイズを縮小すべきときを知るための自己認識スキルも持っていなかったからだ。私の知るかぎりでは、業界基準を超えるか自分の分析能力の最大限度に近い力で着実な成果を生み出せる裁量トレーダーが実際にそうできるのは、国際大会の決勝戦に出場するアスリート並みの心理で動いているときに限る。

第五点

機械的にトレードをするか、少なくともトレードプランを事前に作っておき、断固としてそのプランどおりにトレードを執行するほうが、はるかに簡単に着実な成果を生み出せる。

メカニカル手法で着実な成果を生み出すために、高度な客観性は要求されないし、高度な自己認識スキルも必要ない。確かに、だれもが自分の望むどんな理由のためにでも、したいことを何でもする自由を持っている。裁量手法はそのひとつだ。しかし、裁量手法で許される自由には、着実な成果を生み出すのを非常に難しくする重大な欠点がある。つまり、自由を手にするのに合わせて、今は精神状態が悪いと気づくか、もっと望ましいのは今にも悪くなりそうなときにそれに気づける心理的スキルを身につける気がなければ、着実な成果を出すのは極めて難しくなるのだ。メカニカル手法では、したいことを、したいときにする自由はない。しかし、主観に基づくトレードを「しない」という選択をすれば、メカニカル手法には放棄した自由を補う以上の利点がある。

裁量手法で着実な成果を生み出せるかどうかは、どの程度の分析スキルがあるかと、そのスキルをどれくらいうまく「その場で」使えるかにかかっている。どの瞬間にでも分析をうまくできるかどうかは、そのときの「精神状態」の質による。「精神状態」が浮かれ気分にまでは陥らない程度に良いほど、相場情報をより客観的に観察し評価して、それを自分にできる最も良い選択で生かせるだろう。しかし、私たちは常に最高の「精神状態」になって、客観的でいられるわけではない。そのため、相場情報を扱うときに自分の最高の能力とはほど遠い選択をしてしまうこともある。そうなると、いつもなら経験しない損をするか、得られる利益が得られなくなる。裁量手法では、分析スキルを効果的に使えるかどうかは、精神状態の質による。そのため、着実な成果を生み出せるかどうかを決める際のひとつの要素として、資産つぶしのエネルギーがあるときに、それに気づいて補う方法を学ぶことが分析のうまさに劣らず重要だ（これに関する個人指導についても、ポーラが書いた第20章を参照のこと）。

機械的にトレードをするか事前にトレードプランを作っておけば、「その場で」判断を下すという精神的要素を最小限に抑えられる。メカニカル手法では、相場の動きがエッジと定義した厳密な基準に従っているかどうかを判断できるほどの、「その場での」客観性しか必要ない。それは単にイエスかノーと答えるだけの質問であり、正しく答えるために高度な客観性は必要ない。答えがイエスならば、ポジションサイズや、仕掛ける方向、損切りの逆指値を置く位置、利益目標について正確に何をする必要があるかはすでに分かっている。トレードプランを作ったときに、これらの変数はすべて決めているからだ。ほかには、「その場で」検討・比較・判断をすることも考えることもない。そのため、執行を難しくする何かを経験しているのでないかぎり、「精神状態」の質は裁量手法におけるように、結果を左右する重要な要素ではない。勝率とリスク・リワード・レシオが一貫して良く、そのエッジをプランのルールどおりに実行できれば、エッジに組み込まれた水準の一貫性が結果に現れるだろう。

裁量手法とメカニカル手法で着実な成果を生み出す場合の難しさの違いを示すために、ここで例え話をしよう。

自分はフットボールのプロチームに所属するレギュラーのフィールドゴールキッカーだと想像してほしい。あなたはレギュラーシーズンのゲームに出場していて、第四クォーターの後半に入っている。そして、チームはタッチダウン三回分のリードをしている。チームのディフェンスが完全に崩れないかぎり、勝負はすでに勝ったも同然だ。しかし、チームは敵地から五ヤードのラインまで進んでいるものの、第四ダウンでもあり、そこから前進できないと攻守交代となる。それで、タッチダウンをもう一度狙う代わりに、コーチはあなたにフィールドゴールを狙わせることに決める。残り時間はほんの数分で、五ヤードのフィールドゴールを狙う。チームはタッチダウン三回分のリードをしている。これはキッカーにとって最も楽なフィールドゴールだ。たとえプロの水準では平凡なキッカーでも、成功するのは難しくない。何の問題もなく何回か続けて成功できる程度のキックだ。

さて、今度はチームが地区優勝のゲームに出場しているとしよう。勝てば、スーパーボウルに出られる。しかし、今回は残り時間がわずか数秒しかなく、ボールは敵地から四五ヤードのライン上にあり、チームは一ポイントの差で負けている。残り時間がほんの数秒のときに、コーチはもう一回、四五ヤードのタッチダウンで六ポイントを狙うか、あなたに五五ヤードのフィールドゴールを蹴らせて、三ポイントを狙うかを選ぶことができる。彼はあなたにフィールドゴールを狙わせるのが試合に勝つのに最も良いと考える。明らかに、これは非常にプレッシャーがかかる状況だ。五五ヤードのフィールドゴールを決めるのは可能だが、どんな状況でも簡単ではない。さらに、その結果でスーパーボウルに出場できるかどうかが決まるため、キックはとんでもなく難しくなる。成功するためには、身体面でも心理面でも能力を最大限に発揮しなければならない。

この例え話で重要なことは、フィールドゴールを決めるために必要なすべてをあなたが持っているかどうかではない。重要なのは、裁量手法で着実な成果を生み出すということは、このフィールドゴールを一日か一週間に二～三回決めることに等しいということだ。どの程度の頻度かは、「その場での」評価と意思決定をどれくらいするかによる。私たちは常に最高の「精神状態」で客観的になれるわけではない。その点を考えると、そういう状態でないときに、それに気づける自己認識スキルを身につけていないと、着実な成果を生み出すのは当然、極めて難しくなる。一方、実質的に何のリスクもなく五ヤードのフィールドゴールを決めることがメカニカル手法でのトレードに等しいのであれば、あなたは五ヤードのフィールドゴールを一日に一〇回決められるだろう。そのために、ほぼ完璧な「精神状態」でいる必要はないからだ。

分析が得意ならば、分析という観点からは、裁量で「その場での」評価と意思決定をして、どの個々のトレードでも通常は良い結果を出せるだろう。しかし、心理という観点からは、メカニカルトレードをして、着実でより信頼できる結果を出すほうがはるかにやさしい。

「トレード計画を作り、それに従ってトレードをしなさい」

これはよく耳にするトレードの知恵の名言であり、もっともな理由がある。あなたが国際大会の決勝戦に出場するアスリートの考え方を身につけていなければ、メカニカル手法でトレードをするか、少なくとも、トレードの判断のすべてを事前に決めておき、断固としてプランどおりにトレードをすることを強く勧める。

第19章

直観的トレード

次に挙げるのは、トレードで直観か衝動に基づいて判断を下す好例だ。一九九〇年代の初期に、私はコーチングの顧客でもあるマークとトレードをしていた。私たちの手法は長期のスイングトレードだったと言えるだろう。私たちは動きが比較的大きいか継続する兆候があるパターンを中長期のチャートで探していた。

正確にいつ、いくらで売ったかは覚えていないが、三〇年物Tボンド市場で、長期の抵抗水準とみなしたところで先物を三〇枚売った。リスク額を決めるために、相場はどういう動きをする可能性があるか、どれくらいの確率でその動きが生じそうか、そして、うまくいきそうにないと考えるまでにリスクをどれだけとるかを検討した。どれくらい起きそうかは分からなかったが、相場は私たちが売るつもりだった抵抗線を上にブレイクする可能性も確かにあると考えていた。それが起きると、さらに上の抵抗線を試すだろう。だが、その抵抗線を上にブレイクしないかぎり、私たちの定義ではそのトレードはまだうまくいくと考えられた。その抵抗線は仕掛け値から債券の一ポイント分に少し足りなかった。そこで、私たちは仕掛け値よりも正確に一ポイント上に損切りの逆指値を置いた。三〇年物Tボンドの一ポイントは三二ティックだ。一ティックは三一・二五ドルに相当する。私たちは先物を三〇枚売ったので、このトレードがうまくいきそうかを確かめるために三万ドルのリスクをとっていたことになる。

仕掛けたあと、相場は仕掛け値近くで上下していたが、その後しばらくして上にブレイクした。三～四日かかったが、価格は最終的に次の抵抗線まで上げて、損切りの逆指値まであと四ティックとなった。翌週はレンジ相場になり、レンジの上端は損切りの逆指値から約四ティック下で、下端は仕掛け値よりも約一五ティック上だった。その週の相場では、レンジの上端を三～四回試した。それは、損切りの逆指値に引っかかって、三万ドルの損を出すまであと四ティックに迫っていたことを意味する。

さて、このトレードで含み損が発生して二週目末の金曜日の朝のことだった。私はいつもどおりに寄り付きの約一時間前にオフィスに着いた。だが、マイクは何の用だったかは覚えていないが、人と会う約束があって遅れることになっていた。ほかの銘柄のチャートを見ているときに、私は損切りの逆指値を一ティック引き上げるべきだと感じた。それを正当化して、そのトレードでさらに一〇〇〇ドルのリスクをとる理由は考えつかなかった。単にそうする必要があると「感じた」ので、そうしたのだ。自分の行為を正当化する合理的な理由もないのに、損切りの逆指値を動かしたことに、読者の多くは奇妙に思ったかもしれない。しかし、そのころまでに、私は数年間、直観的な衝動か予感で動く力をつけることに取り組んでいた。

一方で、その朝にマイクが人と会う約束をしていなかったら、仕掛けたほぼ直後から含み損になったトレードでもう一〇〇〇ドルのリスクをとることに、彼は疑いなく同意しなかっただろう。私の感覚に基づいてそうすることには特に同意しなかっただろう。もう一〇〇〇ドルを使うことを支持する具体的な証拠（チャートパターンなど）によって、トレードがうまくいきそうかどうかを確かめることができるわけでもなかったからだ。

さて、そのときに何が起きたか、おそらくもう予想がついただろう。金曜日の朝に市場が開くと、価格は最初に損切りの逆指値を置いていたところまですぐに上昇した。そして、そこで反転して、大引けまでにほぼ二ポイントも急落した。マイクがオフィスに入ってきたころには、私たちはすでに含み損をすべて解消していた。そして、一万ドル近くの含み益になったいた。私は損切りの逆指値を動かしたことはだまっていた。だが、彼はやがて、その日の高値が損切りの逆指値を置いていたところだと気づき、どうしてふるい落とされなかったのだろうと言った。私は一ティック離す必要があると感じたのだと話した。資産が自分たちの有利な方向に四万ドル動いたことを考慮して、彼は私が感覚か予感に基づいて一〇〇〇ドル余計にリスクをとったことは気にしていないようだった。

私たちは置かれている環境でうまく生きていくために、視覚、聴覚、味覚、嗅覚、触覚を超えるものを何か持っているだろうか。私は、感覚か予感という形で自覚する、非合理的で創造的な「認知感覚」をだれもが持っていると信じている。長年にわたって、私は相場を直観で強く感じる数人のトレーダーと仕事をしてきた。だが、一般的に言って、大部分のトレーダーに直観的な能力はない。たとえ彼らが直観に基づく情報を受け取ることは可能だと信じていてもだ。もちろん、直観の存在をまったく信じない人々もいる。直観の性質について説明しているからといって、私はトレードでの成功に直観が必要だと言うつもりはまったくない。実際、その必要はないからだ。しかし、自分のトレードの結果に執着しなくなり、客観的で落ち着いた精神状態で動くことがうまくなるにつれて、おそらく市場の集合的な意識と完全に同期か同調していると気づく瞬間がある。

自分の頭と市場が同期しているとき、市場参加者であるあなたとほかの皆との間に境界がないと感じる。この一体感によって、ほかのトレーダーが何をするつもりかや彼らの集合的な動きが値動き方向にどういう影響を及ぼすかが、直観的に「分かる感覚」が得られる。市場の集合的な意識との同期に類似した良い例は、鳥か魚の群れだ。それらは同じ考えで動いているかのように、すべてが同時に方向を変えることができるように、見えない何かでお互いがつながっている必要がある。相場の集合的な意識に同期したトレーダーは値動き方向の変化を予想できる。それはまるで群れの真ん中にいる鳥か魚のようだ。

直観や予感は最終結果を大きく変えることができる。しかし、難しい問題もある。直観に基づいて情報を利用し始めても、何が起きているかを理解するための基盤ができていなければ、知らず知らずのうちにその情報を否定して、その後にそれを信用するのが極めて難しくなりやすい。あなたはそうなるのを望まないだろう。そこで、主題の広大さに比べると簡単だが、直観に従って動く能力を壊しかねない、よくある落とし穴のいくつかを避けるのに役立つことを説明しておく。

最初に創造力の働きを理解しておくほうが、直観を理解しやすい。

直観は感覚か予感という形で現れる「認知感覚」だ。これらの感覚または予感は「創造的」な性質を持つ。それらはある状況や環境についての情報や洞察のうちで、私たちが現在持っている知識や、論理的で合理的な推論から導き出せる結論を超えるものだからだ。例えば、私が損切りの逆指値を一ティック動かした例では、当時の私の知識には、損切りの逆指値を動かす必要があることを伝えるものは何もなかった。それどころか、そのときまでの相場の動きに基づけば、何かが起きるとしたら抵抗線を上にブレイクして、損切りの逆指値を超える可能性が非常に高い、と私は主張しただろう。だから、合理的か論理的な観点からは、損切りの逆指値を動かすのはお金の無駄だった。

創造力はそれまでに存在しなかったものを生み出す。通常なら真実か本物だと主張することの境界を超える考えやアイデアや想像は、定義によって創造的な性質を持つ。損切りの逆指値を動かすという考えは合理的か論理的な思考から生まれたわけではなかったので、創造的なものだった。私はそれを動かすことが可能かどうかを意識的に考えたのではない。その考えは突然、浮かんできたのだ。私たちは自分が今持っている信念の境界を超えることを意識的に考えようとするだけでなく、アイデアが突然ひらめくこともあり得ると知っている。そうでなければ、私たちは遠い祖先が何千年も前にしていたのと同じ生き方をしているだろう。テクノロジーの進化は、私たちが創造力を働かせることができるということの完璧な例だ。現代生活に欠かせないハイテク機器の多くは、一部の人の頭の中にある創造力を除いて、最近まで地球上のどこにも存在しない発明と考えられていた。

創造性豊かな情報はどこから生じるのか

「問題を引き起こしたときと同じ水準の考え方で、問題を解決することはできない」
——アルバート・アインシュタイン

私は直観や、創造力か革新性かひらめきによるアイデアがどこから生じるのかを説明する理論で、芸術家や作家、発明家、科学者、エンジニアや学界の間で一般的に認められているものがあるのかどうか知らない。しかし、このアインシュタインの言葉は私がこれから説明しようとしていることを示す好例だ。

そして、私がこれから示す答えは三五年にわたって、多くの本を書き、いくつかのワークショップや数え切れない講演をして、形而上学の観点から精神の働きの研究をすることで、創造力について私が導き出した結論に基づいている。

意識的に創造力を働かせるか、現在の意識や理解の水準を超える情報や洞察をひらめきによって得るとき、私たちが受け取っているものは一部の人々の言う「宇宙意識」、私の言葉では「神の心」から来ると個人的には信じている。私は人類が現在の発展段階を超えて成長や進化し続けるために必要な情報や洞察はすべて、すでに「神の心」にあり、そこにアクセスすれば手に入ると信じている。「神の心」はいわば究極のインターネットと言えるだろう。

私はどうやって創造力の働きを知らないうちに発見したか

第11章で述べたように、私はトレードで成功するという夢を実現するためにシカゴに移って一年もたたず破産した。基本的には、判断を誤って損をするのではないかという不安のせいだった。それは一九八二年三月のことだった。私はミシガンの家、ポルシェ、取引口座の資金、それに完璧な信用履歴を失った（私は最高の信用履歴にこだわっていた）。それで、自分自身や当然ながらトレードについて多くのことを学んだ。

生活の大きな変化に対処せざるを得なくなった時期を経験して、実に興味深いことが起き始めた。私は自分にとって最悪の不安を経験していたが、それらのすべてが解消すると、もう恐れることは何もなかった。つまり、不安や、それらの不安が現れないように努めることで受けるストレスはすべて消え去った。不安とストレスが消え去ると、私らしさは自分の財産や優良な信用履歴よりもはるかに多くのもので成り立っていることに気づき始めた。また、自分は立ち直れるという感覚も強かった。健康で考える力もあった。そして、当時の私が考えていたことは、判断を誤っても人としての価値が下がるわけではないということだった。判断を誤っても構わないのだと認めると、自由になれることに気づいた。そのうえ、経験から何かプラスになり、役に立つことを学ぶかぎり、失敗というものはなかった。これらの多くに特に素早く気づけたのは、私が特別な状況に置かれていたせいで、不安から気弱になることなくトレードをするのがどういうものかを経験できたからだ。つまり、こういうことだ。

必要な資金を考えると、通常はすべてを失ってからトレードを再び始めるまでに長い時間がかかるかもしれない。しかし、メリルリンチで仕事をしているかぎり、私は市場とかかわり続けて、顧客のためにトレードを続けることができた。幸いにも、私は破産しても仕事を失わずに済んだ。私は法律上の住居を二軒持っていて、一軒はミシガン州、もう一軒はイリノイ州にあった。それで、どちらで破産申請をするかを選ぶことができた。イリノイ州で申請すれば、メリルリンチの経営陣はそれに気づいて、私を解雇する可能性が高かった。一方、ミシガン州で申請すれば、だれも気づかずに、私はブローカーの職を続けられそうだった。もちろん、私はミシガン州で申請した。そして、私の知るかぎり、シカゴにいるだれも気づかなかった。

いったん、損をすることや判断を誤ることを恐れなくなり、避けられないことを避けようとするのをやめたら、私は相場をそれまでとは異なる目で見て経験するようになった。

相場を読むのがはるかにやさしくなったという点で、相場が変わったかのように思えたが、実際は私が変わっていたのだ。私は新しい見方に立って動いていたからだ。私が目隠しをしていることに気づいていなかったときに、だれかがそれを取ってくれたかのようだった。目隠しが取れると、相場が伝える動きの多くを見て、それに従って行動するのがとても簡単になった。

一九八二年六月には、私の推奨に頼ってトレードをしていた顧客のために着実に利益を出していた。私が勝っている期間は日単位から週単位、月単位へと伸びていった。すべてを失う前の自分に比べて、その後の自分は大きく変わった。それは客観的に観察して適切に執行する能力に重大な影響を及ぼした。そのため、一九八二年八月には、私はトレードの心理に関する本を書くか、少なくともセミナーを開きたいという思いを抱くようになった。トレードの性質や、成功するために考え方を変える必要がある理由について、トレーダーに明快な説明ができれば、彼らは相場で損をして苦しんだ末に変わらざるを得なくなる前に、自覚した方向に自分を変える過程に踏み出す可能性が高い、と私は考えたのだ。私は自分が学んだことを、ほかのトレーダーの本当に役立つことに変えて、成功したいという夢は実現できる、と彼らに理解させることができると思っていた。ただし、その方法は彼らが考えていることとはまったく異なる可能性もあることを受け入れられるかぎりだ。

私はその計画にとても興奮していた。というのも、一九八二年にはトレードの心理について入手できる研究はほとんどなかったからだ。私の知るかぎり、この主題について書かれていた本は、一九八〇年にワイリー・アンド・サンズから出版されたジェイク・バーンスタイン著『インベスターズ・クオーシェント（Investor's Quotient）』の一冊だけだった。当時のトレード業界一般でも学界でも、衝撃的な形で口座資金を吹き飛ばすという極端な事例を除いて、人の「精神状態」が結果にある役割を果たしているとは考えられていなかった。ほぼすべての人が、成功は分析が良いかどうかだけで決まると考えていた。そのため、大学でファイナンスの学位は取れても、行動ファイナンスの学位は取れなかった。なぜなら行動ファイナンスを教えている大学はどこにもなかったからだ。

私は非常に良いアイデアを持っていると思っていた。問題はそのアイデアをどうやって形にするかだった。私には熱意以外に、有利なものはなかった。第一に、私は心理学を学んだことがなかった。大学では初めに政治学を専攻したが、二年間の外国語の履修が必要だったのでコミュニケーション論に変更した。努力はしたが、外国語を学ぶことには熱中できなかったのだ。第二に、本の書き方全般についてまったく知識がなかった。もっと具体的には、トレードの心理に関する本をどう書けばよいのか分からなかった。自由に日誌を付ける以外には、書く経験は非常に限られていた。教授が授業の初めに期末リポートが必要だと発表したら、私はその授業を捨てていたくらいだ！　これは本当だ。第三に、ジェイク・バーンスタインの本を除いて、利用できる参考文献はなかった。また、私は彼の本を参考にするつもりもなかった。その内容は私が達成しようとしていたことには向いていなかった。彼の本は臨床心理学の観点から書かれていた。一九八二年までに、私は形而上学をすでに数年間、研究していた。そして、私がしていることが何かは明らかにしないで、もっと精神的な観点から本を書くのが最も読者の役に立つと考えた。

私の当時の状況は次のようだった。

●私には心理学の知識がなかった。
●私は本の書き方を知らなかった。
●私には引用文献がなかった。この計画に取り組むための適切な資料が著しく欠けているように見えた。
●合理的な観点からは、この評価は正しいだろう。

しかし、創造的な観点からは、私になかったもののすべてが助けになった。

心理学の知識がないことの利点は、自分がしようとしていることを特定の方法で考えるように学問の世界で教え込まれていないことだった。つまり、他人に教えられたことや、彼らができると考えたことに制約されずに、筋が通っているか、うまくいきそうな気がするどんな方向にでも進めた。

本の書き方を知らないことの利点も大きかった。書き方を知らず、目的を達成するために本のどの情報が必要かを知らないということが分かっているので、私は内容をどのように展開させるべきかについて先入観がなかった。そのため、私は自分の考えをひたすら書き留め始めた。それが私のしたことだ。私はトレードの心理かその教え方に関することで、頭に浮かんだどんな考えも書き留め始めた。どこにいようと、何をしていようと関係なかった。ある考えが浮かんだら、そのときにやっていることを中断して、それを書き留めた。自主規制はしなかったし、文法も句読点もつづりも気にしなかった（この点については妻のポーラと話せば分かる。二人でレストランにいるとき、私がたびたびナプキンをつかんでは、浮かんだ考えを書き留めていたことを知っているからだ。これは時に何時間も続いた。

彼女はそこに座って、私の意識の流れが止まるまで根気よく待っていた。それから、私が書いたものを彼女に見せた。彼女は自分のトレード経験や精神的な観点を含めて、それに手を加えた。今まで達成してきたことは彼女なしには不可能だった、と私が言うのはこういう意味だ）。また、自主規制をしなかったというのは、書き留めていることの妥当性について、いかなる評価も判断もしなかったという意味だ。唯一のルールは、私かポーラが読み直したときに読める字で書くということだった。

浮かんだ考えがたまってくると、私には答えられない多くの疑問が生まれ始めた。利用できる文献は何もなかったので、疑問を解決しに行くところもなかった。だが、私はどこにも行く必要がない、と分かった。自分に問いさえすれば、答えは浮かんできたのだ。今日の世界では、私に起きたことは、インターネットのどこかからデータをコンピューターにダウンロードするのに相当するだろう。「必要は発明の母」という格言はだれでも目にしたか耳にしたことがあるはずだ。私の場合は、トレードの心理を見抜く必要があったせいで、知らないうちに創造力の働かせ方を身につけて、「宇宙意識」あるいは「神の心」を利用できるようになり、本の目的に合う答えを手にすることができたと言えるだろう。それは次のようにして起きた。

どんな偉業も、やってみようと決断するところから始まった。

私は自分に問うか、時には紙の一番上に質問を書いておく。やがて、答えに関する情報が私の頭に流れ込み始める。情報がすぐに得られることもときどきあったが、ほとんどの場合、一日か二日かかった。答えが実際に浮かんだら、どんな作業でも中断して、すぐにそれをすべて書き出した。答えはいつでも、以前には気づいていなかったことだったので、すぐに書き留めておかないと、消え去って思い出せなくなりがちだった。私はそうならないように非常に注意を払った。『規律とトレーダー』（パンローリング）で紹介したアイデアや概念、それらの使い方の九割ほどはこうした創造力の働きで得られたものだ。言い換えると、本の素材の一割しか、本を書き始める前からトレードの心理について知り、理解していたものを反映していなかった。

本の書き方を知らない利点はほかにもあった。私には問題がいかに複雑かや、それを説明するのがいかに難しいか、そのため本を完成するのにいかに長い時間を要するかを現実的に評価する基準がなかった。どういうわけか、本を書き始めてまもなく、私は半年で書き終えることができると思い込むようになった。万一の場合も考えて、私はさらに三カ月の余裕を見た。これは幻想だった。実際には、その本を書き終えるのに八年もかかった。しかし、その八年のどの時期に、本をいつ書き終えるかと尋ねられても、私は六カ月から九カ月と答えただろう。私はいつでも、六カ月から九カ月あれば十分だと思い込んでいた。この幻想が幸いした。八年もかかることが事前に分かっていたら、そもそも本を書こうという計画を立てたかどうか疑わしい。まして、それを完成できたかは大いに疑わしい。

どうして、そこまで長くかかったのか。理由はいくつかあった。

私は本当に良い素材をたくさん考え出していて、それをどうしても本に入れたいと思っていた。素材の一部はワープロソフトに入力済みだったが、多くは答えが浮かんだときにレストランで書き留めたナプキンや、リポート用紙や紙切れに書かれたままだった（ポーラの序文に載せている写真には、新婚旅行で行ったコズメルのレストランで私がナプキンに書いているところが写っている！）。そのどれもが構文や文法、句読点、それに最も重要なことだが内容に関して完全ではなかった。私の手元にあったのは、一〇〇〇ページ以上のアイデアだった。それらは一冊の本にまとめられると信じていたが、順序はバラバラだった。それらを本の目的に最もふさわしい順序にするのは、それまでの人生で経験したことに比べて飛び抜けて難しいことだった。極めて難しく時間がかかったと言うだけではまったく足りない。

ちなみに、私は一九八七年八月にサイモン・アンド・シュスターの経済関連書籍部門であるニューヨーク・インスティチュート・オブ・ファイナンスと出版契約を交わした。そのとき、私は半年後の一九八八年二月に完成原稿を渡すことに同意した。だが、彼らが実際に原稿を受け取ったのは、契約から二年半後の一九八九年一二月だった。どういう順序で書けばよいかが見え始めたら、ポーラがリポート用紙やナプキンや紙の断片に書き留めた文章をワープロソフトにタイプして編集を始めた。すると、本のどこにどういう情報が必要かを判断する役に立った。

形而上学の研究と『規律とトレーダー』を書いた経験から、考え得るすべての疑問に対する答えや、問題に対する解決策は「神の心」、すなわち「宇宙意識」のなかにすでに存在すると確信するに至った。疑問に対する答えや問題に対する革新的な解決策にアクセスするカギは、私が精神の真空と呼ぶものを作り出す問いを発することにある。真空とはまったく何もない空間だ。精神の真空とは頭の中の空白であり、情報や洞察、革新的な考え、ひらめきで満たされる用意ができている空間のことだ。私たちが情報や洞察、革新的な考え、ひらめきを得るためには、本当に広い心で問うだけでよい。

例えば、『規律とトレーダー』は私がトレードの心理について分かっていたからではなく、分からなかったから誕生したのだ。私が問いを発するとき、それは形だけの問いではなかった。形だけの問いは真の問いではない。それは自分がすでに真実と思っているか、真実であることを望むことの確認をするために、問いという形を取っただけの発言だ。分からないという観点から本当の問いを発すれば、頭の中に「宇宙」からの答えを受け取るためのスペースが作り出されて、問いに答える人に特有の答えで満たされる。次のように考えてみよう。すでに答えが分かっているか分かっていると思っているのならば、そもそも問いを発する意味はない。

トレーダーが創造力を働かせるのに本当に役立つのは、メカニカルシステムの結果を向上させるアイデアを問うことだ。思い出してほしいが、二五回のトレードを終えたあとは、変えたい変数のどれでも変えることができる。結果を向上させるために、変数のパラメータを変える方法があるかどうかを問うたら、放っておこう。その問いについて考え続けたり、無理に答えを出そうとしないことだ。ただ自分の仕事をしていれば、やがてアイデアはひらめく。

直観

直観とは突然にひらめく創造力だ。私たちはいろいろなテクニックを使って、創造性豊かな情報にアクセスすることができる。一方、直観的な洞察を表す感覚や予感は、洞察や情報を求めていなくても、いつ、いかなる環境や状況でも突然に頭に浮かぶものだ。私は直観的な感覚や予感を神の恵みと見ている。

しかし、直観で得られる情報はすでに分かっていることから得たものではないし、論理的な推論によって真実だと確かめられるものでもない。そのため、私たちの頭の論理的な部分は、それに従って動くのがとても難しい。一般的な反応では、自分が感じているものを真実だとは思えず、それに反論するか、単に無視する。直観に従って動くためには、それをどうすれば信頼できるかを学ぶ必要がある。今、あなたはこれらの非論理的な感覚や予感がいかに正確であり得るかを認識できれば、それを簡単に信用できると思っているだろう。

だが、そこが難しいところなのだ。

本物の直観は必ずしもではないが、たいていは従来の考えと対立する。対立を解消させるのに必要な信頼がなければ、従来の考えが常に勝つ。そのため、直観から得られる機会を利用「しない」。結果として、「できた」はずのことで後悔を味わうことになる。はねつけたか経験しないようにした直観のなかには、極めて重要なこともある。逃したことを埋め合わせるか、再び後悔しないひとつの方法として、合理的な精神はときどき、ニセの直観を作り出そうとする。合理的な精神は直観が働いたときの感覚をまねして、あたかも本当の感覚や予感がしたかのように思わせることもある。しかし、それらの感覚や予感は創造性豊かな情報に基づくものではなく、合理的な精神が作り出したものだ。それらは本当の直観ではないので、このニセの感覚に従って動きたくてたまらなくなるまでは言わなくても、動くのは非常に簡単だ。だが、期待どおりの結果が出たり出なかったりすると、私たちはもちろん失望して、おそらく裏切られたと感じるだろう。本当の直感だと思っていたものに裏切られると、将来それに従って動くために必要な信頼感を養うのは非常に難しくなる。

私はそうなってほしくはないと思っている。

しかし、合理的な思考レベルで自分の直観を信頼する方法を学ぶのは、本書の範囲を大きく超える。そのため、少なくとも本の形式では、これ以上の説明はしない。私がしようと計画していることは、オンラインのチャットルームを使って、ポーラと一緒にワークショップを続けることだ。彼女はこの本全般の質問や、特に直観の性質について答えるために、これらの概念も研究している。質問に「ライブ」で答えるようにすれば、ポーラと私は質問している人の精神状況に最も合う答えを出せるように最善を尽くせる。私たちは質問をしている人の信念体系に沿った形で、質問に答えたいのだ。そうすれば、誤解や混乱を減らせるからだ。一方、あなたが値動き方向について直観や予感を感じがちであれば、それに気づいたときに書き留めておき、そうでない場合にはいつもの方法でトレードをすることを勧める。

最後に

最後に、トレードの心理に関する本書を書いた理由を少し述べておきたい。この章の初めでも述べたように、私が『規律とトレーダー』を書いたのは、トレードの個人的な経験から学んだことを分かち合いたかったからだ。そうするうちに、トレードの心理だけに焦点を当てた、これまでにほとんど存在しなかった本ができあがった。

『規律とトレーダー』が出版されて四年たったころに、私は『ゾーン』（パンローリング）を書き始めた。私がその本を書き始めた理由のひとつは、『規律とトレーダー』に入れなかったもので、良い素材がたくさん残っていたからだ。しかし、主な理由はほかにある。『規律とトレーダー』が出版されてから四年のうちに、トレードの心理の教え方について学んだことが一気に増えたからだ。私は多くのトレーダーのコーチングを行った。そして、『規律とトレーダー』を書いたときのように、コーチングの最中に、自分が新しい考えを話しているか、ある考えを理解しやすく話しているのに気づいたら、それを熱心に書き留めた。メモが増えるにつれて、次の本を書きたいという気持ちも抑えがたくなっていった。二〇〇〇年一二月に、『ゾーン』もニューヨーク・インスティチュート・オブ・ファイナンスから出版された。ただし、この出版社は当時、プレンティス・ホール・プレスの一部門になっていた。

二〇〇七年の春に、規模が非常に大きく有名なトレード会社から、年次大会で講演をしてほしいという連絡があった。彼らは五〇〇〇人以上が出席すると見込んでいた。私はその話を受ける気はあるが、その前に、フェニックス地区にある彼らのユーザーグループのミーティングの一つか二つに出席させてほしいと頼んだ。この会社は複数の時間枠で利益を出せるトレードシグナルを絶えず出す、優れた取引ツールを持っていると主張していた。また、これも重要なことだが、顧客サービスの点でも予想以上に良いという話だった。基本的に、どんな講演でも受ける前に、私は彼らの主張がどれくらい本当かを確かめるために、できるだけ彼らの顧客の多くに会っておきたかった。

私が出席したユーザーグループには約一五〇人がいて、会社の代表は一人もいなかった。プラットフォームやシグナルや顧客サービスについて否定的なことを言う人はだれもいなかった。実はそれとは逆に、だれもが会社を非常に高く評価しているようだった。彼らはプラットフォームは使いやすく、売買シグナルの勝率は非常に高く、顧客サービスも会社の言うように良いと思っていた。しかし、そこにいる人々のほとんどはまったく利益を出せていなかった。彼らは本格的なトレーダーではなかった。全員ではないが、ほとんどはほかに仕事を持っていた。トレードは基本的に趣味であり、最終的に本業にしたいと望んでいる人たちだった。

ミーティングに出席してまもなく、グループのほとんどがトレードでの成功法を知らないことが明らかになった。彼らのほとんどは『ゾーン』も『規律とトレーダー』も読んだと言っているのにもかかわらずだ。そこにいた人々の多くは本当に素敵な人々で、非常に熱心に頑張っていた。だが、彼らはトレードの性質そのものについて非常に多くのことを理解していなかった。そして、私の本で得られる洞察で、そこを埋めることはもちろん可能だったが、実際にはその可能性は低かった。どちらの本もトレード初心者が読んで理解することを目指して書いたものではなかったからだ。

私が『ゾーン』を書き始めた一九九四年でもこの業界では、トレーダーが出合うどんな困難も分析を増やすか改善する以外に解決策はない、という固定観念からまだ抜け出せていなかった。この業界に新しく入ってきた人はたいてい、分析がすべてのカギだと業界によって徹底的にたたき込まれる。彼らの手法には何かが欠けていると気づくまでに、通常は欲求不満を抱きながら三～五年を過ごす。それから、心理学の分野で解決法を探そうとする。このとき、私は『規律とトレーダー』や『ゾーン』を書いていたときにはけっして予想しなかった状況にいた。それらの本は実はトレード初心者に読まれていたのだ。当時の大部分の人と同様に、私も一九九四年当時に、インターネットやそれが世界をいかに大きく変えるかを予見していなかった。

『ゾーン』が出版された二〇〇〇年には、インターネットは飛躍的に成長していて、電子取引ツールやチャットルーム、オンラインセミナーが激増した。忘れてならないのは、テレビの深夜放送でトレードに関するインフォコマーシャルが流れるようになり、トレードをしようとは思いもしなかったような人々までがあらゆる層から引き寄せられてきていたことだ。私が本当に驚いたのは、多くのチャットルームの進行役やオンラインセミナーの司会者が視聴者に、少なくとも『ゾーン』は読むように言い張るとまでは言わなくとも、勧めていたことだった。そのため、その部屋には私の本を読んでいるトレード初心者であふれていたが、本で示されている洞察を適切に理解できないために、成功を容易にする役には立っていなかった。

私はそのミーティングの最中に思った。トレード初心者か、相場が動く本当の仕組みに関して基本を一度も教わったことがないトレーダーのために本を書く必要がある。しかも、彼らが戸惑うことなく分析できるようになるには、なぜ最初にある種の精神的スキルを身につける必要があるかをすぐに理解できるように書く必要がある、と。すると、実に興味深いことが起きた。本を書こうと決めた瞬間に、私は突然の悟りに襲われた。トレードの精神面を鍛える必要性を理解するために役立つ最も速くて最も効果的な方法は、注文の流れという水準で値動きを総合的に理解することだ。私は注文の流れという観点から値動きを本当に理解している人はほとんどいない、ということは分かっていた。だが、その瞬間までけっして思いつきもしなかったことがある。それは、最初に長年の苦痛や欲求不満を経験することなしに精神的な側面の重要さを受け入れるためには、注文の流れの根本原因という観点から、トレードの心理を教えるのがカギになるということだ。

もう一冊、本を書く計画について少し考えていて、私はとても驚いた。長年にわたってトレーダーのコーチングや講演や本の執筆をしてきたのに、トレードの心理を理解するカギが、まず注文の流れの観点から値動きを理解することだとは考えもしなかったからだ。メリルリンチのブローカーだった若い時期に、フロアトレーダーと付き合い、ポーラは先物取引所で働いたあとにCMEのフロアでトレードをした経験から、二人は注文の流れの根本原因を学んでいた。だが、私はそれらの経験が自分の進歩にいかに大きな貢献をしていたかや、教育という観点でもその経験をまったく当たり前のことと見ていたかにその瞬間まで気づいていなかった。

自分を一流トレーダーに変える過程は、注文の流れという観点からどういう値動きになるのかを総合的に理解するところから始まる。それが適切に理解できれば、トレードで成功するために必要な多くの考え方は教わるまでもなくなる。

そして、「トレーダーのように考える」方法をいったん知ったら、売買シグナルを生み出すためのどんな分析手法やテクニックも最大限に生かせるようになる。

第20章

トレード日誌を付けることの重要性

ポーラ・T・ウエッブ

注意してもらいたいが、本書を書く計画を立てたときに、私が妻のポーラにこの章を書くようにと頼んだのは、二人が何十年も一緒に働いてきたことや、彼女自身のトレード歴とコーチング歴を通じて大量の日誌を付けていたからでもあるが、それだけではない。最も重要なことは、私の仕事のどれも彼女なしには不可能だったからだ。

ポーラと私は三〇年間、共同作業をしてきた。私はこの本では彼女にはっきり分かる形で表に出てもらい、私の著書に対する彼女の貢献を公に認めたかった。読者全員にこのことを知ってもらうのは大切なことだ。私の著書やワークショップや講演のどれも、一九八〇年代半ばからの二人の専門家としての共同作業なしには成し得なかった。ポーラは確かに、内助の功に徹した女性だ。トレーダーに対する優れたコーチであり、秀でたトレーダーであり、好評を博した著者であるほかに、彼女は瞑想をすることやトレード日誌を付けることの利点も理解していて、それらを非常に効果的に教えることができる。時間をかけて、ここで彼女の仕事を吸収してもらいたい。そして、読者がすでに気づいているように、私は彼女を非常に誇りに思っていて、彼女の意見や洞察にとても感謝している。

二〇一五年八月

マーク・ダグラス

読者の多くはトレードを始めて以来、さまざまなところでトレード日誌を付ける利点について聞いたことがあるかもしれない。そして、間違いなく大きな利点がある。しかし、長年にわたるトレーダーの個人相談や、私の「トレーディング・イン・ザ・モーメント」という実況中継をしているチャットルームでのトレーダーの話から、トレード日誌を付けて、それを研究することの実際の利点が何なのかについて、いくらか誤解や混乱があるらしいことも分かった。

トレーダーのコーチングを何十年もしてきたが、私の顧客でトレードの記録を付けているという人は多くなかった。それでも、それが重要なことには同意するだろう。だが、それに加えて、各取引日に考えていることまで、わざわざ日誌に付けることにどういう目的があるのか実は分からないし、重要だとは思えない、とほとんどのトレーダーは言うだろう。そこで、私はこの章で、着実に利益を積み上げていくという目標やほかのトレード目標を達成するための手助けとして、トレード日誌を付けることがいかに有益かをだれよりも詳しく説明するつもりだ。

トレード日誌を利用することの重要性は計り知れない。

どうしてか。簡単だ。経歴を変えてトレードの世界に入るときには、別の種類の企てや仕事のために作り出し、明確にし、改良してきた思考法をトレードに持ち込むことになる。その企てはきっと、自分が所有も創業もしていない組織のものだろう。つまり、医療や法律関係、小売商、レストラン、会社員、介護や主婦――つまり、自分のためではなく、他人やほかの集団のために働いたり世話をしたりすることを含む仕事――から、トレードの世界に移った可能性がある。

そのため、頭は目の前の毎日の仕事や目標を達成するための考え方をするように条件づけられている。さて、それらの仕事や目標を達成するのに何日・何週・何カ月かかったかは分からないが、達成するまで職務の遂行にだけ集中していたはずだ。職務の遂行は、何らかの給料を受け取るために従うと同意した、他人の定めた方法で行ってきたはずだ。だから、トレードを始めるか続けるときに、望む結果を出すことに集中できないことに気づいても驚きではない。その理由は簡単だ。今の「あなた」のトレードの毎日の課題や目標に取り組み、完成するためには考え方を再び変えて定義し直して、それを改善する必要があるからだ。

広い心でこの新しい企てを受け入れる最も単純で効果的な方法のひとつは、取引日には欠かさず自分の考えと行動を書き留めることだ。簡単そうではないか。しかし、私がトレーダーの相談相手をしているときに、理由は別にして、いかに多くのトレーダーがトレード日誌を付けられないかや、付けようとしないかを知ればきっと驚くだろう。そこで、読者にそれまでの基準から離れることを提案する。来る年も来る年も負ける「平均的な」トレーダーであってはならない。変わろう！　まずは、トレード日誌について自分の考え方を持つところから始めよう。

トレード日誌とは何か

簡単な定義から始めよう。トレード日誌とは何だろうか。その定義はあなたにとって何を意味するだろうか。私の著書になじみのない人のために、私はロジェ類語辞典をよく使う。どうしてか。私たちはみんな違うが、よく使われる言葉について似た定義をしてそれを使いながら、同じことについて話していると思っているかもしれない。少なくとも、そう思い込んでいる。

つまり、「トレード日誌」の私の定義はあなたの定義と似ているかもしれないが、大きく違っている可能性もある。そこで、最初に用語を調べておこう。

ロジェ類語辞典の「トレーディング」の項目には次の言葉が並んでいる。

「……天職、職業、ビジネス、使命、任務、専門職、勤め、ライフワーク……」

そして、「ジャーナル」の項目には次の言葉が並んでいる。

「……記録、年代記、報告、伝記、議事録、発言、会計、証明書、証言、証明……」

それで、この辞書の定義に基づいて、これら二つの異なる言葉を合わせると、トレード日誌の定義として何が考えられるだろうか。簡単だ。

トレード日誌、というより、あなたの考えるトレード日誌は、ビジネスの記録、天職の議事録、専門職の証明と見ることもできる。

つまり、トレード日誌をあなたがどうするつもりであれ（この点については、あとで述べる）、それは目標を設定して達成するための非常に役立つツールになり得る。それは自分のトレードの記録を残せるだけではない。同様に重要なことは、自分の考えを書き出して、取締役会の議事録のような「公式記録」、すなわち、各トレードにどのように取り組んだかの記録も残せるのだ。

簡単そうではないか。そうかもしれない。

だが、すでに述べたように、トレーダーは日誌を付けたときに実際にどういう利点があるのかを理解しにくいようだ。ひとつの理由は「日誌」という言葉かもしれない。実際、私がコーチをした何人かのトレーダーは、「日誌」を付けるのは「……女の子がやることでしょう？」と疑問を口にした。もちろん、これを読んでいる人の多くも、たくさんの少女たちが自分の生活について最も私的な考えを書き留めるために日記を付けるが、一〇代を過ぎるとやめてしまうことに同意するだろう。しかも、今やあらゆるソーシャルネットワークが発達して、さまざまなパーソナルデバイスが利用できる時代になり、日記、つまり個人的な日誌を付けるのはいくぶん時代遅れに見える。自分の個人的な考えをすべて物理的に書き留めるという行為はＳＮＳに取って代わられて、日記か日誌の持つ素晴らしさは実質的に奪われた。

私がこのことを持ち出すのには、いくつか理由がある。

読者の多くは学生時代に何かの授業で、自分が達成したいことか何かについて、絵か写真を並べて将来図を作るようにと言われたことがあるだろう。大富豪になりたければ、そこには大邸宅や、フェラーリかベントレーのような高級車を雑誌から切り抜いたものが含まれているかもしれない。あるいは、医者になりたければ、「委員会認定」か「専門医」の肩書きに加えて、絶好の場所に建てられた魅力的な診療所の写真か、大きな市立病院の写真か、獣医をしている簡単な地方の光景で構成されているかもしれない。

私が高校生だったとき、バッファリーノ先生はクラスの生徒に、人生で何を達成して何を蓄えるかについて、「考えつくかぎりの大胆な考え」を絵か写真でまとめて、クラスの前でそれを見せるようにと言った。郊外の家と家族用の車、微笑んでいる子供たちと一緒の家族写真といった地味なものもあった。しかし、もっと世俗的なものもあった。マイケルという男子生徒は紙に非常に大きな文字で一言、「成功」とだけ貼り付けていた。それは具体的にどういう意味かと尋ねられると、彼は今は分からないが、そのうちに見つけるつもりだと言った。この生徒は自分が成功者になるつもりだと、どれくらい確信していたのだろうかということが気になり、その言葉は私の記憶に長く残った。

というわけで、その瞬間の自分の考えや目標を示唆する将来図を作るというこの単純な行為を見ると、トレード日誌を付けるのはこの将来図とみなせる。また、トレードの目標達成にも将来図と同じくらい役に立つかもしれない（成功のために「内なる力」を養う方法について、詳しくは私の著書『アンド・ソー・イット・イズ［And So It Is］』にボニー・マーロウが寄稿した章を参照してほしい。また、トレードで成功するための将来図の作り方について、詳しくは私のオフィスに電話をしてほしい）。

この過程の良い例を、私の著書『インディペンデント・プロスペリティー（Independent Prosperity）』から次に引用する。

「トム・モナハンはドミノピザの創業者だ。彼は常にリポート用紙を持って歩き回ることで有名だ。どうしてか。彼の返事はこうだ。

『私はときどき、ブレーンストーミングを紙の上で行うことを、油井を掘ることに例える。石油を発見するには油井をたくさん掘るしかない』

子供のとき、彼はカトリック系の孤児院に入れられた。のちに、聖職者になるために神学校に入った。だが、彼は退学処分となり、海兵隊に入った。そして、除隊後にミシガンの小さな町で弟とピザ屋を始めた。数カ月後に、苦しさに嫌気が差した弟が辞めたが、トムはその事業に取り付かれて、一人で続けた。そして、その過程で、自分一人で事業を展開できると学び、やがて今日の規模まで成長させた。

彼はどのようにして学んだのか。簡単に言うと、こういうことだ。

彼は弟が去ったことで、その事業は弟の夢ではなく、自分の夢だと気づいたのだ。彼は生地をこねるときの感触やチーズ作りの技術が大好きだった。彼の考える完璧なピザを作り出そうとして芸術的なまでにスキルを向上させていくうちに、彼は悟ったのだ。最高のピザを作る動作を百パーセントのスキルと効率で行うという目標は、最初に頭の中で完成させてからしか達成できない、と。そこで、彼はリポート用紙にアイデアや、どこに向かって進むべきかをメモし続けた。

彼は今日でも、自分のアイデアや昇進やメモや戦略をリポート用紙いっぱいに書くことで有名だ。彼はこれらすべてを創業時の一九六〇年に始めた。そして、一九八五年には事業をフランチャイズ化して、今日に至るのだ」

この例から何が分かるか。二つのことだ。

●モナハンは最初、弟と事業を始めたが、それは弟の夢ではなかった。また、弟はモナハンがやる必要があると知っていた方法で事業運営をすることにも興味がなかった。
●モナハンはそれが実は自分の夢であり、事業を運営して、頭の中に描いているような成功を実現できるのは自分以外にいないと気づいたのだ。

というわけで、何らかの日誌を付けることは女の子だけがするものだろうか。私はそうは思わない。私はトレード作業帳を付けるのは、トレードに本気で取り組んでいる人がすることだと信じている。

そして、これら二つのポイントから分かることがもうひとつある。ほかのトレーダーから、どういうトレードをして、どれだけの利益を得たかという話を聞いただけで、それが本当だということにはならない（この点は私を信用してほしい）。だが、もっと重要なことは、そのやり方であなたも成功するわけではない、ということだ。

自分のトレードの目標について、どうすれば自分にとってうまくいく方法を学べるだろうか。

簡単だ。


トレード日誌を付けることで、自分自身についての過去データが残る。それは自分のトレードについてのデータだけではない。最も重要なことはトレードの最中に何を考えて、相場にどういう反応をしていたかのデータが残るということだ。


自分のルールに従うことや、自分のシステムのすべてのシグナルを執行することや、損をすることに対する不安について何か課題を抱えているのなら、このデータはあなたにとって貴重なものになる。どうしてか。

特定の取引日に戻って、自分が何を考えていたかを繰り返し読めば、自分自身や相場に関して妨げとなる考えのパターンや、それが原因で行動が妨げられて利益が出ないトレードにつながるパターンが見え始めるだろう。そこにパターンが見えたら、それらの妨げになる考えを改めるために何をすべきかを決めることができる。

例えば、次のような読み方をすればよい。

特定の取引日の自分の考えを読み直すと、自分は「このトレードで損をしそうだ。でも、損はしたくない」という趣旨の文章を書いていたとする。そう書かれているのを見たら、自分に問えばよい。

●私は何を失うのを恐れているのか
●お金か
●名声か
●名誉か
●家族からの尊敬か
●安心感か
●ライフスタイルか

●これらの一部か
●これらのすべてか

これらや、ここに載せていない質問はすべて、自分が一体、何を恐れているかを分析するのに役立つ良い質問だ。私がこれらの質問をすると、多くのトレーダーは答えるのに苦労した。そして、答えるのが難しければ、それはたいてい、なぜ自分が損するのを恐れているのか分かっていないからだ。彼らは損をしたくないということしか分かっていなかった。

もちろん、だれも損をしたくはない！　私たちは「負けている」人、それほど美人でもない人、やせてない人、成功していない人などを仲間外れにしたがる社会に住んでいる。しかし、負けるのはトレードの性質そのものだ。トレードではときどきは負けるものであり、損失はそのときの相場状況の副産物であり、トレーダーとしてビジネスをするための「経費」にすぎないのであり、自分のルールに従わなかったせいではない。この点を確認するひとつの方法がトレード日誌を書くことなのだ。

これには、いくつかの側面がある。それはこういうことだ。

今日のほとんどのトレーダーはほかの仕事を経てからこの世界に入っている。私がコーチングをしているトレーダーはほとんど、何らかの理由でほかの仕事を辞めてきたか、今は副業でトレードをしているが、いつか本業にしたいと思っている。多くのトレーダーは特定の職歴で最高の地位まで達したかもしれない。しかし、自分の能力に見合うほどの「成功をした」とは一度も思ったことがない人々もいる。彼らは自分の仕事でけっして手にできなかった収入やお金について、取り損ねたという気持ちがあり、それを「埋め合わせる」ためにトレードを始めたのかもしれない。つまり、彼らは何らかの理由で昇給や昇進の対象から外されたせいで、お金を「損した」ので、それをトレードで取り返したいと思っているのかもしれない。そして、彼らは私の言う「トレードの欠落領域」に陥った考え方をするせいで、確率に基づく考え方や、相場で利益を得る機会はいつでもあるという理解をするのではなく、相場では自分が持っていないものや利益にできなかったものしか見ないのだ。

私の言いたいことを表す良い例を二つ出しておこう。

第一の例

私は多額の損失を被ったあと、トレードを再開しようと目指している人から電話をもらった。彼は以前にトレードをしていたが、大損をして、自分の専門分野であるエンジニアとしての仕事に戻った。彼が電話をかけてきた理由は、ポジティブな見方と「正しい」思考法をきちんと身につけてから、マーケットに戻ることを目指していたからだ。

最初の相談で、彼が難しい課題を抱えていることが明らかになった。何よりも重要なのは、巨額の財産を失ったことに怒っていたことだった。六年前、彼はほとんどの人が巨額と認める財産、正確には四〇〇万ドルを蓄えていた。そのため、まだ四〇代後半で引退した。ある友人に、そんなに若いうちに引退したあとで「退屈」しないように、デイトレードをしたほうがよいと強く勧められた。そして、九カ月もしないうちに、財産をすべて失い、トレードをしていることを伝えていなかった妻にも去られた。彼がトレードをして夫婦の全財産を失ったことを彼女が知ったのは、家を担保に借りている借金の支払いを銀行が求めてきたときだった。住宅ローンはすでに完済していたが、トレード用の口座に資金を入れるために、彼が再び家を担保に借り入れをしていたのだった。

幸いにも、妻が去って居住用のワンルームマンションを買う資金を集めることができたあと、景気が悪化していた二〇〇七年にもかかわらず、五一歳で再び自分の専門分野の仕事に就くことができた。だが、彼は再び働かなければならないことに我慢ならなかったので、私と話すときには上司と同僚をけなして、見下し始めた。まさにその仕事のおかげで、再びトレードをするための資金を一〇〇万ドル近く蓄えられたのに、だ。

引退して数百万ドルの財産で暮らす代わりに働かざるを得なくなったことにとても戸惑っていたので、仕事をしていると人に言うことさえできなかった。彼が口にできたのは、彼の「し、ご、と」（強調したくて、一語ずつ言う）は自分にふさわしくないし、同僚は自分よりも下で、上司は愚か者だ（これらは私の言葉ではなく、彼の言葉）、ということだけだった。どうして同僚や上司は愚か者で、自分よりも下なのかと尋ねても、返事はなかった。彼はただ、自分で作ったルールになぜ自分は従えないのかを知りたがっただけだった。私は彼に簡単な質問をした。あなたのルールは何で、それを信頼できない理由は何ですか、と。彼はルールを書き出してはいない、と答えた。トレードの最中に必要に応じて思い出すから、その必要はないという考えだった。

私は工学のプロジェクトでもそういう手法を使っていたのか尋ねた。つまり、エンジニアとして、リサーチについて「考える」だけなのか、それとも、各ステップについてや、プロジェクトの目標を達成するためにどういう行動が必要かを書き留めるという形で、プロセスを記録していくのかという意味だ。彼はプロジェクトに取り組んでいる間は、当然ながらすべてを詳しく記録すると答えた。そうしなければ、結果はすべて疑わしくなり、顧客はその結果を受け入れないだろう、と。私は、単にトレードの記録だけという簡単なものでも構わないが、何らかのトレード日誌を付けているのかを尋ねた。彼は付けていないと答えた。以前に付けたことがあるかどうかを尋ねても、付けたことがないという返事だった。

そこで、私は尋ねた。工学のプロジェクトでは作業のすべてを詳しく記録することがプロジェクトをうまく達成するカギだと知っていて、それを実行しているのならば、どうしてトレードの目標を達成するときにも同じことをしようとしないのか、と。特に、以前に何も記録を付けなくて、巨額の財産を失ったのだし、それは自分のお金がかかっているのだから。彼はこれには答えなかった。私は自分で答えを見つけるまで、この質問について考えてほしいと言った、彼が答えを見つけられないか、見つける気がなければ、トレードで着実に利益を出していけるようになるのは事実上、不可能だからだ。

第二の例

私が大学を中退したあと、最初にした仕事はミッドアメリカ商品取引所（ミッダム）の副社長だったドナルド・ナッシュの重役補佐だった。序文で書いたように、ミッダムは中小投資家にミニ先物を提供する、最初の独立系の先物取引所だった。この取引所は一九七〇年代後半にシカゴで、「パッズ取引所」という名前で開設されて、一九九〇年代半ばにCBOT（シカゴ商品取引所）に吸収されるまで独立系として存在していた。そこで私が働いていたころの会員権の価格は三〇〇〇ドルから三万二〇〇〇ドルくらいの範囲で、会員（ミッダムで会員権を購入したトレーダーの人数）は一五〇〇人ほどだった。一方、CBOTやCME（シカゴ商業取引所）で「ビッグボード」と呼ばれていた通常サイズの先物を取引できる会員権の価格は、正会員権と準会員権のどちらを買うか借りるかしたかによって、二〇万ドル以上で幅があった（正会員権と準会員権の違いは、取引所に上場されているすべての先物を売買できるか、特定の銘柄だけかによる）。というわけで、ミッダムは会員権の価格だけから見ても、多額の資産がなくてもトレードを始めるのにふさわしい場所だった。

私は取引所での自分の立場が気に入っていて、トレードについて徹底的に学んだ。最初に取引所の視点から学び、次に知り合いや友人になったトレーダーから学んだ。すでに述べたように、それは魅力的な仕事だった。この例で、私がなぜこれを持ち出したのか説明させてほしい。

そこで働き出して数年後には、取引所は飛躍的に成長していた。私はナッシュ氏のオフィスでの毎日の仕事に加えて、いくつかの委員会の議事録を取り、フロア運営のスタッフの管理をしていて、仕事に忙殺されていた。そこで、ナッシュ氏に接触して、仕事の負担が大きくなったので、私を手伝うアシスタントを雇ってほしいと頼んだ。すると、彼はその代わりに自分のアシスタントを雇った。そして、私は彼女の部下になった。もっと重要なことは、この新しいアシスタントのテリーは、私がマネジャーだったときに非常勤で働いていた一人だった。さらに、テリーは取引所で働いている間に修士号を取ったが、当時の私は学士号も取っていなかったという理由で、私よりも年収が一万ドルも多かった。私の上司が彼女を雇った理由自体は頭では理解したが、それでも私はうれしくなかった。

その後の一年間、テリーは年間予算を含めて、プロジェクトの完成とやり直しの手伝いを繰り返し求めてきたので、私は彼女の手助けをしていた。彼女はよく遅刻していたし、机で居眠りをしていることも多かった。当時の私が彼女に代わって仕事をしたのは、ナッシュ氏への忠誠心からだと思っていたが、彼女の仕事は私でもできるだけでなく、もっとうまくできることを彼に証明するためでもあった。私はやがて自分の時代が来て、彼からほうびをもらえると思いながら、時には週に六〇〜七〇時間も懸命に働いた。だが、この時期に私は話を聞いてくれる人にはだれにでも（つまり、ミッダムの立会場でのトレード仲間に）、上司をけなす発言を繰り返していた。話は主に、ナッシュ氏がテリーを雇い、私の給料は上げてくれなかったせいで、どれくらいお金を損したかだった。さて、覚えておいてほしいのだが、私は彼女の仕事をしないかと提案されたことは一度もなかったし、彼女の給料に近い金額を提示されたことも一度もなかった。それなのに、私のポケットからお金を奪った、とナッシュ氏を責めていたのだ。

結局、テリーは仕事ができないせいで、一年半後にクビになった（また、彼女が雇われたのは唯一、ミッダムの取締役の一人と関係を持ったからで、それは最終的に破局した）。それで、私が仕事を頑張ったことに、ナッシュ氏が報いてくれると確信していた。だが、私は間違っていた。私が自分の置かれた状況についてトレード仲間に話したすべての失礼な発言は、彼の耳に入っていた。それだけでなく、自分が損をしたと思っていることばかり考えていたので、そこでの仕事をあまり楽しめなかった。彼はテリーをクビにしたあと、私たち二人でミーティングをしているときに、彼の考えを述べた。それは私たちがすでに一緒に働いていた年数に基づいて、私が今後も仕事を続けるなら年収を一三五〇ドル引き上げるというものだった。また、私の勤務態度が変われば、将来にかなりの昇給と昇進もあり得るとも言われた。

この時点で私は、彼が私から奪ったと感じていたお金や、私が被ったと思い込んでいた損や、彼がまだ私を軽視しているということで頭がいっぱいだった。私は今の昇給額は少しでも、もっと良い話につながるかもしれないとは思わなかった。彼はその可能性、というよりも見込みが高いと言ってくれていたのに、だ。私は少しの昇給を受け入れて、しばらくは仕事を続けたが、勤務態度を変えることにはあまり意味を感じなかった。結局のところ、私はお金を損した人間であり、被害者なのだ！

次の二カ月間、二〜三の大手証券会社から何件かの事務職の求人があった。何人かのトレーダーはトレード方法を私に教える間、トレード口座に少額の資金を出してあげるとさえ申し出てくれた。それなのに、私は損をしていたと思っていたので、上司からそれを取り戻したいということばかり考えて、取引所で働き続けた。さらに、上司はみんな、どんなに頑張っても、結局は人からお金をふんだくるものだと信じ込むようになっていた。そのため、これらの経済的にも専門性という点でも望みのある申し出を受けても、その可能性が見えずに、どれも断った。

この時期のある金曜日の夜に、トレード仲間と夕食を食べているとき、私はこの話題に触れた。テリーがクビになったあと、自分がいかに懸命に働き、「ナッシュ氏の世話をしていたか」を書面にして彼に提出した。それなのに、私は昇進をさせてもらえず、お金をどれだけ損したと思っているか、ということをだ。すると、友人の一人が、私が上司からお金を取り戻すか、望む昇給を受けるためのビジネスプランを書くことを提案した。それは良い考えに思えたので、その夜に帰宅すると、過去二年間に感じていたことを書き出し始めた。夜遅くまで書きながら、これは良い計画だと考えて、それに熱中した。

翌日の土曜日の朝になって、私は自分が書いたものを読んでがくぜんとした。それはビジネスプランとはほど遠いだけでなく、上司や、私が面倒を見て結局はクビになったアシスタント、当時の給料のすべてを承認した役員たちに対して、単に怒りに満ちた非難をしているにすぎなかった。私は自分のマイナス思考や、明快さとプロ意識の欠如にショックを受けた。そして、自分がクビになっていないだけでも運が良かったと悟った。私はひどく打ちのめされた。しかし、それは私の専門分野や精神面・感情面での成長にとって、非常に重要な転換点となった。そして、その点で書く作業をするようにと提案してくれたトレーダーの友人にとても感謝した。

この二番目の例で、私がある種の言葉を強調していることに気づくだろう。お金に関するこの種の言葉を使うせいで、私は損をしたお金にこだわり続けた。あなたも、損をしたと感じるか、仕事で経営陣に貸しがあると感じている金額のことを乗り越えて先に進むことに集中するのではなく、損にこだわり続けているかもしれない。そして、おそらく今も含み損を抱えながらトレードをしているかもしれない。要するに、その種の言葉を使っているせいで、私の頭には閉じた回路が出来上がった。それはちょうど損失か、損失ととらえたものにこだわるトレーダーの頭に閉じた回路が出来上がるのと同じだ。私は閉じた回路をフラフープと似たものと定義する。それは子供のころに私たち世代の多くが遊んだプラスチック製の円形チューブで、それを回し続けるためには、お尻かおなかの辺りでバランスを取らないといけないものだ。

いったん、力を均一に分散できなくなると、フラフープは地面に落ちる。

あなた自身の「精神の」閉じた回路は、二つの定義が可能だ。閉じた回路の思考法についての最初の定義は次のことを意味する。

●自分が達成したいことに集中している。つまり、
●トレード日誌を付ける。
●自分の考えを書き留める。
●必要に応じてどんな妨げとなる考えでも改善できるように、自分の精神状態を記録する。
●つまり、精神のフラフープを回し（バランスを保ち）続けるためには、特定の言葉と定義に思考を集中させ続ける必要がある。言い換えると、自分のルールに従い、シグナルをすべて執行して、トレードと資産がどの位置にあるかを正確に知っている。

閉じた回路の思考法についての二番目の定義はトレーダーだけでなく、多くの人が陥っている思考法だ。

●自分が持っていないものや

●稼がなかったものや
●自分から奪われたと感じるものだけに焦点を合わせるという精神の閉じた回路を支持する。
●したがって、どの瞬間にでも市場で起きる可能性や確率に集中することができないし、それが見えない。そして、基本的に精神のフラフープは地面に落ちる。
●言い換えると、私の言う「トレードの欠落領域」に陥る。

心に留めておいてほしいのだが、トレードで損をするのか、前の仕事であれ現在の仕事であれ、昇給か昇進の候補から外されてお金を損するのかは重要ではない。損をしたという感覚にまつわる苦痛や心の傷となる経験をしたことに変わりはないからだ。そのため、不満足か心の傷となった仕事をトレードに取り換えても、過去——最近かどうかは関係ない——のあらゆる種類の損にまつわる感情のエネルギーに対処しないかぎり、素晴らしい成果は期待できない。そうした感情の持つエネルギーによって相反する信念が生じるからだ。

長年にわたる経験で、私はある種の日誌か作業帳（呼び方は人それぞれでよい）を付けることが、取り組んでいる目標を達成するカギになり得ると分かっている。例えば、一九九一年にフルタイムでマークと働く前に、給料がもっと高い新しい地位を望んだとき、私はその仕事に就くための基準を書き出した。その給料で雇われる理由は何か、その重役と働く可能性や確率、プラス面とマイナス面について自分は何を考えているかだ。それから、私が望むことを追求した。

それはトレードの場合と少しも違いがない。

特定のトレードをするための自分自身の個人的な基準があり、そのトレードで利益を上げる可能性や確率について考える。そして、すべての妥当なシグナルを受け入れて、すべてのルールに確実に従うための選択肢を比較する。それから、トレードを執行する。結果がどうであれ、結果は最初の過程を反映している。つまり、その時点で取った考え方を反映する。自分独自の思考法による考えから生み出された最初の過程をだ。

私はある地位に就けなかったか、望んでいた給料を提示されなかったら、メモ、すなわちルールを見直して、どんな情報を見落としたか、重要でないとみなして無視していなかったかを確かめた。そして、欲しかった地位や給料を結局は手に入れた。私がある地位や給料を手に入れられなくても、ほかの機会が常にあると固く信じていたからだ。それは常に次のトレードの機会が訪れるマーケットと同じだ。

しかし、自分自身の精神的な「過去データ」から学ぶために日誌を付けていなければ、私はそのことを理解しなかっただろうし、もっと重要なことはそれを信じなかっただろう。そして、この点でもトレードとまったく違いはないのだ！　デイトレーダーであれ投資家、つまり最近の私のような長期トレーダーであれ、自分の精神状況を調べて追跡していかなければならない。例えば、私が「優良株」ではなく、「環境にやさしい」銘柄をトレードしたいと考えたとき、「環境にやさしい」ことが経済と環境、地元と世界、そして私にとってどういう意味を持つかを調べ始めた。次に、株や先物を買う前に、トレード日誌から学んだものに投資することについて自分の考えを書き出した。短期であれ長期であれ、その種の株に投資すると、より豊かな感覚を得るという私の目標にとってどういう助けか妨げになる可能性や確率があるかについて、自分の考えを書き留めた。要するに、この企てのために私の精神状況を調べ上げて追跡したのだ。

ここで、定義に戻ろう。

例えば、私の規律の定義は簡単で、自分の目標を達成するためにする必要があることを何でもすることだ。マークと私はこの定義に百パーセント同意する。

ほかの人やトレーダーにとって、規律という言葉はたいてい、あまりポジティブでないことを連想させる。例えば、私たちは子供のころに、親か先生、宗教指導者、あるいは兄か姉に「しつけ」られたことを、おそらく多くの人は認めるだろう。お尻をたたかれるか、怒鳴られるか、おもちゃかテレビを見る時間を取り上げられるか、部屋の隅に立たされる（「しばらく、じっとしてなさい」と言われる）か、あるいは、教訓を「教え」ようとする先生から同級生の前で恥をかかされることすらあったかもしれない。そのせいで、規律という言葉は必ずしも心地良いことを意味しないかもしれない。

さて、私たちはこの言葉について意識的には考えないかもしれない。それにもかかわらず、それらの経験から受けたエネルギーは私たちの精神に残っていて、自分がすべきと言われたトレードの改善プランに何らかの「規律」を課したいとき、信念の対立を引き起こす可能性がある。そのため、トレーダーがおそらく自分の尊敬する人に規律を保つように言われても、そうはならない。それはたぶん、その言葉についての自分自身の定義がポジティブではないからだ。規律の定義がポジティブでないのに、トレードで規律を「保つ」ことができるだろうか。それはできないし、その意志もないだろう。そして、彼らの規律の定義がポジティブではないので、きっと相場でも負け続けるだろう。トレードがどういうわけか下手か判断を誤ってしまうと信じる考え方を生み出しているのは、意識的にせよ無意識にせよ、まさに自分の使う言葉の定義なのだが、そのことを理解していないからだ。ロジェ類語辞典の「規律」という項目を見よう。その項目には次の言葉が載っている。「……訓練、準備、習慣づけ、教育、開発、養成、決定する、決意する、目的意識、断固とした、明確な、決心する……」

簡単だ。ここで規律のポジティブな定義がそろった。

トレード日誌を付けることに関して言えば、ただ決心をすればよいのだ。

そして、すべてのトレードの前と最中と後に考えていることをトレード日誌に書き留めることで、それを実行するのだ。すると、あなたはすべきことをしようと決心して、それを実行する。極めて単純ではないか。

次に、トレード日誌を瞑想と合わせて使う点について言えば、瞑想を加えることでトレード日誌をまったく新しい水準に引き上げることができる。

マークと私が一九八四年に初めて一緒に働き始めたとき、彼は毎日、瞑想していた。あるアイデアが浮かぶと、どこにいて何をしていようと、すぐにそれを書き留め始めたときのように、彼は毎日、時間を取って瞑想をした。仕事のスケジュールや何をしていたかによって、一日のどの時間にやるかは決まっていないが、少なくとも一時間は毎日欠かさずに彼が瞑想をすることに、私はとても感心したことを覚えている。彼の本を読むかワークショップに参加した人のなかには、彼が走り方を学んでいることについて説明しているのを覚えているかもしれない。彼はランニング法を学ぶために同じテクニックを使って、この同じ時間で毎日、晴雨にかかわらず、冬でも夏でも五マイル走った。この点でも、私のような二〇代前半の子にとっては非常に印象的だった！

ＣＭＥの二人のオフィスで数カ月間、彼が瞑想するのを見ていたあと、彼に近づいて、一体、何について瞑想しているのかと尋ねた。彼は私を見て、何について瞑想していると思う、と聞き返してきた。私は分からなかったので、そう答えた。すると、彼は瞑想法を学んで、新たに大きな可能性に心を開くようにし始めたら、だれもが何について瞑想しているのかが「分かる」だろうと言った。そして、彼はバリー・コニコフの『チャクラ瞑想』というカセットテープと、それを聞くためのソニーのウオークマンを私に手渡した。チャクラをよく知らない人向けに、多くの素晴らしい著書や情報があるが、ここではコニコフのウェブサイト（http://www.thepotentialsunlimited.com/）から、次の文章を引用しておく。

チャクラ瞑想

体には七つのエネルギー中枢がある。サンスクリット語では、それらはチャクラと呼ばれている。それぞれのチャクラには独自の波長と色がある。その音と色を用いてチャクラを活性化させると、驚くべき宇宙と精神の力――体と精神を文字どおり満たす力――がもたらされる。このプログラムはそれぞれのチャクラを活性化させてバランスを作り、そのエネルギーを上方に解き放つ方法を教える。このプログラムを用いると、幸福感が増すほかに、精神的、身体的、霊的エネルギーの増大が期待できる。

言い換えると、私たちの身体や精神には「宇宙」あるいは「神の心」からくる無限の力が宿る、ということを大昔の祖先は知っていた。そして、彼らは祈りや瞑想、つまり、身体の異なる側面に集中しながら、省察を通して自分を中心に置くことで、その宇宙からのエネルギーの流れを利用したのだ。現代に生きる私たちもまったく変わりない！　私たちもまったく同じように、宇宙の豊かさを利用できる。富を得るために無限の可能性を利用するひとつの方法は、それぞれのトレードを行っているときに自分が何を考えているのか、なぜ動くか反応しているのかを正確に知るために、トレード日誌を付けることだ。そして、マーケットの無限の可能性を利用するもうひとつの方法は、瞑想によって潜在意識を顕在化させて、現在の考え方を広げることだ。前章でマークも述べたように、私は断定できる。彼が自分自身の思考にだけでなく「神の心」にもつながっていなかったら、トレードやコンサルティングの仕事や著作で成し遂げたことは達成できていなかっただろう。彼は「神の心」にいかなるときも百パーセントつながっていると信じていた。

コニコフのオリジナルのカセットテープは今も持っているが、最初にこれを聞いたときから今日まで、彼の声は最も神秘的で啓発的なもののひとつであり、マークの声が当時の私の精神や仕事の面での成長に果たしたことに次ぐものだ。それで、私は毎日、マークと似たように瞑想を始めた（もっとも、彼のように一時間以上もはしなかったが！）。そして、そこには特にトレードにとって思いもしなかったほど大きな意味や可能性があり、それを利用できると理解し、信じ始めた。そして、それは非常にわくわくすることだった！

次の数年間、マークがトレーダーと専門家として最大限の成果を生み出すという理想に向かって探求し続けていたとき、彼はモンロー研究所の創設者であり、個人的に会っていたロバート・モンローの製品やプログラムなどへと進んだ。序文でも述べたように、私にはロバート・モンローの作った「ヘミシンク」の製品が、左脳と右脳の調整や再調整のために非常に役立っている。そして、バリー・コニコフに劣らず、彼の声も好きだ。彼の声は私に訴えかけるものがある。注意してほしいが、彼の研究所で彼やスタッフが作る製品はトレード向けに作られてはいない。だが、コンサルティングで私がトレーダーに「三人の味方」のセットアップを使って教えていたように、身体面と精神面とスピリチュアルな面の調和が取れていないと、トレーダーとして成功しない。ほかにうまくいく方法はない。しかし、モンロー研究所の製品が素晴らしいのは、それらが安全で、心が休まり、啓発的な環境で自己発見の旅へと導いてくれるからだ。だが、もっと重要なことは自分を発見することができるからだ。

私は二〇年以上、ヘミシンクの製品を使ってきた。それは、映画『暴力脱獄』――これは思考過程と望む結果を得ることについての素晴らしい例だ――から引用すると、自分が完全にポジティブでないと分かっているときにトレードについて「頭を整理する」ためや、五キロレースで肉離れを起こして痛いときに「体を修復する」ためや、そして、もちろん、トレードで達成しようと試みていることと対立するかもしれない信念について自分を見直すためだ。私がどんなトレードをしようと考える前に、これら三つがそろわないとならない。つまり、これは私にとっての「三人の味方」なのだ。

マークと私がこの本の特に第4部で読者に示したポイントは、トレードでの成功に「難しいことが必要」なわけではない、ということだ。単に成功したいという欲求と、自分が何を知らないかを自分は分かっていないかもしれない、ということを進んで受け入れる気持ちが必要なだけだ。そして、それで大丈夫なのだ！　すべての成功したトレーダーはこの学習過程を通る。だれがあなたに何を言おうと、私は気にしない。これは事実なのだ。そして、着実な成果を生み出すために、トレードについてすべてを知らなくても大丈夫だと考えられるようになったら、自分が望むような成果を出し始めることができる。だが、もっと重要なことは、自分はその成果を受け取るに値するということが分かるのだ。すべきことをしようと決心したら、トレードで自分の最も高い目標や夢を実現できる。だから、頑張ろう！

さて、あなたは第4部で何を学んだだろうか。

次は自分が何を知っているかを確かめるための質問である。

①第４部を読んだあと、確率に基づく考え方をあなたはどう定義するか。

a．これはあなたに関係することなので、具体的に述べてほしい。

②確率に基づく考え方を身につける方法について、他人にどうやって説明するか。具体的に。

③あなたは非生産的な信念をどうやって解消するのか。

a．具体的に、どういう段階を踏むつもりか。

④シミュレーション用の口座で自分のエッジを検証するときに、株や先物をどれだけトレードするかはどうして重要でないのか。

a．あるいは、あなたはそれが重要だと思うか。

⑤以前から持っている信念を、あなたはどう定義するか。

a．以前から持っている信念は、あなたのトレードにとってプラスかマイナスか。

b．なぜそうなのか、そうでないのか。具体的に。

⑥自分のトレードで、もはや機能しないか生産的でない信念をどうやって認識するか。

⑦どうすれば非生産的な信念を機能しないようにして、トレードにとってより生産的な信念を植え付けることができるか。

a．言い換えると、しばらくは正しいと思っていた信念のエネルギーをどうやって奪うか。

⑧強い対立ということについて、あなたはどう定義するか。

a．それがあると、どうやって認識するのか。

⑨「ジェリー」に与えられた訓練をして、仕掛けたあとはじっと動かずに、ポケットに手を入れて時計を見続けるか、できるならコンピューターの電源を切っていられるか。

a．それによって損失の循環が生まれるか、切れることになるとすればどうか。

b．正直に。

i．一定の時間、トレードから離れて、非生産的な信念からエネルギーを奪い、より良い結果を生み出すのはどれくらい難しいだろうか。

⑩自分の人生で、非生産的な信念に見切りをつけて捨てた例について考えよう。

a．その経験を完全に書き出そう。

b．トレードと関係ない非生産的な信念を捨て去ることと、トレードと関係する非生産的な信念を捨て去ることには似た点があると思うか。

c．具体的に。

⑪トレードにおけるあなたの望みは何か。

a．具体的に。

b．具体的に述べることができなければ、望みがないことになる。

i．そうなると、着実に利益を出していくことはできない。

⑫あなたはトレードについてのビジネスプラン（トレードプランではない）を持っている

か。

a．持っていないのなら、どうして持っていないのか。

b．結局のところ、トレードは「ビジネス」だ。

c．すぐに作ろう。

⑬メカニカルトレードのあなたの定義は何か。

a．あなたはメカニカルトレーダーか。

b．どういう点でか。

i．この手法は資産を増やすのに役立つか。

ii．役立つのなら、どういう点で役立つのか。

iii．役立たないのなら、どういう点で役立たないのか。

⑭裁量トレードのあなたの定義は何か。

a．あなたは裁量トレーダーか。

b．どういう点でか。

i．この手法は資産を増やすのに役立つか。
ii．役立つのなら、どういう点で役立つのか。
iii．役立たないのなら、どういう点で役立たないのか。

⑮直観的トレードのあなたの定義は何か。

a．あなたは直感的トレーダーか。
b．どういう点でか。
i．この手法は資産を増やすのに役立つか。
ii．役立つのなら、どういう点で役立つのか。
iii．役立たないのなら、どういう点で役立たないのか。

⑯トレード日誌を付けるのは、他人――マーケットで利益を出せないトレーダー――だけがすることだと思うか。

a．あなたはマーケットで着実に利益を出しているか。
b．着実に利益を出していないのならば、トレード日誌を付けることについて語りたがらない理由は何か。

⑰トム・モナハンがリポート用紙を持ち歩いて、自分の仕事についての考えを物理的に書き留めて記録していくのは、今日の基準では時代遅れで、ずれていると思うか。

a．アイデアが頭に浮かんだら、いつでもすべてを中断して、ナプキンや紙の切れ端やリポート用紙にそれを書き留めるマーク・ダグラスについても、同じことが言えると思うか。

b．同じ創造的な過程——トム・モナハンとマーク・ダグラスの二例から、うまくいくと分かる過程——に踏み出す妨げになるものは何か。

c．自分に正直に。

⑱相場で着実に利益を積み上げていくために何をする気があるか。

a．正直に。

b．何をする気はないか。

c．正直に。

⑲あなたは本当にトレードで成功したいか。

a．成功できると本当に思っているか。
b．どうしてか。

覚えておいてほしい。これらの質問はあなたのために、あなたについて行ったものであり、この答えをだれにも伝える必要はない。これらはあなたが何をどのように考えているか、そして現在のあなたが市場をどのように認識しているかをこれから記憶して、トレードについての時代遅れの考えや妨げとなる考えを調整するか更新する手助けとするためのものである。

■著者紹介

マーク・ダグラス（Mark Douglas）

シカゴのトレーダー育成機関であるトレーディング・ビヘイビアー・ダイナミクス社の社長であり、日米でロングセラーになっている『ゾーン』と『規律とトレーダー』（いずれもパンローリング）の著者。自らの苦いトレード経験と多くのトレーダーの話や経験から、トレードで成功できない原因とその克服策を提案している相場心理学のパイオニア。ダグラスの著書は投資業界の古典として、またウォートン・ビジネス・スクールはじめアメリカの多くの大学院で使われている。2015年に多くのトレード関係者に惜しまれながら、亡くなった（享年67歳）。

ポーラ・T・ウエッブ（Paula T. Webb）

マーク・ダグラスの配偶者であり、行動ファイナンスのコーチでもある。ダグラスと二人三脚で多くのトレーダーに相場の啓蒙や心理的面でのサポートを行ってきた。彼女はマーク・ダグラスの意思を継いで、https://www.paulatwebb.com/ を運営している。

■監修者紹介

長尾慎太郎（ながお・しんたろう）

東京大学工学部原子力工学科卒。北陸先端科学技術大学院大学・修士（知識科学）。日米の銀行、投資顧問会社、ヘッジファンドなどを経て、現在は大手運用会社勤務。訳書に『魔術師リンダ・ラリーの短期売買入門』『新マーケットの魔術師』など（いずれもパンローリング、共訳）、監修に『高勝率トレード学のススメ』『ラリー・ウィリアムズの短期売買法【第２版】』『コナーズの短期売買戦略』『続マーケットの魔術師』『続高勝率トレード学のススメ』『ウォール街のモメンタムウォーカー』『グレアム・バフェット流投資のスクリーニングモデル』『勘違いエリートが真のバリュー投資家になるまでの物語』『Rとトレード』『完全なる投資家の頭の中』『３％シグナル投資法』『投資哲学を作り上げる　保守的な投資家ほどよく眠る』『システマティックトレード』『株式投資で普通でない利益を得る』『成長株投資の神』『ブラックスワン回避法』『市場ベースの経営』『金融版 悪魔の辞典』『世界一簡単なアルゴリズムトレードの構築方法』『新装版 私は株で200万ドル儲けた』『リバモアの株式投資術』『ハーバード流ケースメソッドで学ぶバリュー投資』『システムトレード 検証と実践』『堕天使バンカー』など、多数。

■訳者紹介

山口雅裕（やまぐち・まさひろ）

早稲田大学政治経済学部卒業。外資系企業などを経て、現在は翻訳業。訳書に『フィボナッチトレーディング』『規律とトレンドフォロー売買法』『逆張りトレーダー』『システムトレード　基本と原則』『一芸を極めた裁量トレーダーの売買譜』『裁量トレーダーの心得　初心者編』『裁量トレーダーの心得　スイングトレード編』『コナーズの短期売買戦略』『続マーケットの魔術師』『アノマリー投資』『シュワッガーのマーケット教室』『ミネルヴィニの成長株投資法』『高勝率システムの考え方と作り方と検証』『コナーズRSI入門』『３％シグナル投資法』『成長株投資の神』（パンローリング）など。

2017年９月４日　初版第１刷発行
2017年12月３日　　　第２刷発行

ウィザードブックシリーズ㉕㉒

ゾーン 最終章
――トレーダーで成功するためのマーク・ダグラスからの最後のアドバイス

著　者　　マーク・ダグラス、ポーラ・T・ウエッブ
監修者　　長尾慎太郎
訳　者　　山口雅裕
発行者　　後藤康徳
発行所　　パンローリング株式会社
〒160-0023　東京都新宿区西新宿7-9-18　6階
TEL 03-5386-7391　FAX 03-5386-7393
http://www.panrolling.com/
E-mail　info@panrolling.com
編　集　　エフ・ジー・アイ（Factory of Gnomic Three Monkeys Investment）合資会社
装　丁　　パンローリング装丁室
組　版　　パンローリング制作室
印刷・製本　株式会社シナノ

ISBN978-4-7759-7216-8